U0929731

上海法学文库

司法制度评价体系研究

高志刚 著

上海人民出版社

总　序

编辑出版《上海法学文库》是一项很有意义的工作，它有助于推动上海的法学研究和培育法学新人。近两年，上海市法学会发布了几十项课题，通过招投标的形式让会员承接，在已完成的项目中，有的产生了较好的社会影响，有的还得到了较高层次的奖项。法学会每年还组织一些规模不等的研讨会、报告会，为会员更好地从事教学、科研和法律事务工作搭建交流的平台。上述服务会员、凝聚会员的努力，得到了广大会员的肯定。在2005年年初的理事会和常务理事会上，大家对法学会工作提出了新的要求，希望采取一些措施，有利于多出成果、出好成果；多出人才，尤其是扶持一批有潜质的法学新人。法学会采纳了大家的建议，经酝酿筹备后，《上海法学文库》（以下简称《文库》）正式起步了。

在起步之际，我想就《文库》的编辑理念向大家作以下说明。

作为《文库》，它应当具有包容性。法学学科所有专业的论著，包括论及法律实务中理论问题的专著，都可以纳入《文库》之中；只要坚持宪法确立的各项原则，凡言之有物、言之有据的学术著作，都可以纳入《文库》之中。

作为《文库》，它应当具有学术性。我们希望列入《文库》的著作，理论上应有所创新，即使是实务类的著作也是如此，当然，实务类的著作还应当具有很强的应用价值。为了保证《文库》的质量，我们借鉴了国内已有的做法，采用较严格的评审制度对书稿加以筛选。

作为《文库》，它应当具有连续性。独木不成林，几本书则免称《文库》。我们将着眼于长远，以记录我国法治进程、民主政治建设的轨迹为己任，不断推出能够反映上海法学研究新水平的作品，不断推出上海的作者，特别是青年作者。这项工作如果能够得以持续，若干年后，我们一定会为《文库》积厚流广而感到万般欣慰。法学会是“铁打的营盘流水的兵”，但愿今天我们所作的决策，因为它的正确，而为后人所沿用。

最近几年，社会科学迎来了又一个春天。国家高度重视社会科学的发展，对社会科学的投入大大加强，文化体制改革给出版、发行领域也带来了深刻的变化，学术著作出版难的情况明显缓解，精品学术书稿更是“抢手货”。在这样的背景下，编辑出版《文库》，没有质量意识、市场意识是不行的。我们要为精品学术著作的出版提供方便，也要为有光彩但还略嫌稚嫩又出版无门的作品提供出路，更要防止降低要求，让不符合《文库》标准的作品滥竽充数、“出外快”，那样，最终砸的是《文库》的牌子。

《文库》已经起步了，所有的作者、评审者、编辑、编务和发行人员，以及法学会的同人如果能够齐心协力将它做好，那可是功德无量啊！

沈国明

2005 年 10 月 1 日

序

伴随新一轮司法改革的推进，当代中国司法制度正面临着深刻的历史转型。在司法制度运作的过程中，应当秉持怎样的政治立场、伦理意涵与社会意图，通过制度评价来回应现代性的挑战，引领现代司法制度的建构、改革与发展；应该采取怎样的评价模式与研究进路对司法改革包括各种试点改革的实效进行评价；应该如何准确把握社会转型期各种错综复杂因素的影响，从健全评价标准、评估指标和推进机制入手，辨析司法评价体系对改善司法作用发挥的可能性与限度，揭示社会结构及其他理论对司法制度发展的影响力，回应社会对于司法的诉求，都需要我们在对司法制度评价的理论和实践进行全面批判性反思的基础上做出回答。

近年来，法学界时有关于法治评估的著作和论文出世，但专以司法评价为研究对象进行系统深入论述的并不多见。在司法制度改革发展的过程中，我们往往着眼于宏观的制度建构，而缺少对制度运行效果的评价和思考。在司法评价实践探索的初级阶段，不论是在理论还是在方法上也都存在诸多争议和难题，尚缺乏对我国司法的价值意蕴和实践合理性的伦理关照，导致司法制度评价的现实实践和公众认识产生了严重分裂。志刚在本书中从整体性反思的角度理解司法评估及其知识理论的立场和视角，试图对司法制度评价这一理论命题的限定及其实践合理性进行追问，颇有理论建树之功。本书的出版，应该说是对这一研究领域理论空白的填充，当为法学界同侪所关切。在我看来，其贡献和创新主要有以下几个方面：

第一，本书首次在实践合理性的视域内提出了司法制度评价体系的概念，尝试建构一个解释司法制度评价体系的分析框架，并试图把这一框架应用于中国的法治建设和司法制度的改革。本书对在司法的结构和过程中所体现出的需要通过评价进行反思的司法的内在脉络和系统进行了全面的梳理和分析，以回应型司法为理论起点，全景性地呈现了当前我国司法制度评价体系的概况，对我国司法制度评价的体系、法理基础、现实演进以及评价的方法、主体、程序等进行了全面的分析，初步建立了司法制度评价的理论体系。这是司法制度改革发展的一个新的理论增长点，对于司法评估理论的发展具有重要的现实意义。

第二，本书将司法评价的视野拓展到多个方面，既有总体性的法治评估、功效评估，也有局部性的司法改革试点评估、体现审判管理水平的绩效评估、案件质量评估，对当前法院推行的案件社会风险评估也进行了深刻的反思，对司法公信力评估、透明度评估、司法群众路线的实践合理性等也都进行了阐述和分析，无疑对于推动司法改革在评价—反馈—修正的渠道上科学发展，具有重要的指导性意义。本书在多个层次和多个向度探索适合我国司法现实的评价指标体系、主体构建、评价方法、运行程序等一系列的流程，司法制度评价的体系日趋完善。司法制度评价的理论建构与实践运作，或能弥补冒进改革之缺失，克服各自为政的弊端，建立司法改革的反思和反馈机制，实现在制度评价基础上的良性运行。

第三，本书试图通过司法制度评价体系的建构，将社会科学的理论和方法引入对“司法和秩序”危机的拯救过程中，通过经验研究为司法变革和解决社会问题开辟新的道路。通过司法评价体系的建构，有效化解当前改革和社会转型过程中出现的矛盾和问题，强化司法促进秩序生成和社会整合的机制。在评价方法的理解和选择上，努力将诸多评价方法进行组织和整合，使其具有整体性、普遍性和综合性。其试图整合工具理性与价值理性，将评估从单纯的技术层面提升到综合性的制度安排和治理对策层面，实现评估基础理论的创新，在科学的评估技术和评估方法的指引下，将制度安排与法治建设紧密结合。

志刚十余年前入我门下攻读博士，勤勉沉稳，潜心向学，时有佳作见诸期刊。本书于历史发展的广阔视野中，把握制度评价之于司法制度发展的重要价值，发掘推进法治建设具体路径的深刻见解，既有对现代司法理念、法律价值的探讨，又有基于法社会学方法的司法过程、目的和效果的表述；

既研究司法制度理论基础抽象上的一般性，也突出了我国司法制度评价实践发展过程中所体现的丰富性、独特性的一面，对深化司法改革，建立司法效果的测量和反馈修正机制无疑有着重要的意义和作用。

当然，实现在这一研究领域的纵深性拓展，还需要进一步通过对国外司法评价体系的借鉴和研究，加强司法改革中主体行为、影响司法改革的各种因素、评价标准等各种问题的研究。这也为我们开放出一系列极富实践意义，也与我国司法未来发展紧密相关的理论命题，期待志刚在此后的研究中进一步深化。

是为序。

郑成良

2018 年 5 月 6 日

目　录

下篇 司法评价的制度框架和运作机制

上　篇

司法制度评价的理论基础

绪　论

随着我国法治进程的演进和改革的深化，自 20 世纪 90 年代中后期开始，司法公正逐渐成为社会焦点，各地法院也都在最高人民法院改革纲要的指引和部署下，积极探索创新，开启了审判管理改革之路。由于对法治的踌躇满志和美好期许，司法被推上了社会关注的风口浪尖，社会对司法的期待水涨船高，赋予其整个政治、经济和社会体制的指标性意义。毋庸置疑，二十多年来的司法改革，使司法获得了前所未有的跨越发展，司法机构设置的科学化程度、司法人员的职业化素质和能力、司法过程的规范化程度，都有明显改观。但从现代法治的标准来看，司法制度的建设仍存在很多问题，司法承载了以各种理想化、模式化的价值标准提出的高度社会期待，但又无法有效回应和实现这些期待，面临种种困窘和难题。近年来多起重大案件司法过程中存在的程序和实体方面的问题，无疑更加剧了社会对司法的不信任。

司法公正具有相当强的价值色彩，反映特定社会群体的理念要求，蕴含着特定的制度模式和价值目标。现行司法制度的种种改革和新制度的创设，往往都以此为出发点。同时，司法公正的推进，具有极强的操作性要求，需要具体的制度架构来实现。面对理想与现实的凿枘不合，在社会的高度期待之下，司法的研究者和决策者必须提出真正切实可行、能够引导社会的制度模式和价值目标，合理定位当代中国社会的法与司法，并作出相应的制度安排。但既有研究普遍从理念层次上关注司法公正以及如何通过具体制度建设推进和实现司法公正，侧重于为改革提供正当性的论证，包括批判和建构，却没有在制度建设完成后，建立一个完整的对司法制度实践合理性进行评价的理论体系和操作程序，缺少对制度运行过程和效果的跟踪、监督、评价和反馈。在现代司法制度的建构过程中，通过对司法制度的实践合理性进行测度，来回应我国法治建设进程中存在诸多亟须解答的现实问题，具有重大的理论价值和现实意义。

一、哲学视域与理论问题

现代化的司法制度不仅仅是一个法理学的命题，也是依法治国和法治建设自身的逻辑。随着改革开放和社会转型期社会结构的日益复杂,如何准确把握司法制度错综复杂的客观效应,已成为深化司法改革的重要课题。应该说,司法评价是司法制度改革与发展中的重要一环,考察制度本身的质量、运行效果等都需要进行评价。司法制度评价简单地说就是对制度运行的效果进行判断,以决定制度的延续、修正或终止。长期以来,基于制度评价的司法实践合理性有关问题的研究并没有引起人们的重视,我们往往专注于制度制定的科学性、执行的有效性,却很少关心制度运行和实施后的效果如何。可以说,制度评价是制度科学的一个薄弱环节。当下对制度评价集中在政治、经济和社会建设领域,如对政府绩效的评价,对教育、科技、卫生、就业保障、城市发展等领域的评价等,对于司法制度评价的研究尚十分匮乏。我国对于制度评价的研究正逐渐深入,但与西方国家相比,以制度为研究对象的司法评价仍面临着大量基础性的理论构建工作。

（一）实践合理性的哲学视域

20 世纪以来,在现代化进程中,随着西方哲学家们对传统理性主义的反思和重建,实践合理性问题开始在西方的道德哲学、政治哲学、社会哲学、经济哲学、科学哲学、行动哲学、文化哲学等学科中得到日益广泛和深入有效的研究,并渗透和扩散到社会科学的很多研究领域当中。主要的代表学者是 L.劳丹、马克斯·韦伯、哈贝马斯、马歇尔·萨斯等。在西方哲学中,实践合理性概念已经成为了反思性研究实践的重要概念,它主要用来分析和理解实践的目的、动因、过程、结果、评价、价值和意义之间复杂的、相互交织的内在本质联系的理性前提及其机制。①

20 世纪 80 年代以来,国内学者对实践问题的研究大多集中在对实践观本身的探索,由于受限于一定的对象域和方法论,很少有人把“实践”与“合理性”这两个问题联系在一起进行探讨,实践合理性的概念性质并没有得到有效的、系统的说明和澄清。随着“实践哲学”研究的深入,实践合理性问题逐渐成为国内马克思主义哲学实践论研究的重要领域。如吴畏的《实践合理性》一书第一次比较系统地从元理论上分析和研究了实践合理性问题,对实践合理性的概念进行了深入广泛的研究,还对实践合理性的评价标准进行了相当有益的探讨。②余晓菊则从理论和实践上对实践合理性问题背景来源的研究进行了比较系统的论述;她还对实践结构的合理性、实践某个环节和合理性的关系进行了探讨,侧重强调从实践的某个具体形式来研究合理

① 吴畏:《反思性研究实践的重要概念——实践合理性》,《江汉论坛》2001 年第 7 期。

② 参见吴畏:《实践合理性》,广西人民出版社 2003 年版。

性的问题。①

实践的合理性是合理性中最基本和最重要的形式。关于实践合理性的概念问题,国内学者从不同角度进行了诠释。常楷认为:“实践的合理性在于,人类具有按照理性的要求、遵从理性的规范和引导,从自身的需要出发,进行满足人类发展的实践活动的能力。”②方同义则指出:“作为哲学人类学意义上的实践合理性概念,指的是人们以普遍有效的思维方式和操作手段,去追求合乎人类自身的更加理想完美的总体性目标历史过程的观念反映。简言之,实践合理性是人的实践的合规律性与合目的性的统一,是指人从自身合理的需要和目的出发,根据对客观世界所做的正确认识和合理评价,改造客观世界以满足人类生存与发展需要的活动能力。”③

实践合理性的内涵不仅仅指实践应合乎理性、理智和规范,其更深层的涵义指实践应合乎怎样的理性,应符合怎样的规范,即对实践所合乎的“理性”本身的合理性进行规范和评价,以求实践目的的正当性、实践过程和手段的有效性以及实践结果对人类生存发展的积极价值性。所谓实践的合理性是指人从自身合理的需要和目的出发,根据对客观世界所作的正确认识和合理评价,改造客观世界以满足人类生存与发展需要的活动能力。正如余晓菊认为,实践合理性本质上既不是本体论概念,也不是认识论概念,而是一个价值论和评价论概念。它是依据一种普遍的、科学而有效的理性和价值标准对实践及其结果的反思、评价和规范。④

(二)实践合理性视域下的司法评价

实践合理性之于司法,意即司法运作的实践合理与否或在多大程度上是合理的。如果我们在最宽泛的意义上理解司法,那么无疑司法评价所涉及之范围是相当广泛的。在这个评价的体系之内,不仅评价的主体是各种各样的,而且作为评价对象的“司法”本身也是一个纷繁复杂的范畴体系。⑤借用上文实践合理性的概念,这里的司法实践合理性即依据一种普遍的、科学而有效的理性和价值标准对司法制度运作实践及其结果的反思、评价和

---

① 参见余晓菊:《关于实践合理性研究的几个问题》,《湖南文理学院学报》2004年第5期;余晓菊:《合理的需要与实践的合理性》,《吉首大学学报》2004年第5期。

② 常楷:《实践合理性与低代价发展论》,《理论导刊》2008年第5期。

③ 方同义:《论实践合理性的系统结构》,《西安电子科技大学学报》1999年第3期。

④ 余晓菊:《关于实践合理性研究的几个问题》,《湖南文理学院学报》2004年第5期。

⑤ 从最广泛的意义上来讲,司法乃是一种法的适用的活动。从中观意义上来讲,司法区别于立法与执法,其主体不仅包括法院,还包括检察机关、公安机关、司法行政机关甚至国家安全机关。这里对司法从狭义的审判权角度进行理解,是指以法院的行政管理、审判管理和法官的案件裁判活动为中心的行为。

规范。以实践合理性为视角,在实践哲学思维方式的指引下以反思性研究方式探讨司法实践理性的合理化问题,其目的就是要追问司法制度运作实践目的的正确性、正当性、合理性,司法制度运作实践过程和手段的科学性、最优化,实践结果的意义何在,价值特性怎样等。司法实践合理性研究的前提是司法实践活动本身是否达到了预期的目标,实践的结果与其目的是否一致,是否能够满足司法制度改革主体和社会公众的需要。在此基础上,依据一定标准所得出的司法实践活动过程及结果的好与不好、优与劣的评价即是司法实践合理性评价。

开展实践合理性研究对司法哲学来说至少有两方面的重要意义:一是可以使关于司法实践的研究实现一次重要的范式转换,实践合理性着眼于对司法实践的构成要素、构成方式、运动过程、客观结果诸多因素之间的内在联系的基础和纽带理性进行分析和研究,从而实现对实践主客二分研究模式的真正超越。二是在司法领域使马克思主义哲学找到一个在形态上不断自我发展、自我完善,其实践功能不断增强和改善的重要理论契机。①为此,在研究实践合理性概念和理论的基础上,更重要的是紧密关注司法制度现实的实践性问题,其中,着重探讨司法实践活动的合理性与整个司法制度体系结构的相互关系,以此来思考和研究司法运作合理性的实践活动对于司法制度发展的重大意义。

当前,对司法的制度设置和制度安排的绩效及其合理性诉诸综合评价以建立有效测量和反馈机制的共识已经形成,通过评价,不仅有助于了解和掌握司法在制度设置和制度安排中实际取得的效果,而且能及时发现存在的问题,从而对正确改革司法、增加预见性产生积极的推动作用。通过评价,我们可以重新打量现有的司法格局,思考司法的未来走向。但在实践探索的初级阶段,不论是在理论还是在方法上也都存在诸多争议和难题,尚缺乏对我国司法的价值意蕴和实践合理性的伦理关照,导致司法制度评价的现实实践和公众认识产生了严重分裂,需要对司法制度评价这一理论命题的限定及其实践合理性进行追问。实践合理性本质上是评价论概念,其包含两个基本问题,一是实践是不是合理性的,二是实践应当怎样才是合理性的。为此,司法的实践合理性问题,既包含关于司法制度运行实践的事实陈述,又包含关于司法制度运行实践的价值判断。

需要说明的是,本书以“司法制度评价”为题,是因为本书所讨论的论题是紧密围绕对司法制度的运行及效果的评价来开展的。司法评价分为两

① 吴畏:《反思性研究实践的重要概念》,《江汉论坛》2001 年第 7 期。

种，一种是用司法的标准来进行评价，当事人可以基于司法判决的可能性结果对自己以及对方当事人的行为作出评价，法院也可以第三方身份来对当事人的行为作出评价，总的来说就是对事实和行为是否合法、是否承担责任以及承担何种责任的判断；另一种则是指对司法的评价，主要是指对司法制度的合法性与合理性，对司法的组织结构及其相互关系、具体运作及其效果进行评价。本书所讲的司法评价仅限于后一种，也即从制度意义上对司法的评价。

在制度评价的意义上，本书的研究并不仅仅局限于对法院正在开展的案件质量评估和法院绩效评估进行讨论，而是在更广阔的视野和平台上，着眼于对司法制度评价的整体体系进行分析和探讨司法的实践合理性问题。①司法制度评价体系的构成是多元和开放的，其除了价值评判，还包括指标评估。价值评判是依据一定的价值标准进行评价，主观因素更强；而指标评估是运用统计学方法和技术手段，通过权数配置和运算得出有证据基础的评估结果。司法制度评价涵括整体意义上的司法运行机制的功效评估、局部区域的司法试点改革评估，还包括专项的案件质量评估、司法绩效评估、社会风险评估、司法公信力评估等多个方面。司法评价体系是价值评判和指标评估的有机融合，既需要依据一定的价值标准进行评价，还需要在确定评估目标、原则和模型的基础上选取评估指标进行综合评价，这样得出的结论才更具有全面性，体现开放性，符合社会性。

（三）司法制度评价的理论问题

实践合理性评价的实质或重点是对实践活动结果的评价，即对实践结果满足主体需要的程度和意义的判定。以司法实践合理性为题是一种反思性提问方式，不是直接问司法制度实践"是什么"的问题，而是问司法制度实践"怎样是"、"怎么样"和"应如何"。首先，以实践合理性的视角追问司法实践"怎样是"，就要追问司法制度运作实践的目的，澄清司法实践的本质，从价值和意义的角度分析司法理念的优劣，探求司法实践的发展方向；其次，问司法实践"怎么样"，就要研究司法实践的过程和基本机制，分析司法实践结果与改革主体主观性的相互关系，阐述如何对司法运作实践进行监控、调整、创新等；最后，问司法实践"应如何"，就是要对司法实践的目的、手

---

① 2014年12月，最高人民法院决定取消对全国各高级人民法院考核排名。最高人民法院同时决定，除依照法律规定保留审限内结案率等若干必要的约束性指标外，其他设定的评估指标一律作为统计分析的参考性指标，作为分析审判运行态势的数据参考；各高级人民法院要按照最高法院的要求，取消本地区不合理的考核指标。参见赵翔：《取消考核排名：树立科学的政绩观》，《人民法院报》2014年12月28日。

段、过程、结果、价值和意义等全面、合理地进行评价,提出关于司法实践的新理念、新构想、新形式、新策略等,推进司法制度实践的合理化。

由此,我们可以开放出一系列极富实践意义,也与我国司法未来发展紧密相关的理论问题:

第一,从司法改革的宏观背景上来讲,我国面临传统性与现代性冲突的挑战,在现代性的冲击之下,司法应该怎样回应现代性的挑战?司法制度评价应秉持怎样的政治立场、伦理意涵与社会意图?司法制度评价本身的历史流变和知识脉络如何?对于司法的评价和分析基于一个什么样的标准?这些标准所直接指向或间接隐含的司法知识理论是什么?其能否为中国的司法发展和法治建设提供强有力的制度保障和智力支持?如何通过司法制度评价问题的思考和解决来引领现代司法制度的建构、改革与发展?

第二,从司法制度评价体系的中观建构上来讲,在当下社会转型与价值多元的背景下,究竟如何在保持适度张力的前提下,以量化的指标衡量司法公正?应该采取怎样的评价模式与研究进路对司法改革的实效进行评价?在评价的过程中,是应该重技术分析还是重价值判断?在司法制度评价的过程中,司法的价值理性与工具理性又如何实现有效平衡?

第三,从司法制度评价体系的微观或具体的设计过程上来讲,如何从健全司法的评价标准、评估制度和推进机制入手,实现指标体系设计的客观公正?制度运行效果应该采用怎样的方法进行量化?制度评价结论是否可信?司法制度评价嵌入司法决策如何可能?司法制度评价的启动、实行与反馈应遵循怎样的程序?如何通过评价,建立司法制度的反馈机制,形成试错—反馈—修正的良性循环?

以上这些问题的提出其实意味着,有关司法评价的外在理论建构尚不能有效指引司法制度评价的现实实践,需要在对当下中国司法的整体性认识的基础之上,对司法制度评价的理论和实践进行全面的批判性反思。通过这种实践合理性的反思,使我们关于司法制度评价原则的认识和判断达到和谐,并使之能够在快速反馈的基础上有效指导实践。而我们正是要通过这种认识论上的反思性平衡(reflective equilibrium),让最终建构起来的司法评价理论“既表达了合理的条件,又适合我们深思熟虑的并已及时修正和调整了的判断”。①通过对司法制度评价相关理论命题的关注和讨论,我们既能够看清司法评价对于司法制度发展的功能和现实意义,辨析司法评价体系对改善司法作用发挥的可能性与限度,揭示社会结构及其他理论对司法

① ［美］罗尔斯:《正义论(修订版)》,何怀宏等译,中国社会科学出版社2009年版,第16页。

制度发展的影响力，进而看到司法现象与其他社会现象之间的内在关联，从而培养一种从整体性反思的角度理解司法评估及其知识理论的立场和视角。

这些司法评价的新境遇与新课题对司法制度的深化改革具有重要而深远的意义，亟待我们作出回答。但对这些问题，尚缺少系统的梳理和较为科学的解决方案，需要我们寻求实践合理性基础上的现实回应。本书以司法制度评价作为选题的实践背景，跟踪国内外司法制度评价研究的前沿动向，尝试从实践合理性的角度揭示转型期司法发展与变革的深刻社会根源和规则冲突，并将司法评价的各种适应性规则嵌入正在发生深刻变迁的社会结构和多元化的价值取向中，进行综合评价，从而努力在司法制度评价这一领域获得具有我国司法现实问题背景和研究特色，研究方法规范化的理论成果。本研究旨在从制度建设的层面，结合我国目前司法的理念与实践，对司法公正制度建构的理论和实践进行全面系统的研究，从而进一步深化司法制度评价的理论体系，为我国正在进行的司法制度改革提供各种可供选择的方案。

二、理论目标与研究方法

由于社会政治、经济、文化等对司法制度问题的复杂影响，也由于司法制度运行的环境是不断变化的，再加之司法制度设计者的认知水平和能力局限，因此，在司法制度运行中难免会产生一些制度本身无法预料和解决的情况，很难一次性设计出完美的制度。对司法系统的操作进行评判是一个具有自省意识、运作良好、反应敏捷的司法系统的必然产物，为考察司法运行的效果提供了科学的方法，使司法运行的状态得以准确体现。本书研究的理论目标是：从国外和我国司法制度评价的经验资料出发，借鉴吸收国内外相关研究成果，运用法社会学、法经济学和法哲学的方法和理论框架，倡导构建体现中国司法特色的制度评价机制和指标体系，并提出相关制度建构的建议。通过司法制度评价体系的构建，一方面在观念上把握、理解、评价和反思司法制度的运作实践及其结果，另一方面，又要把所获得的观念成果以自我意识的方式反馈到实践的过程中去，参与实践的辩证运动。本书以实践合理性为视角，运用实践思维方式，着眼于司法制度运作实践中存在的不合理性来认识和把握司法运作实践的合理性，从而把这种合理性建立在全面、完整、系统和符合司法规律的基础上。以实践合理性为视角研究司法制度评价问题具有其独特的理论价值，也必将为我国深化司法改革、推进司法现代化的进程提供助力。

当下对司法制度的研究主要有两种研究路径，一种是法哲学或“形而上学”的研究方法，它致力于对司法基本原理和运行规律的探讨，力图从普遍主义的原理出发对现实制度及实践进行批判，探求建立现代司法制度的途径。另一种则是法社会学的研究方法，注重从社会条件和功能的角度研究司法制度，在司法制度的动态运作过程中挖掘司法的理念，并结合社会现实需求对这一理念的实践合理性进行论证。在这种方法中，倾向于从问题出发分析现行制度的利弊，探索可行的改革途径。①这两种路径各有其价值所在，本书的研究是以上两种方法的结合，既有对着眼于现代司法体制建构的司法理念、法律价值的探讨，又有基于法社会学方法的司法过程、目的和效果的表述。本书的研究方法主要有：

1. 理想类型方法。理想类型研究法是马克斯·韦伯对社会学研究的杰出贡献之一。按照韦伯的概括，在社会科学的研究中，可以仿效自然科学研究中普遍采用的“理想模式”方法，先进行超经验的、纯观念的研究，然后再以这种研究假设的“理想类型”作为参照系来解释经验的、现实的对象和关系。②按照这一研究方法，本书关于司法制度评价体系的“理想”建构描绘出“回应型司法制度”这一符合我国国情民意的司法制度模式，并在此基础上通过与现实诉讼制度具体对照，来提出司法制度评价体系的制度建构方案。

2. 历史分析方法。历史分析方法在社会科学研究中普遍适用，是一种基本的研究方法。本书对世界主要国家的司法改革基本走势进行剖析，运用历史发展变化的观点把司法改革放在一定的历史谱系中进行研究，对国内外司法改革和司法制度评价的历程进行分析，对司法制度发展的不同阶段加以练习和比较，试图通过评价机制的建立，总结我国司法改革进程中的经验教训，回顾与展望司法改革的未来路径，探求司法改革的基本规律，以期裨益于司法改革的现实进程。

3. 比较分析方法。比较法作为一所真理的学校，扩充并充实了解决办法的仓库，并且向那些有批判能力的观察家提供机会，使他们能够认识在其时其地更好的解决办法。③本书在立足我国当代司法改革现实问题的同时，对国外司法制度评价的做法与改革动态进行了引介，并在此基础上与我国司法改革的现实状态进行比较分析。通过比较研究，把握国内外司法制度评价的共性，探求世界司法改革的潮流和基本走向，为我国的司法改革和司

① 范愉：《现代司法的理念漫谈》，中国民商法律网，访问日期：2016 年 6 月 30 日。

② ［德］马克斯·韦伯：《新教伦理与资本主义精神》，于晓、陈维刚等译，三联书店 1987 年版，第 5 页。

③ ［德］茨威格特·克茨：《比较法总论》，潘汉典、米健、高鸿钧等译，法律出版社 2003 年版，第 22 页。

法现代化的进程提供有益的借鉴。

4. 实证分析方法。本书立足我国、立足当代,研究司法改革的现实问题,在我国社会经济政治变革转型的大背景下,以我国司法改革的现实状态为出发点,深入上海、山东等地法院,试图通过对统计数据、调查资料、典型个案等实证资料的系统梳理剖析,以及笔者多年来对司法的切身感受与理性思考,来展开对我国司法制度评价的实证分析,倡导构建符合我国国情、具有我国特色的司法制度评价机制。在数据与资料的调查获取上,笔者将运用王亚新先生所倡导的“样本有限却完整”的做法,即选取处于不同条件下的多数法院进行调查并尽可能完整把握其程序运行的整体状况。①

三、篇章结构与主要内容

本书的研究内容分为上下两篇,主要包括以下十章:

上篇司法制度评价的基础理论。上篇共五章,以实践合理性为视角,以回应型司法制度为原点,阐述了司法制度评价回应社会诉求的理论基础,对司法制度评价的基本概念、方法体系进行了一般性综述,对司法制度评价的研究和实践的现实演进进行了梳理,对司法制度评价的体制机制包括主体、程序,进行了深入分析。

第一章司法制度评价的体系概述。本章从基本概念和基本问题的阐发和界定入手,从实践合理性的哲学视域对司法制度评价体系进行初步和概括性的分析,指出司法制度评价机制的理论基础。司法制度评价是一套有关如何对司法制度建构运作的目标、原则以及效果进行测量的理念体系,同时它又是一项在世界各国范围内广泛开展的司法改革运动,并世界性地深入持久地开展,积累了丰富的制度评价的经验和素材。与此同时,司法评价的深入实践又激发了理论研究的热情,以司法制度评价为对象的理论研究逐渐走向深入,不断反哺司法制度评价的改革实践。

第二章司法制度评价的法理基础。本章对司法制度评价的改革趋向进行法理分析,揭示出司法制度评价的理论背景、价值目标和制度理念。本章在宏大视野下讨论司法制度评价的理论基础问题,关注司法实践过程中体现的法与司法的价值定位和回应社会的方式,以期在一定程度上阐释目前我国社会在转型过程中司法公正的理念选择。同时指出,司法制度评价是以回应型司法制度为理论原点展开的,体现了“回应社会诉求”的基本理念,以“制度化的社会回应型司法”为基本目标,旨在从制度意义上保障司法公

---

① 王亚新:《实践中的民事审判——四个中级法院民事一审程序的运作》,《现代法学》2003 年第 5 期。

正,优化司法功效,体现了回应社会诉求的司法发展趋势。

第三章司法制度评价的现实演进。本章主要介绍当下我国及国外司法制度评价的研究和实践。通过对存在的问题的梳理,阐述需要通过引入新的机制,尤其是要树立制度科学的理念,在制度理性的基础上建立司法评价机制,充分准确认知司法运行机制的弊病,在此基础上进行改革,推动司法制度的发展。运用历史分析方法对国外和我国司法评价的经验资料进行了梳理,对我国当前的司法评价机制进行了具体分析,揭示出当前我国司法评价的动因,对其存在的问题和不足进行了剖析;并以此为基础运用比较分析方法,通过中外司法制度评价的比较分析,指出深入推进我国司法制度评价体系建设的必由之路。

第四章司法制度评价的方法体系。对司法制度进行评价,首先需要在定性的基础上,对司法进行价值评价,也即评价主体基于一定的客观需要,在确定的利益标准下,按照主观目的的要求,对司法的社会意义所进行的基本价值判断。同时,司法制度评价是将自然科学的方法应用到社会科学,通过定量分析,力求准确反映社会科学和司法制度的现状,但它必须以理论体系本身的合理性为前提,否则效果会适得其反。本章主要对司法制度评价的方法论体系进行概括分析,指出要将社会学、经济学以及系统思想和研究成果应用到司法的管理和决策中,使之日益科学化、定量化、精确化。

第五章司法制度评价的体制机制。本章对司法评估主体的类型、评价的原则、程序进行阐述。评估主体的价值取向是多元的,反映了不同的价值认知、价值判断和利益选择,评估结果受此影响也必然不同。我国司法评估规范化、完善化的过程中,需要评估主体的多元化,以有效避免单一化的内部评估主体的缺陷,这也是国家司法权力的公共性基础以及社会主体利益多元化的必然要求。对司法有效运作的测评包括法院的办案质量、法院审判的效率、诉讼费用的合理性、当事人的满意程度等,要根据评价的类型选择不同的程序来进行。

下篇司法制度评价的制度框架和运作机制。下篇共五章,在上文多角度宏观分析的基础上,按照便于评估操作、便于公众参与的程序目标,重点对法治评估、司法功效评估、案件质量评估、改革项目试点评估、法院重大案件社会风险评估等制度和措施进行了微观分析,倡导建立符合中国司法传统、体现中国司法特色的司法制度评价机制,就深化我国司法改革、推进司法现代化的进程提出有针对性和可操作性的建议。

第六章整体评价:法治指数评估与司法功效评估。司法制度的评价是一个多属性、多层次、多变化的体系,本章从整体评估的角度,对法治指数评估的研究和实践作了概述,对法治指数评估中的司法评估进行了分析,并就法治指数评估中司法评估的科学化作了展望。针对用以评价司法整体状态和趋势的功效评估,设置司法公正与社会评价、管理体制、人员素质、权力运行、执行机制、监督制约六类可以量化的指标,以尽量满足全面性、简明性、系统性、结构性、可操作性的要求,从评价主体、评价对象、信息获得、评价过程等方面进行了全面分析。

第七章局部评价:司法改革试点评估运作机制分析。中央深化司法体制改革的一系列部署,明确了司法改革的路线图和时间表,但在试点的过程中,没有运用科学的方法进行评估和改革,尚未建立科学完善的评价机制。改革试点评估机制是建构现代化司法制度的决策基础,可以获得和积累对新体制的知识存量,反馈修正制度设计,激发制度变革动力。本章以司法体制改革中的法院员额制改革为样本,分析了当前改革试点评估的现状和问题,明确了试点评估的主体、原则和基本方法,阐述了完善司法改革试点评估运作机制的具体路径和操作模式。

第八章管理评价:司法绩效考核与案件质量评估。本章重点分析了作为法院行政管理手段的司法绩效评估和作为法院审判管理手段的案件质量评估。司法绩效评估立足于激励,侧重于对法院和法官的考核,而案件质量评估立足于评价,侧重对案件质量状态和水平的测量。两者应该进行有机衔接,以提高管理方式的科学性。

第九章专项评价:针对司法若干领域的评估。本章主要介绍了三种针对司法某一领域开展的评估。首先,针对法院案件社会风险评估的实践进行反思,提出法院开展社会风险评估的发展路径;其次,对司法公信力评估的研究和实践做了引介;最后,对目前尚未广泛开展的司法透明度评估进行了阐述和分析。

第十章价值评价:司法群众路线实践合理性反思。围绕司法践行群众路线引发的分化和对立,对司法群众路线的演进、嬗变及异化进行分析和反思,对适应社会转型的司法群众路线发展理念、原则、路径进行探讨,提出应在坚持遵循司法属性和规律这一原则的基础上,尊重群众路线的现实合理性,以保障司法机关依法独立行使职权为核心,努力寻求司法积极主义与司法消极主义的最大平衡,从司法回应、司法便民、司法民主、司法公开入手推进司法制度的建设。

余论对司法制度评价体系的发展路径进行了展望。

四、现实意义及实践价值

20 世纪 90 年代初期开始的司法改革,在推动现代司法制度的改革和完善上取得了较大的进展。自1999年人民法院的第一个五年改革纲要出台以来,法院改革已经进行了三轮,第四个五年改革纲要(2014—2018)的实施周期也即将结束。[①]当前,司法改革的必要性已形成了广泛共识,改革的经验和知识已有了相当积累,改革也取得了一系列的阶段性成果。然而,改革并没有能够根本性地破解诸多困扰我国司法多年的难题,有许多关键性的问题如独立司法、法院权威、司法公信力等并没有得到有效解决。就效果层面而言,虽然作为改革设计和推动主体的最高人民法院在总结陈述改革取得了明显成效,但不少中基层级法院的法官对改革却有不同见解。普通民众对司法改革的参与度比较有限,对司法改革尚缺乏普遍认同,对改革也颇有微词。在国家深入推进司法体制改革和监察制度改革的背景下,司法改革正步入深水区,与国家政治和经济体制改革密切联系。为此,以司法制度评价为题,对当前司法改革中的新态势、新问题如改革效果的测度等,做一些及时而务实的研究与回应,无疑具有重要的理论和现实意义。

笔者在《司法实践理性论——一个制度哲学的进路》一书中,从制度哲学的角度进行了理论阐述,提出了解决价值理性和工具理性统一的路径,通过构建合规律性的司法哲学,实现合目的性的司法运作,形成动态均衡的实践理性。[②]而本书主要从司法制度运作的实践合理性角度进行实证考察,尝试以当下我国司法制度评价的实践为主轴,并以司法评价理论研究的相关方法和立场为线索,力求通过对这一问题的较为详细的考察,努力在展现我国司法评价体系整体图像的同时,揭示其问题,进而予以反思和重构,最终回应本书的论题。尽管本书旨在体系性地反思司法评价的实践,并在此基础上提出建设性的方案,但无意提供一个终极的体系和方案。因为,体系作为"既定"的状态,往往容易导致自我封闭,禁锢了司法评价的开放性思维,进而造成司法发展的知识迷思。本书所称"司法制度评价体系",本质上来说,主要是指围绕司法功效评估、绩效考核、案件质量评估、改革试点项目评估、社会风险评估、公信力评估、透明度评估等在司法的结构和过程中所体现出的需要通过评价进行反思的司法的内在脉络和系统。司法制度评价是对司法制度运作效果的考察,并不能即时缓解或解决"当前人民群众日益增长的司法需求与人民法院司法能力相对不足"的矛盾,但司法制度评价体系的构建,必将推动司法改革在评价—反馈—修正的渠道上科学发展,对于司

---

① 2014年7月"四五改革纲要"针对八个重点领域,提出了45项改革举措。参见袁定波:《最高法通报人民法院四五改革纲要内容》,《法制日报》2014年7月9日。

② 参见高志刚:《司法实践理性论——一个制度哲学的进路》,上海人民出版社2012年版。

法制度的改革、发展、完善都将具有重要的指导性意义。

司法制度评价体系的建构，是对司法改革的科学验证，将使司法运作过程中的规范与理想紧密结合，对于我国现阶段的司法改革和当前我国的法制建设有着重要的实践价值和理论意义。司法制度评价应通过对现实的指导作用实现其提高司法功效，建构现代司法制度的最终目的，其实践价值主要体现在以下几个方面：

（一）沟通司法理论与实践

法兰克福学派的著名代表哈贝马斯曾提出"沟通理性"的著名观点，强调以共识来治理社会问题。①沟通理性的立场，是要求理论与实践联系的立场，司法制度评价的最大效用便在于沟通理性，以实现司法制度更高层次的创造和更大程度的发展。这对于法院制度走向现代化的我国，有着重要的启示性。司法制度评价体系的研究将使建构理性主义与经验理性主义实现必要的沟通和平等对话，这既体现了时代特征，也取决于法治自身的内在要求。

在建设社会主义法治国家的过程中，通过对司法制度运作效果的评价实现司法运作的良好功效，将引导司法公正与效率的配置达致优化，成为连接现代司法理想与司法实践的桥梁。司法现实和司法理想的差距伴随着整个司法制度发展的过程。司法制度评价体系的建构提供了一个二者契合的桥梁和纽带，是司法公正与效率从哲学理念进入操作层次的至关重要的环节。②通过评估，测定司法功效的量，可以准确评价司法水平，为决策提供依据。其实质上是在司法系统运转的目标与现状、计划与实施间建立一个中介环节，帮助决策者有效地控制和管理，确立工作重点，使之按预期目标运转。因此，是司法体系管理、控制和决策的一项基础性工作。而司法机关可以根据评估结果，不断修正改革误区，积极大胆地将社会学、经济学以及系统思想和研究成果应用到司法的管理和决策中，使之日益科学化、定量化、精确化。司法评估具有很强的导向作用以及评价功能，是形成理论与实践良性互动的重要机制，它有利于培养人们观察问题、分析问题的基本思维，也可以帮助法院超越个人的偏见，走出小我的局限，用相对程式化的规则来分析司法的理论和实践。③在这里，司法制度评价体系的建构实际上起着一种超然领域的作用，可以帮助法院在改革的过程中用较为冷静的眼光进行

---

① 参见[德]尤尔根·哈贝马斯：《交往行为理论》，曹卫东译，上海人民出版社2004年版。

② 高志刚：《司法功效的法理学分析》，《法治论丛》2006年第1期。

③ 参见胡玉鸿：《法学是一门科学吗》，《江苏社会科学》2003年第4期。

自我的分析与研究。

（二）奠定司法改革的实证基础

总体来说，我国的司法改革还面临许多问题。这些困难主要包括：第一，司法不能独立，造成司法的地方化和行政化；第二，人才素质较低；第三，司法机构设置不合理；第四，法院内部管理还不完善；第五，宏观体制环境有待进一步改善。这些问题的存在已成为我国司法改革发展的瓶颈，需要通过引入新的机制，尤其是要建立全面客观的评价机制，充分准确认知司法运行机制的弊病，在此基础上进行改革，才能在现有条件下推动司法制度的发展。研究司法制度评价，首先要提升对司法运作效果的重视程度，并在此基础上，研究影响司法功效实现的各种因素并提出解决对策，从而真正有助于推进现代司法制度的建构，提升司法公信力。司法制度评价既是对司法体系的运行状态作出诊断，也是对司法改革方案作出仲裁，对改革方案是否达到预期的要求和目的十分重要。在评价中，通过对评估对象的考察与信息的积累为深入推进司法改革奠定实证基础。

（三）建立科学的司法运行体系

司法制度评价体系的建构为考察司法运行的效果提供了科学的方法，使司法运行的状态得以准确体现。对司法有效运作的测评包括司法审判的公正性、及时性和诉讼费用的合理性等多个维度。通过对司法的评估可以准确评价司法水平，帮助决策者有效地控制和管理，确立工作重点，使之按预期目标运转。司法制度评价并非局限于对司法运行状态和效果的评价，其应通过理性的思考，起到对现实的指导作用，以切实提高司法效益。如在权力配置、机构设置、人员安置、程序设置、社会评价等方面，根据评估的结果，确定优化的方案，以提高司法的收益，同时降低司法的成本。通过对司法的评估，引进案件分类管理、计算司法活动成本、制定案件费用指数与法院审理费用指数、加强司法统计等方法来衡量法院改革和法院工作的效果，将对司法系统运行的管理、控制和决策有着重要的意义。

（四）协调形式正义与实质正义

司法的任务在于把一般法律应用于特殊情况下的具体事实，从而使司法判决具有可靠的预测性，马克斯·韦伯称之为司法形式主义或司法的形式合理性。①而传统中的实质公道反映了民众试图通过自身努力来排除纷争进行公平交往的心理要求，因而司法的形式合理性往往与民众的期待发生冲突。司法制度评估体系建构的一个重要目的就是使司法制度的建构平衡

① 公丕祥：《民族精神与现代司法》，《学习与探索》2001年第4期。

协调形式正义与实质正义,在法定的程序化过程中验证法律权威的同时,通过公正合理的司法机制平衡利益关系,确立有机的秩序,实现社会公正。社会评价是司法评价的重要组成部分,通过公众对司法的评价,可以使法院的改革充分反映大众诉求,增加公众对司法的认知和对司法权威的理解与认同,从而使公众对司法公正的评价限于法律的标准之内,自觉追求法律至上的形式正义,不断提高公众的法律素质,以此来牢固树立司法的权威,这对于现实的司法制度的发展和法治进程有着重要意义。

（五）促进法律制度的科学化

司法制度评价体系将为司法法律制度的完善提供具体详实的依据,是司法依法改革的基础,也是司法现代化的必由之路。通过对司法制度评价相关范畴的界定,可以使我们更加清晰地认知司法制度运作效果的本质以及相关制约因素,进而通过立法对影响和制约因素进行控制与调整,优化司法资源的配置,把司法运作可能形成的有害结果压缩到最低限度。在立法过程中,通过规则制定吸取评估所传递的系统信息,经由立法对存在的问题予以修正。如可以通过立法以建立司法评价及决策支持系统,也即独立的司法改革领导机构,来领导和部署司法改革,防止各自为营,导致法院运行机制的混乱和不统一,对司法理性改革有着重要作用;还可以通过试点方式推行改革,将成功的经验用立法固化,避免违法改革和试错成本加大。这种司法结果通过不断积累、检验而优化,将为立法提供宝贵而可靠的实证资料,从而使法律制度科学进化,达到影响立法、指导实践、提高司法功效的终极目的。

第一章　司法制度评价的体系概述

对司法制度的评价是评价者在对客体属性和主体需要认知的基础上，用一定的评价标准作出的一种价值判断。国内对于司法制度评价体系和结构的理论探讨，尚未充分展开。当前我们对司法制度评价的认识和态度尚停留在初步阶段，没有形成完整的理论体系和价值体系。这种现状在相当程度上制约了学界对司法制度评价问题的深入研究，也不利于理论界和实务界就司法评价问题进行深入而充分的沟通。为此，需要在开篇之初从价值认识的规律入手，对司法制度评价的概念言说、评价的内容体系、评价标准以及评价的相对合理性和真理性之辩作一分析。

第一节　评价的内涵界定：何为评价

如前所述，如果我们在最宽泛的意义上理解司法制度评价，那么无疑司法评价所涉及之范围是相当广泛的。在这个评价的体系之内，不仅评价的主体是各式各样的，而且作为评价对象的“司法”本身也是一个纷繁复杂的范畴体系。面对这样一个不确定的、开放性的司法概念，纵使我们限定其为狭义上的审判机关，其内涵与外延仍十分繁杂。司法制度评价体系构建首先必须符合作为评价对象的司法制度自身的特性。作为评价对象的司法，不仅仅包括法院的行动、司法的过程、判决的结果，还包括司法运作的成本和效益、司法的公正与效率、司法的社会评价等很多方面。为此，需要对司法制度评价的内涵和外延予以适当的界定，以便有的放矢。这种限定性的概念言说，既是司法评价理论研究得以展开的前提，也是司法评价制度体系得以建构的基础。所以，在构建司法评价体系之前，先要在司法特质的基础上，剖析涉及司法制度评价有关概念的内涵和外延。对司法制度评价的外部空间和时间都要进行必要的限定，实际上也是尽量避免在对司法制度评价体系进行建构时论题域的可能扩散。概念的界定对研究有着重要的基础性作用，为此，须对其予以准确定义和科学表述。

一、评价与评估

事实认识的更高层面是价值认识，即评价。哲学意义上的评价，通常是指作为主体的人对客体的对于人的意义、价值的判断和评估。①也有学者认为，评价是“一定价值关系主体对这一价值关系的现实结果或可能后果的意识”，②是对价值的判断。评价对人们的实践具有指导作用。人们的评价是否正当、精确和合理，直接引导着他们的行为，并必然造成相应的后果。肯定性的评价将引导人们对某一事物或价值的积极追求，否定性的评价则导向背反的行为，模糊的评价也必然会导致行动方向的混乱，引发“异议风险”。

评价与评估常常在不同领域混同使用，两者都是基于衡量某一特定对象的、譬如质量、特征、价值等标准而所作出的一个评判的过程及其结果。评价与评估本质上都是一个对判断做出处理的过程，都是通过评价者对评价对象的各个方面，根据评价标准进行量化和非量化的测量过程，最终得出一个可靠的并且符合逻辑的结论。评价与评估在功能上也都包括诊断、导向和激励的功能，从评判的确定性程度上并没有原则的区别。但两者在内涵的界定上却有一定的区别。首先，评估更加侧重客观评价。所谓客观评价，指的是社会实践对法律价值的检验。所谓主观评价，指的是人们在某种价值观的指引下，通过一系列内心活动形成的一种评价结论。③评估通常是对某一事物的价值或状态进行定性定量的分析说明和评价的过程，一般是依据现实条件对事物进行价值的约算，强调客观性，以及价值、贡献量、数值或概率。而评价的涵义更为广泛，指一般意义上对某一事物的价值和状态所作出的判断，其可以是评价者基于主观感受作出的带有大量的价值评判或主观色彩的评价，也可以是基于客观测量得出的评估结论；其次，在功能定位上，评价和评估都有诊断、导向和激励的功能，但评估更侧重于衡量过程状态的诊断功能，基于考核的评估则侧重于激励功能，在实践中尚未对评估的导向功能给予高度重视；第三，在技术手段上，评估对价值或所处状态的意见和判断，是建立在科学的评估技术的基础上，需要对其合理性、效益性进行客观和科学的分析，从而为有关部门提供参考依据，其可靠性程度更高。

---

① 张理海：《社会评价论》，武汉大学出版社 1999 年版，第 6 页。

② 李德顺：《价值论》，中国人民大学出版社 2007 年版，第 231 页。

③ 严存生：《简论法律评价》，《法学研究》1990 年第 6 期。

本书的司法制度评价体系是在广义的基础上进行建构的,其是在主观评价和客观评价的基础上作出的,既包括仅仅依靠直觉、感受或理论体系对司法制度运行的目的、意义或状态作出的价值判断,也包括通过一定的技术或手段按照一定程序进行计算、测量、分析,从而对司法的效果和机制进行判断的评估活动。

二、法律评价与司法评价

关于法律评价的定义,学者们已多有阐述。严存生认为,法律评价是人们根据某种价值标准对某一法律的好坏及其程度的价值判断。①黄竹胜认为,法律评价可以界定为社会主体对法律现象的认识活动形式,是社会主体基于自身需要而对法律现象的功能、价值、作用、含义等作的事实、价值和审判判断及评定。②张文显认为,法律评价,是社会成员对法律规范、法律制度、法律活动、法律作用等法律现实所作的价值判断和在此基础上进行的价值设定与选择,反映主体需要与法律之间的某种肯定或否定联系。③总体而言,法律评价就是对法律制度在实际运行中的效果、立法目的的实现程度的评价,是关乎法律制度合法性与合理性的评估。法律绩效也就是运用法律的评价功能去对一个事实或行为作出合法与否以及是否有效力的判断。

法律评价分为两种,一种是指用法律来评价,即以法律作为行为尺度来评价人们的活动,看其是否合法;另一种是指对法律的评价,即用某种标准来衡量法律的价值,价值法学则取此义。同样,司法评价也分为两种,一种是用司法作为尺度来进行评价,另一种则是指对司法的评价,主要是指对司法制度的合法性与合理性,对司法的组织结构及其相互关系、具体运作及其效果进行评价。本书所讲的司法评价仅限于后一种,也即从制度意义上对司法的评价。

法律评价在内涵上不同于司法评价,但同时又存在交叉之处。本书的司法制度评价,是在对司法有关制度价值评估的基础上,对司法的组织结构及其相互关系、具体运作及其效果进行评估,其不仅仅包括对司法有关法律制度的评价,而是在更广阔的含义上对司法的效果进行测评和分析,还包括对司法的组织结构及其相互关系、具体运作及其效果进行评价。其内容不仅仅局限于案件质量评估,也不局限于考察法院工作业绩和成效的司法绩效评估,更多的是从"功效"的角度对司法制度运行的效果和成效进行评价。

---

① 严存生:《法律的价值》,陕西人民出版社 1991 年版,第 207 页。

② 黄竹胜:《法律评价的重新解释》,《法学论坛》2002 年第 4 期。

③ 张文显:《法学基本范畴研究》,中国政法大学出版社 1993 年版,第 230 页。

三、司法功效与司法绩效

功效(efficacy)一词意为"实际效力"。从社会运作的角度来看,它是一种经法律调整所形成的社会关系或社会秩序的现实状况。这种结果,也即法律的功效,称为法律达到的实际效果。①司法功效是指司法调整的实际状态和结果与法律社会之间的重合程度,是指司法体系运行的实然效力,着重于功效在司法机制运行中的现实性,涵指司法系统是否能实现优质高效运转,能在多大程度上满足社会的要求和需求。因此,司法功效是一个关系性概念,体现了司法的社会目标与法律调整结果、司法功效与法律目的、法律的价值属性与实证要素之间的对立统一关系。本书所论及之司法功效并非单纯经济学意义上的效率或效益,在内涵取值和测评手段上兼采社会学与经济学的概念,更着重于司法运行的整体和实际效果。在社会学、经济学、政治学等多重意义上的司法功效,是一种综合性的评估,其不仅仅考量司法的经济效益、办案效率,还考量司法的社会效果等多个方面,对司法的整体运作进行全方位的诊断。

绩效与功效不同,区分点在于目的指向不同。绩效是一个多维建构,从管理学的角度来看,绩效是组织期望的结果,是组织为实现其目标而展现在不同层面上的有效输出,它包括个人绩效和组织绩效两个方面。组织绩效是建立在个人绩效实现的基础上的,但个人绩效的实现并不一定能保证组织是有绩效的。组织战略的失误可能造成个人绩效目标实现而组织却失败的后果。从微观层面来看,司法绩效就是指司法机关审判人员的绩效,即其工作业绩、贡献,通常包括个人的结案率、撤诉率、上诉率等指标,审判人员凭借自身的资格、能力、工作态度、业务水平对法院的绩效作出贡献,这个贡献的程度就是个人绩效的多少。从中观层面来看,一方面,司法绩效是指法院作为审判机构履行其职能的效果,另一方面,也可以通过绩效的评估测度司法机关投入的人力、物力、财力的过程和效果。这一层面的绩效是从法院审判管理的角度上进行的。从宏观层面来看,司法绩效是指整体司法制度运行的功效。宏观层面上的司法绩效,是司法机关在维护公平、正义等法律价值以及回应社会诉求的过程中,行使司法职能的效果。这一层面的司法绩效与司法功效的功能重合,都侧重于制度层面,关注司法整体运行的成效和效果。基于此,本书在论述的过程中,也将从不同层面区别使用功效和绩效。

四、司法功效与司法效率

一般来讲,效率(efficiency)是物理学上的概念,是指物体所输出的功或

---

① 参见高志刚:《司法功效的法理学分析》,《法治论丛》2006 年第 1 期。

能与输入的功或能之比,引申为工作效果与所耗能量之比。①效率在解决稀缺资源的配置问题上,已成为经济学的主要命题。在现代市场经济条件下,法律也必然包含着以有利于提高效率的方式分配资源的价值内涵。②司法意义上的效率研究的是司法资源的配置问题,同样要立足于经济学的基本原理,其核心应理解为司法资源的节约或对司法资源利用的有效程度。研究司法效率问题的视角涉及两个方面:一是对我国现行司法制度进行评价时以效率作为一种评价的标准;二是在构建司法改革方案时以效率作为价值目标。③

司法功效与司法效率之间有着密切联系,甚至于有着某种条件下的一致性。对于司法来说,如果司法成本投入方向正确,获得较大的收益,此时,司法效率是司法功效的重要目标之一,司法的运行也是有效益的。由于司法在社会的功能体系中发挥作用,因此,社会对司法的需求和满足程度将成为司法功效监测和评估的重要内容。同时,司法效率的取值是司法功效取值的重要组成部分,而反映效率内涵的制度成本与制度收益也将成为司法功效评估的重要内容。

但也应看到,司法功效远不能等同于司法效率。由于近年来理论界和实践界对效益和效率的混淆,导致司法功效的目标体系呈现出程度不同的模糊性。20 世纪 90 年代初期提出的“效率优先,兼顾公平”曾经一直在误导着中国的司法改革。司法效率仅仅是司法功效评估体系的众多子目标中的一个分目标。司法效率依据的是“财富最大化”的逻辑,其往往在追求功利的同时,忽略了司法相对于一定社会目标的工具性,忽视社会公正的实现,因而招致颇多诟病。因而司法的高效率虽然节约了司法成本,获得了较大的经济收益,但其有着不可避免的局限性。如果司法成本投入后,制度收益甚微,甚或背离公正的目标,则虽然有效率,效益却无从谈起,其功效值也必将低下。效率概念出自于自然科学,研究中涉及更多的是物与物之间的关系,物与物之间的关系相对稳定,易于测量、获得数据和把握规律,而功效更多的是涉及司法的社会功能,往往既不易测量又不易获得精确的数据。

五、司法功效与司法效益

关于效率和效益,存在着许多概念上的混乱,理论界和实践部门往往将

① 倪传铮、胡志民:《论法的效益》,《政治与法律》1998 年第 1 期。

② 参见公丕祥主编:《法理学》,复旦大学出版社 2002 年版,第 99 页。

③ 姚莉:《司法效率:理论分析与制度构建》,《法商研究》2006 年第 3 期。

其混淆。[①]效益(benefit)是经济学上的基本范畴,指从一个给定的投入量中获得最大的产出,即以最小的资源损耗取得同样多的效果或以同样的资源损耗取得最大的效果。[②]效益研究的是资源投入与产出的比较关系,其侧重强调结果价值。而效率则侧重强调过程价值,二者往往呈相反方向运动。司法有效率却不一定有效益,司法有效益却未必高效。在一个资源有限的世界中,效益是一个公认的尺度,表明一种行动比另一种更为有效,因而效益是判定公共政策的一个重要因素。司法效益在司法价值目标体系中具有不容忽视的综合地位,表现了一种现代社会的司法理想。

司法功效是指司法体系在运行过程中所取得的结果如何,其体现了司法制度运作的目标指向。司法功效比司法效益的内涵要更加宽泛,包含了司法经济效益、司法政治效益、司法社会效益及伦理效益等维度,不仅有经济含义上的考量,也具有非经济的含义。司法功效包含了公正、效率、效益等一系列内在要素,比如案件审理周期、诉讼费用、诉讼程序、裁判结果、社会评价等,其中社会公众对司法的认知和评价是司法功效评估的一个重要内容。

司法功效注重于司法的功能和效果,而司法效益更侧重于司法的理想和价值目标,其糅合了现代司法对伦理与功利的要求。现代司法理想的实现蕴含于每一个司法运作的努力之中,它是一个动态过程。实现司法效益的活动是在特定人的参与下,在广泛的社会范围内完成的,司法机关、司法人员、当事人及有关人员的认识和行为及所处的环境均使司法运作中程序的运用和结果的得出具有较大的随机性。而司法功效的监测和评估提供了司法效益的量化指标和衡量标准,是实现司法效益的重要手段。

六、绩效考核和绩效评估

在国内有关绩效管理的文献当中,有学者认为“评估也称为测评、考评”,[③]也有学者将评估直接解释为考评(appraisal),认为兼有考核、评估或

---

① 参见陈贵民:《论司法效率》,《法律科学》1999年第1期;钱弘道:《论司法效率》,《中国法学》2002年第4期;谭世贵、黄永峰:《诉讼效率研究》,《新东方》2002年第1期;李艳华、潘爱仙:《论司法效益》,《法商研究》1997年第3期;秦志凯:《法律效益概念分析》,《淮南师专学报》2000年第3期;凌霄:《论我国司法效益实现状况及其对策》,《南京航空航天大学学报》2001年第2期;陈怀峰:《司法效益的方法论思考——以审判资源的成本配置为视角》,《齐鲁学刊》2012年第4期。以上文章对效率和效益的概念分析各抒己见,存在着较大分歧,亦缺乏严格、权威的界定标准。

② 刘大洪:《论经济法效益》,《法学》1998年第7期。

③ 卓越:《政府绩效管理概论》,清华大学出版社2007年版,第243页。

评价之意,“绩效考评是根据组织的目标,对员工个人或小组的工作状态及结果进行考核与评价,并对结果进行反馈,以促进其改进和提高以后的工作绩效”。①“绩效评估(performance appraisal)就是按照员工所在岗位的绩效标准对其最近时间段或过去时间段的工作表现进行评估。”②可以看出,目前国内大多数文献对考核与评估两者的含义并未作明显区分。英文中,measurement, evaluation, assessment, appraisal 等都被用作指称对于绩效的评估,我国学者在翻译时,倾向于将它们都译为“评估”。根据一些收集的有关绩效评估的英文文献,人们经常用到的几个指代组织绩效评估的词语是 measurement, evaluation 和assessment。③

一般认为,考核是对员工在既定时期内对组织的贡献做出衡量,从数量和质量两方面对其工作的优缺点进行客观的系统描述,从而为相关人事决策(晋升、解雇、加薪等)提供依据。而评估(evaluation)是一个复杂的过程,是对人或事物的价值作出判断的一种观念性活动,考核结果等相关资料信息的收集为价值判断提供依据。“绩效评估是一种对评估客体的价值的评价和判断活动。它的核心内容是对评估客体的价值进行判断和评价,对社会干预的效果的考察和研究,其目的在于评估社会干预的影响。”④

在当前绩效评估中,普遍存在着以考核直接代替评估、过于注重考核结果而忽视评估改进以及被考核者产生心理抵抗的问题。究其原因,是混淆了两者的概念。因此,首先要对考核与评估各自的内涵进行清晰界定,并在内容上加以区分,充分认识与理解考核与评估各自的价值所在以及两者之间转化的必要性。很多文献也将绩效评估等同于绩效考核,过于重视考核结果,而忽视了考核之后的价值评价和事后的纠偏,这是导致价值取向与结果目的偏离组织目标的重要原因。正是由于对概念的理解和界定陷入误区,使得组织在实际操作中片面强调对结果的考核和测定,而忽视了评估这一基于价值判断和运用的更重要的环节。就司法评价而言,评估与考核的价值定位是自始不同的,前者更多的是为了客观综合地反映审判工作情况,为问题的研究和解决提供智力支撑,而后者则是更加侧重主动改善境况,对问题的解决具有较强的强制性和约束性。为此,要厘清评估和考核的关系,建立科学完善的司法评价制度,使得评估和考核

① 李业昆:《绩效管理系统研究》,华夏出版社 2007 年版,第 6—7 页。

② [美]加里·德斯勒:《人力资源管理》,曾湘泉译,中国人民大学出版社 2007 年版,第 286 页。

③ 赵凤霞:《绩效考核与绩效评估:内涵、价值及衔接转化》,《北京行政学院学报》2011 年第 2 期。

④ 邓国胜:《事业单位治理结构与绩效评估》,北京大学出版社 2008 年版,第 178 页。

相得益彰。

当前我国关于司法绩效的界定，多是从内部考核的意义上展开的。各地法院在司法评估上的用语不尽一致，《人民法院第二个五年改革纲要》称之为“审判质量和效率评估体系”，有的法院表述为“审判质效评估”，最高人民法院则表述为“案件质量评估”。此外，针对考核的表述也不尽相同，如“审判绩效评估”、“审判绩效考核”等。参考最高人民法院文件和一般用语习惯，本书构建的司法制度评价体系中，从行政管理的角度，将各地法院针对本法院或下级法院进行的业绩考核称之为“司法绩效考核”；从审判管理的角度，将最高人民法院正在全国法院推行的以评价案件质量和效率总体状况的司法评估称之为“案件质量评估”。

七、司法绩效与政府绩效

在这里，还要区分政府绩效评估和司法绩效评估的不同。政府绩效评价的动机和原因有二，一是政府财政危机造成政府经济压力，摆脱财政危机是政府绩效改革的最主要和直接的动力；二是提高政府绩效，重建公众对政府的信任，顺应民众要求精简政府机构、提高政府工作效率的呼求。

作为一种管理技术与方法的共通共享特性，是评估在司法系统得到大力推行的关键原因，但应当看到由于司法权与行政权性质的不同，政府绩效评估和司法绩效评估存在着较大的结构性差异。作为增强控制和实现责任的手段，两种评估体现了不同的价值取向。政府绩效评估的目的是为了行政权的行使更加高效、便捷，而司法绩效评估的价值取向则是使司法审判更加体现公正、公开、公平。

司法制度的特殊性决定了在评价司法制度时应该抛开单一的经济学意义上的效率评价标准，而选择其他的评价进路。司法绩效应区别于政府绩效、经济绩效。司法制度的评价标准必须在立法所确定的法价值前提下，从事实的维度考察司法制度在实际运行中的效果，采取法社会学的研究进路，对司法制度的实际效果进行事实描述，并进行社会学意义上的解读，在此前提之下对司法制度评价体系进行重构。司法评价是指对司法制度在社会中的实施和运作的效果来评价和衡量，以此来检验司法制度所确立的社会目的、价值或者社会功能是否得到实现，而不是采用以效率为基石的评价观。

关于司法功效与绩效的诸多研究，为司法评价提供了重要的分析工具和借鉴意义。但对我国司法制度的评价，需要我们充分考虑我国国情和司法的特殊性，采用更加符合实际的评价思路和方法，构建我国的司法制度评价体系。

第二节　评价的系统分析:要素构成

制度评价是由评价主体依据评价标准、采取特定方法进行的,通过评价为制度制定与实行的科学性、可行性提供依据。而制度评价系统是评价活动的载体,研究制度评价系统的目的是为了明确在评价活动中各要素的相关作用和特点,使评价活动本身更具有科学性、实效性。从实践中看,制度评价系统主要由五大要素构成。

一、司法评价主体

评价主体即发起制度评价活动,并主导推进评价活动的实施,在评价活动中统筹协调各方关系的个人或者组织。司法评价主体对制度评价过程和结果意义重大,其在评价活动中所秉持的价值理念、道德观念,其对评估方法的掌握程度、能力水平等都直接影响评价结果的科学性与合理性。对此,詹姆斯·J.威尔逊也认为:"所有介入社会问题的政策都会产生预期的效果——如果研究是由执行政策的人或他们的朋友进行的话;没有一个介入社会问题的政策会产生预期效果——如果研究是由独立的第三方,特别是那些对政策持怀疑态度的人来主持的话。"①评价主体的重要程度同样适用于司法制度的评价。因而评价主体系统对整个评价系统具有决定性意义,是司法制度评价系统的关键性因素。本书第五章中将对司法评价的主体构成进行专题阐述。

二、司法评价客体

所谓评价客体,是评价活动所指向或者评判的对象。对司法的评价,涵盖司法制度、司法政策或司法过程等多个维度。评价活动需要有明确的评价客体,才能有的放矢。在评价活动中,虽然评价的领域和评估的对象不同,但都是针对司法制度运作及实施过程效果等的研究,目的都是在司法制度运行功效的基础上,推进司法制度的改革和发展,提升司法制度的科学性、合理性和有效性的程度,使司法制度对社会诉求的回应更加准确。本书的评价客体有基于整体视域的法治评估、司法功效评估;有基于局部视野的试点改革效果评估;有基于激励的司法绩效评估和基于评价的案件质量评估;还有基于对司法某一特征的状态进行测量的社会风险评估、司法公信力

---

① ［美］托马斯·R.戴伊:《理解公共政策(第十版)》,彭勃等译,华夏出版社2005年版,第291页。

评估、司法透明度评估等若干专项评估。作为司法制度改革的一个重要组成部分，司法评价的客体包括司法审判程序的规范性、司法结构和组织的合理性、司法审判效率的及时性、审判过程和结果的公正性、审判方法的科学性等。

三、司法评价目的

司法评价不是随意的活动，特别是正式的评价活动都有启动评价的原因和目的。制度评价意味着把社会研究方法运用于分析司法结构及运行状况的社会干预，而合理的评价将有助于对司法问题的评判，使改革的设计、实施、影响和绩效满足干预的需要。评价目的对整个评价活动起统领作用，不同的评价目的将会使评价活动的方向大相径庭。比如，在对一项具体司法改革举措实施前的评价，其目的是对改革措施的可行性进行论证；在改革措施运行过程中的评价，主要目的是了解制度运行情况和效果，是否偏离了制度设计的初衷等。评价目的的不同会导致评价主体在评估过程中遵循不同的理念和标准，获得的信息以及评价的结果都会迥然不同。

四、司法评价标准

司法评价标准是司法评价活动的重要基础和前提，体现一定价值取向的评价标准将直接影响评估结果的走向。对司法制度运行的评价所依据的标准是多样化的，比如，在法哲学意义上的公平、正义，法经济学意义上的效率、效益、功效，法社会学意义上的社会公平等，还有从技术合理性角度来审视司法制度设计的标准。这些评价标准都是司法制度评价的参照系。在具体评价的实践活动中，不同的评价主体根据评价客体的不同，基于不同的评价目的、评价类型会选择不同的评价标准进行组合，评价结果也会随之发生实质性的变化。

五、司法评价方法

司法评价方法是评价主体对不同评价客体进行评价的方法、技术和手段的综合。在科学合理的方法的基础上，通过对司法运行效果的反馈，修正制度建构中不合理的部分，评价活动才能达到良好的效果。近年来，随着社会科学研究的进步和发展，各种新的评价方法也不断涌现，政治学、经济学、社会学等多学科方法得以综合应用，奠定了司法评价的理论基础，丰富了司法评价的实践活动。评价方法既可以是定性分析，也可以是定量分析，既可以是经验分析，也可以是演绎推理。在司法评价的实践中，主要有两种方法选择：其一，方法论层面的选择。主要是对研究的基本原则、理念、目标等比较抽象的问题进行归纳，如是适用价值判断的方式进行评价，还是采用社会科学中比较流行的实证主义方法来对司法的效果进行“客观测量”；其二，具体的方法选择，比如问卷抽样调查、统计等，特别强调对定量标准、数学模型等的使用。①每种性质的方法论都有许多具体的操作性方法，制度评价主体在进行制度评价时，要根据不同的目的和对象，采用不同的方法组合。评价方法对评价过程是否合理、评价结果是否科学意义重大，本书将在第四章对评价方法进行概述。

第三节　评价的内容体系：评价什么

我国的绩效评估实践历史较短，主要源自20世纪90年代以来广泛推行的政府绩效评估。但随着这一评估的实践不断创新，形成了许多独具特色的模式，对司法的实践层面以及知识层面，都产生了深刻的影响。近年来，司法绩效评估逐渐兴起，在法院系统受到了很大的重视和推广。"结构合理、功能正常"的现代化司法制度是法治化的主导性力量，这已经在理论和实践中都形成了共识。发达国家的政治系统不仅包含着一个强而有效的司法结构，而且这个结构在他们各自的政治发展过程中都发挥着极其重要的作用。②在各类司法评估指标体系所确定的文本世界里，呈现了司法机关对"结构合理、功能正常"的法院制度的衡量标准。

目前，对司法的各种评价活动更多地还停留在价值判断阶段，往往是通过自身感受或社会舆论等形成对司法审判公正性的认知，还缺乏建立在信息数据等参数基础上的系统化分析。司法评估的方法和手段是多元的，可以在对评估指标科学选取的基础上，通过权数配置和运算得出有证据基础的评估结果。在一个开放性的结构和语境之中来讨论，司法评价的内容主要有四个方面：

一、司法运行有效性

在本书的论述过程中所称的司法制度评价，是涵盖对司法制度整体性运行功效进行评估的体系。虽然具体评估活动评价的对象不一，但有其核心的内容所指，同时也有其宽泛的语义边缘和具体化的语境。这当中包括以下四个方面，一是评估司法的组织结构合理程度；二是评估司法的运作过程是否科学，主要从整体角度来审视法院审判的程序性、中立性、独立性、合法性等方面；三是评估司法运作的效果是否良好，主要是对裁判结果以及作

① 苏茂林：《制度评价的内涵、系统及意义》，《中共山西省直机关党校学报》2010年第6期。

② 程竹汝：《司法改革与政治发展》，中国社会科学出版社2001年版，第28页。

为其载体的司法裁判文书所具有的社会意义和法律功能如何进行解读，包括社会各界对制度运行效果的评价；四是评价法官的裁判行为是否恰当，即法官如何认定事实、确认因果关系、发现法律和分配责任的。

二、司法改革合理性

对司法改革的合理性评价包括对改革构想的评价、改革实施过程的评价以及改革实施效果的评价。在评估的意义上理解司法，需要将改革过程中的各种要素予以系统化并将其纳入评估体系中。首先，对改革构想中的合理性评价主要指对改革理念、改革规划的评价。在评估之前，应仔细地选择研究和评估的主题。“对发展中国家司法改革的评估，往往并没有集中在新的举措所产生的影响，而是放在了项目是否被完成，资金如何被利用上。”①如最高人民法院出台的四个五年规划纲要是否反映了当前最紧迫最需要改革的任务，在实施之前，应当进行合理性评价。其次，对改革实施过程应当进行评价。只有把司法制度看作动态的发展过程，观察它在社会实际生活中是否变为现实，是否得到贯彻执行和贯彻执行的程度，才能更好地认清制度的合理性问题。要通过有效的监测以获得信息，才能真正对司法的现状和存在的问题进行深度的挖掘和分析。第三，对改革实施效果的功效评价。比如，对基于试点的司法改革的效果评价，在试点过程中，通过对改革进行跟踪调查，以检验试点项目的效果如何，并将发现的问题作为现代司法制度构建过程中的经验和教训。

三、管理方式的科学性

从现有的司法评价实践和研究文献来看，当前的司法评估主要是基于审判管理或行政管理的角度，从法院和法官的绩效评价意义上来进行的。这一评价机制通过对案件质量以及各类人员的考核实现对审判组织的科学管理，具有其一定的合理性。但司法绩效评估只是部分地反映了法院及其工作人员的工作业绩，并没有抓住对司法制度效果有效测量这一主流，往往会流于偏颇，使效果与设计初衷背道而驰。在推行审判管理改革的实践中，许多法院已经逐步认识到案件质量评估体系并不具有全面性和权威性，由于审判工作情况千差万别，各级法院的审级不同，以此为基础进行的各类考核排名也只能作为参考。重庆市高级人民法院于2013年年底取消了中基层人民法院工作目标考核排名，2014年年初正式取消了目标考核，并制定了《重庆市中基层人民法院工作评估办法》，对中基层法院工作完成情况实施

① 孙谦、郑成良：《司法改革报告——有关国家司法改革的理念与经验》，法律出版社2002年版，第19页。

工作评估,而且不再对评估结果进行排名通报。①这一改革有利于提升审判管理的科学性。

四、评价反馈的应用性

应用是制度的重要环节,尤其是评价反馈的应用,关系到制度的目的能否在矫正的基础上得到真正实现。当前,学界对司法绩效的指标体系、程序机制、评价方法的理论研究不断加强,但针对评价反馈的应用性方面的实质研究还非常薄弱。评价反馈的应用就是在评估报告的基础上,比较对照评价前后的情况,进而采取相应的修正措施。在评估的进程中,应重点关注评估结论的反馈和应用,确保在评价的基础上推进司法制度的改革和发展。

综上,关于司法制度评价的整体与部分,是相辅相成、互相统一的,应当用系统的思维来审视司法制度评价体系的建构。如果仅仅将评估限定为司法机关绩效考核的自娱自乐,就会硬性地割裂司法裁判与其他社会活动之间的关联以及忽略司法制度运行的外部性要素,限缩司法运作过程的现实性与复杂性,并因此限制了司法评价所可能具有的社会—政治意义。

第四节 评价的目标检视:何种标准

从评价的角度来看,司法评估是具有认知能力的社会成员或组织对司法的内部结构和外在功能、特征理解和把握的感受和评价。从低层次的心理评价到意识层面的价值评价,或是法学理论活动中的司法评价以及评估机构对司法的评价活动,感受有好坏,评价有高低,这种感受和评价部分反映了司法运行的状态。许多学者对法律制度的评价标准进行了深入研究。严存生认为评价实在法应该遵循合法性、合道德性与合理性。在此基础上,他将合法性评价归纳为实质合法性与形式合法性,合理性则可以分为实质合理性和形式合理性。②黄竹胜从价值法学视角重新对法律制度评价进行解释,认为以价值法学为核心的法律制度评价存在理论上的局限,并对法律制度评价的认识论特征进行了阐述。③辛鸣认为在哲学视野中进行制度评价应当基于三个标准:合法性标准、合理性标准和现实性标准。制度的合法性标

---

① 陈小康等:《重庆中基层人民法院全面取消考核排名》,《人民法院报》2014 年 4 月 9 日。

② 严存生:《合法性、合道德性、合理性——对实在法的三种评价及其关系》,《法律科学》1999 年第 4 期。

③ 黄竹胜:《法律评价的重新解释》,《法学论坛》2002 年第 4 期。

准是指制度是否具有存在的法理基础，制度的价值选择与目标定位是否与社会发展要求相适应，着眼于制度公正；制度的合理性标准是指制度是否具有逻辑的一致性，制度的内容是否符合制度的内在规律，着眼于制度效率；制度的现实性标准则是指制度是否具有可实现性和可操作性，制度实施成本的高低，着眼于制度的实现能力。①本书主要从对司法制度、司法过程、司法结果的合法性和合理性的检视以及司法制度的现实可操作性三个角度对司法评价的法理标准进行解读。

一、合法性标准

（一）是否符合社会普遍认同

"合法性"是政治学、社会学领域的核心概念，其内涵不是指与法律法规相一致的"合法律性"，而是指得到社会大众或各利益相关者的普遍认同与自愿遵从。马克斯·韦伯（Max Weber）第一次对合法性问题作了系统的探讨，将合法性定义为人民"自愿服从"的一种政治统治或国家状态，存在合法性的政权就不需要大规模地使用强制力而使人们服从。他还以合法性为标准将政治统治划分为三种类型，即人格魅力型统治如革命领袖的政权、传统型统治如君权神授的政权、法理型统治如宪政主义政权。②哈贝马斯则提出了"合法性意味着某种政治秩序被认可的价值"的著名论断，突出强调了政治合法性赖以存在的价值基础，并从历史的角度对资本主义社会的合法性危机进行了深入的分析。③

借用合法性概念，当代社会学新制度主义在解释组织或制度变迁的趋同化现象时，提出了合法性机制这一概念，认为当社会的法律制度、社会规范、文化观念或某种特定的组织形式成为"广为接受"的社会事实之后，就成为规范人的行为的观念力量，能够诱使或迫使组织采纳与这种共享观念相符的组织结构和制度。④按照斯格特的理论，组织不仅受其所处环境的技术因素（技术环境）的影响，更受环境的制度因素（制度环境）的制约。前者是从技术的角度看待组织的运行，包括组织外部的资源与市场、组织内部将投入转化为产出的技术系统等；后者则是指组织生存于其中的社会的法律制度、文化观念和社会规范等因素，而这才是组织合法性的真正根源。⑤

---

① 参见辛鸣：《制度论——哲学视野中的制度与制度研究》，中共中央党校2004年博士论文。

② 杨光斌：《"合法性"问题再认识》，《河南社会科学》2008年第7期。

③ 张康之：《合法性的思维历程：从韦伯到哈贝马斯》，《教学与研究》2002年第3期，第63—68页。

④ 周雪光：《组织社会学十讲》，社会科学文献出版社2003年版，第75页。

⑤ 王德林：《我国高等教育评估制度的合法性审视》，《评价与管理》2012年第3期。

分析我国司法评价的发展历程，是一种由司法机关主导的一元化评估制度，社会的认同度并不是很高，存在着较为深刻的合法性危机，主要存在以下几个方面：

一是评估主体单一性与利益主体多元化的矛盾。内部主导的绩效评估无法适应利益主体日益多元的社会现实。公众对司法公开、司法透明的要求日益强烈。如果我们仍然坚持这种基于工作考核的单项评估，而忽视社会公众的参与意愿，不能体现他们的利益诉求，自然难以使司法的公信力得到有效提升。

二是司法制度评价中审判权与行政管理权的矛盾。现有的质量评估体系或者绩效管理体系的评估功能体现出局限于监督与管理的单一性和狭隘性，司法机关内部的“审管办”等行政管理部门依据设定的指标对法官的业绩进行考核、监督和评价，行政化色彩浓厚，并往往导致行政管理权对审判权的侵蚀，难以获得认同。

三是司法职能定位与社会角色认同的矛盾。随着社会民众权利意识的觉醒，对司法的认知在不断变化，对司法的信任度也呈现多元化，甚至会提出强烈和尖锐的质疑和批评。近些年在人大审议时对法院的反对票常常居高不下，所凸显的司法“信任危机”就充分说明了这种变化。民众对司法机关“三个至上”的职能定位以及“司法为民、服务大局、维护稳定”的社会角色的认同度不高，在这种背景下，司法机关如果仍然在司法制度评价中扮演“总指挥式的集权领导角色”，不顾社会民众的心理预期，也往往导致人们在心理上失去对司法机关社会角色的普遍认同。

通过上面的分析，可以看出，我国的司法评价体系面临着合法性危机，依循司法机关主导模式的评估制度已经与外在的制度环境不相适应，从而逐渐失去了合法性基础，这正是其面临合法性危机的根源所在。

（二）是否符合法律规定

从司法评价是否得到普遍认同的角度来分析，是社会学和政治学的维度，而从合法性的另一个维度——是否符合现行法律规定为标准来进行评价，这一法学维度的技术性考察标准，也是司法评价体系建构中必须要关注的一个内容。

制度的合法性标准是指制度是否具有存在的法理基础，制度的价值选择与目标定位是否与社会发展要求相适应，着眼于制度公正；司法的合法性评价主要是指对某项改革措施或司法制度从各方面进行评估，审查其是否存在违反法律的现象，也包括对由于政治经济形势的变化，司法制度未作相应调整和改变的现象进行评估。在制度变革的过程中，司法评价的合法性标准主要有三个方面的内容，即改革主体合法性、改革内容合法性、改革程序合法性。改革主体合法性是指具体改革项目的承担者是否具备法律规定的改革权限和资格；改革内容合法性是指具体改革项目的内容设计是否与现有法律和政策规定相冲突，是否坚持了正确的价值方向，是否符合公平正义的法律标准，改革对所涉及法律关系的各方当事人的权利、义务关系的变动是否突破了法律的强制性规定；改革程序合法性是指改革项目所涉及的各项工作安排是否符合现有法律、政策对有关各方主体权限划分、议事规则、工作期间、工作流程等的强制性安排。

司法评估制度的合法性危机不仅源于自身的技术性问题，更有着深刻的制度环境影响。改革的方向应首先适应外界环境变化，不断增强社会的认同度。

二、合理性标准

合理性作为评价论概念应当关注“合理的特性”，其“关键在于追问什么是合理的，强调对事物存在或人的活动及其结果是否‘应当’、‘正当’、‘可取’的认识和评价”。合理性问题的核心要回答“我们是否有充分的理性去信仰我们所要信仰的，我们是否有充分的理由去做我们所要做的”。①

马克斯·韦伯将合理性分解成价值合理性和工具合理性。他认为价值合理性与工具合理性存在着尖锐的对立：工具合理性着重考虑的是手段对达到特定目的的能力或可能性，至于特定目的所针对的终极价值是否符合人们的心愿，则在所不论；价值合理性全力关注的是行动本身是否符合绝对价值，易导致张扬工具、手段而遮蔽目的、意义的工具主义。价值合理性注重对目的本身的合理性进行反思，易于产生脱离实际、缺乏可行性的“乌托邦”式的价值理想主义。②可见，上述两种合理性均有其内在的缺陷。我们必须对上述两种合理性进行扬弃，把二者有机结合起来，对合理性特别是评价的合理性作出一种新的理解。

价值评价的合理性只是相对的。龙宗智教授认为，在我国法治的初级阶段，司法改革不能祈求尽善尽美，只能采取渐进的、改良的方法，奉行“相对合理主义”，就是“不求最好，只求较好”。③相对合理主义在实践中应用的关键是分寸与度的把握，所谓的分寸，一是经综合判定的合理度，包括“制度内各种类型的操作人员、制度外的观察者与监督者的直接感受和理性分析”

---

① ［美］路德·宾克莱：《二十世纪伦理学》，孙彤、孙南桦译，河南人民出版社1998年版，序言。

② 王炳书：《简论决策合理性的本质规定》，《天津社会科学》1996年第6期。

③ 龙宗智：《相对合理主义》，中国政法大学出版社1999年版，第3页。

以及一般认可的公理性标准；二是经分析验证的执行度，执行度的确定应当采取分析验证的方式，包括试点和试验等。但“要在错综复杂的日常情况下把握相对合理的分寸，是一个困难的问题，因为众多因素的介入容易使界限模糊”。所以，运用之妙，存乎于心，合理度的把握是一个经验而非逻辑的问题。相对合理主义是一种倾向于实质合法性的观点，隐含了一种宽容司法操作中“适度违法”现象的主张，往往成为为司法中的各种不规范行为辩护的理论根据。①相对合理主义是一种应对理论，本身有一定的局限性，表现在：其一，容忍适度违法，在一定情况下，可能成为法治的腐蚀剂与社会的麻醉剂；其二，在我国目前情况下应该强调更高标准的法治，相对合理主义显得有些“受众不宜”；其三，相对合理性的标准比较模糊，难以把握，实践操作也是非常困难的。所以，相对合理主义只是一个“相对”的方向，而不是清晰、具体的道路。

评价的真理性与评价的合理性是从两个不同角度提出的对价值评价的要求。真理性是从认识论的角度，要求评价的结果尽可能与客体相符合，不关注评价者主观上是否有理由；而合理性则注重评价作出后可能产生的后果，追求的是评价不仅要有理由，而且这种理由还能被人们所接受。本书所研究的司法制度评价更多是从实践合理性角度对司法的评价而展开的讨论。

三、现实性标准

司法制度现实性的内涵至少有以下三个方面：

其一，司法制度必须与它的历史发展阶段相适应。不同时期制度的时代特征不同，受当时社会形态和社会环境的制约，必然具有局限性。即使现阶段看来合理的制度，也肯定有其隐蔽着的错误的内容，而已经被认为是不合理的制度也往往存在其合理性，故而合理的制度是与其历史阶段相适应的。

其二，司法制度必须具有可操作性。在司法制度演进的过程中，存在制度设计与制度选择两种不同的进路，制度设计者基于各种理论和理念所做出的制度设计和安排，纵然具有非常充分的合理性论证，以及在其他国家成功推行的经验实践，但这些纯粹的、抽象的制度设计在具体的实践中却往往无法推行。这就是因为制度的设计缺少起码的现实性，不具有可操作性也

---

① 翁晓斌：《追求司法改革理想目标的现实思路——评龙宗智先生的相对合理主义》，《法学》2011年第2期。

不具有可行性。①

理论图景中的制度设计往往有很严格的前置假设，在这些假设条件都同时成立的前提下，它才具备操作的可能性或者可行性。因此，教条地搬运一些理论的假定和假设，来应对现实中的问题，是肯定行不通的。

其三，司法制度必须考量成本。制度运行的成本包括很多方面，如人力、物力、财力和时间等资源的耗费和投入。成本和收益成反比，如果成本太高，制度收益肯定会降低，其推行的现实可能性就要大打折扣。从经济角度来看，如果生产成本与交易成本是个常数，那么哪种制度提供的服务或收益多，哪种制度便是有效益的制度。反过来，如果制度提供的服务或收益是个常数，那么哪种制度所需的生产成本和交易成本少，则哪种制度便是有效益的制度。②

现实的司法制度的存在和运行，有其客观的相对稳定的基础。尽管这些基础在影响制度稳定性方面的地位与作用不同，但每一个基础的作用都是刚性的、不可忽视的，尤其是利益基础。为此，在司法制度评价体系的构建中，必须要充分考虑评价的现实基础，综合考量各种条件。

---

① 辛鸣：《制度论——哲学视野中的制度与制度研究》，中共中央党校 2004 年博士论文。

② 辛鸣：《制度评价的标准选择及其哲学分析》，《中国人民大学学报》2005 年第 5 期。

第二章　司法制度评价的法理基础

在依法治国的时代背景和宏大视野下讨论司法制度评价的理论基础问题,需要我们深切关注司法实践过程中体现的法与司法的价值定位和回应社会的方式,以期在一定程度上阐释目前中国社会在转型过程中司法公正的理念选择。司法制度评价体系的建构,是以回应型司法制度为理论原点展开的,体现了"回应社会诉求"的基本理念,以实现司法功效、司法效益为优先价值诉求,以"制度化的社会回应型司法"为基本目标,旨在从制度意义上保障司法公正,体现了回应社会诉求的司法发展趋势。司法制度评价体系的研究主要是对司法制度创制的技术、实施的程序以及分析评价的工具进行反思性研究,目标是建立司法制度实践的基本技术体系,也是回应型司法制度建立的重要环节。为此,在讨论司法制度评价体系建构之前,需要我们对司法制度评价的法理基础——回应型司法制度的理论基础、实践合理性等进行阐述和分析。①

第一节　基于回应的司法制度评价

随着社会转型期利益关系的日益复杂,我国现行司法正在遭遇巨大的"模式"危机,面临着更加严峻的形势和挑战。"一方面我们要向现代化法治中的正当程序、被告人权利保护、对抗制审判模式等目标努力奋斗,另一方面又不得不接受后现代法治思潮的冲击,开始思考如何构建高效的司法程序、适用更简易的程序、保护被害人的权利、推行协商性司法、诉讼和解等方面的问题。"②在建设和谐社会,追求法律效果、社会效果和政治效果统一的

① 参见高志刚:《回应型司法制度的现实演进与理性建构——一个实践合理性的分析》,《法律科学》2013 年第 4 期。

② 陈卫东:《人民法院十年司法改革回顾与前瞻》,《人民法院报》2008 年 3 月 5 日。

司法政策的指导下，司法的顶层设计在意识形态上不断回流，形式正义和实质正义在此起彼伏的较量中表达着司法改革的理念，不同甚至是相互矛盾的改革方向，使得我们的改革不断面临左右为难的困境。理论界也围绕司法制度改革的实践合理性问题展开了争论。而这些纷争的关键在于，司法是否应当通过“法治的软化”回应复杂的社会现实，抑或通过怎样的制度设计去回应社会的需求？在争论的过程中，“程序公正”、“形式正义”主导的司法理想形态的朴素共识已不复存在，以回应社会诉求为核心要素的“回应型司法”的提法逐渐凸显，论者纷纷将“回应型司法”的建构作为司法制度发展的目标。①

有学者认为，中国司法改革的迷局，根本上是由于对司法类型范畴缺乏实质性认识的结果。②司法类型学研究的根本目标是寻求司法的共同规律，其优势是为我们提供了一个分析的框架，有利于我们把司法制度中基本指导思想、具体制度和运作方式加以理论概括化、体系化，可以使我们迅速了解一类司法制度的本质和核心要素，也有利于我们明确不同司法制度的差异。但仅仅划分类型是远远不够的，任何对中国司法的简化的概括性描述，都有失真乃至误导的危险，而从某种模式转换到某种模式的提法往往很容易被击溃，因为在这样一个复杂的论证中，我们往往会发现自己在不同发展阶段某种司法类型的表象中陷入纠结而不能自拔。许多改革的措施是纯举措式的具体做法，并不意味着从某种类型到另一种类型的必然转换。当下学界对于司法制度发展的类型莫衷一是，论争纷纭，改革目标的设定或太过笼统宏大或只囿于现代司法的表性特征，没有一个可统领全局又兼具操作性的标准，也就无法在实质意义上明晰现代司法的内在形态，无法看清司法改革的根本方向，以至于形成今天的迷离局面。③

面对各种严峻的挑战和形势，转型中的中国需要一种能识别出各种独特的压力、问题、机遇、期待和应急措施的司法机制。“回应型司法”这一模式究竟能否让中国司法走出困境和窘迫，不但需要我们在理论层面作出理性论证，更需要在实践层面作出富有成效的回应，并提出相对合理化的司法制度类型重置的对策。在对回应型司法的现实演进进行阐述的基础上，本

① 2012年《民事诉讼法修正案》中规定了小额诉讼制度、诉讼程序与督促程序的对接、公益诉讼、裁判文书公开等制度，新刑诉增加了和解制度等，在多个方面体现了司法对社会诉求的回应。

② 周宗良：《中国司法转型的实然、应然与路径——从达玛什卡的司法类型学出发》，《厦门大学法律评论》2007年第1期。

③ 高志刚：《民事诉讼模式正当性反思——一个实践哲学的视角》，《法学论坛》2011年第1期。

书将讨论的问题主要包括以下三个方面:一是回应型司法的理论基础及其内涵与特征是什么,也即回应型司法与其他类型司法的体制性或机制性区别在哪里?二是作为一种法制变革的政策模式,这一类型学的划分是否具有实践合理性的基础?也即回应型司法的理论是否符合我国法治建设的实际,是否能够准确地判断出我国司法的现状,又如何才能证明所主张的理论的正当性?回应型司法出现的条件是什么,形成回应型司法的关键环节及其基本动力又是什么?三是回应型司法的道路选择问题,我们究竟如何通过司法制度评价体系的完善,构建相对独立而又完整的司法回应的理论体系,在其指导下形成具有现实回应性和适度回应力的现代司法制度体系?在司法的类型学分析的基础上,本章着重探讨体现回应特征的司法制度评价的现实演进与理性建构,藉此试图解答司法在发展中存在的结构性矛盾。

第二节 回应型司法的理论基础

以司法回应问题研究的新范式弥补旧范式的局限,是司法理论发展的内在要求。对回应型司法的理论基础及其内涵与特征这一问题的回答,是形成回应型司法评价体系理论研究范式首要和基本的环节。

一、法律理想类型的分析

理论界对法律制度的发展类型作了许多探索,其中韦伯法律类型的论说最为典型。韦伯提出他最著名的所谓法律的四个理想型态,即形式不理性、实质不理性、实质理性和形式理性。韦伯的四个法律理想型态,不仅说明法律的内在特色,也某种程度描绘了法律形式的历史变迁,亦即法律形式系依循着形式不理性→实质不理性→实质理性→形式理性的不同阶段前进而逐渐朝向法律的理性化(the rationalization of law)。①韦伯提出的法律理想类型可以作为分析不同文化社会下法律制度建构的基础。但如韦伯所言,形式理性的法律为西方所独有。具有悠久追求"实质理性"传统的我国,形式理性法律类型的实际运作是否可以成为我国法律制度的终极目的?法律之形式理性化是否为人民所期待,又如何回应民众的期待?

美国伯克利学派的法学家诺内特、塞尔兹尼克既从历史总结的角度出发,也从构筑理想法的角度出发,把社会上存在的法律现象分为三种类型:压制型法、自治型法和回应型法。简而言之,压制型法是指作为一种压制性

① [德]马克斯·韦伯:《经济与社会》(下卷),林荣远译,商务印书馆 1998 年版。

权力的工具的法律；自治型法是指作为一种能够控制压制并维护自身完整性的特别制度的法律；而回应型法作为一种回应各种社会需要和愿望的便利工具的法律，其基本构思是“使实质正义与形式正义统合在一定的制度之内，通过缩减中间环节和扩大参与机会的方式，在维护普遍性规范和公共秩序的同时，按照法的固有逻辑去实现人的可变的价值期望”。①其目的是要改造法制，设定一个符合社会变革需要的规范性模式。从法制的进化过程来看，这种“回应型法”的出现具有某种历史的必然性。

司法类型学研究的根本目标是寻求司法的共同规律，为此，在伯克利学派的法律制度类型划分的基础上，理论界和实务界将之对应于司法制度的划分，将司法制度的类型也划分为压制型司法、自治型司法以及回应型司法。②此外比较典型的司法制度分类，还有美国比较法学家达玛什卡把不同的程序安排同特定的政府组织机构黏合到一起，建构了两个职业化管理方式的理想类型：纠纷解决型和政策实施型，在此基础上将司法制度分为四种类型：一是科层型权力组织的政策实施程序，二是科层型权力组织的纠纷解决程序，三是协作式权力组织的纠纷解决程序，四是协作式权力组织的政策实施程序。③在达玛什卡的理论体系里，纠纷解决程序是一种“基于回应型意识形态”的程序，区别于“基于能动型意识形态”的政策实施程序。④这一分类为我国不少学者所借鉴和引用，如肖建国认为，当前，我国正处在从政策实施型司法向回应型司法的转型过程中。他认为，当事人主义诉讼模式完全契合了回应型司法的特征。⑤这一判断与伯克利学派的回应型法出发点存在很大差异。托依布纳的反身法发展了伯克利学派的“法律内部动态”的构思，与回应型司法的出发点是一致的，但制度设计的原理有较大差异。⑥为避免理论上的误导或误解，需要说明的是，本书论述的回应型司法的理论是建

---

① ［美］P.诺内特、P.塞尔兹尼克：《转变中的法律与社会：迈向回应型法》，张志铭译，中国政法大学出版社 2004 年版，第 16 页。

② 莫诺·卡佩莱蒂借用伯克利学派的法律类型说，将司法责任制度分为压制型（或依赖型）、社团自治型（或隔离型）、回应型（或利用者本位型）三种模式。参见［意］莫诺·卡佩莱蒂：《比较法视野中的司法程序》，徐昕、王奕译，清华大学出版社 2005 年版，第 105—106 页。

③ ［美］米尔伊安·R.达玛什卡：《司法和国家权力的多种面孔》，郑戈译，中国政法大学出版社 2004 年版，第 270 页。

④ ［美］米尔伊安·R.达玛什卡：《司法和国家权力的多种面孔》，郑戈译，中国政法大学出版社 2004 年版，第 119 页。

⑤ 肖建国：《回应型司法下的程序选择与程序分类——民事诉讼程序建构与立法的理论反思》，《中国人民大学学报》2012 年第 4 期。

⑥ 参见［德］贡塔·托依布纳：《法律：一个自创生系统》，张骐译，北京大学出版社 2004 年版。

立在伯克利学派三种法律类型的基础上的。

目前国内理论界从类型学的角度对司法制度的研究逐渐铺开，取得了不少成果。左卫民教授将司法制度分为传统型、现代型，他认为，在世界范围内存在两种主要的法院制度类型——传统型法院制度与现代型法院制度，两者整体形态差异较大，由前者向后者转化乃是不可阻挡的历史趋势，我国法院制度也走着同样的道路。①许多学者借助伯克利学派的类型学的分析方法对司法制度的类型进行划分，从司法回应的实践意义、有效载体、回应制度等方面给予了论述，对回应型司法制度的研究逐渐深入。孙万胜将司法权分为国家本位、程序本位和目的本位三种类型。②沈国琴将司法制度类型分为压制型、管理型、超然中立开放型的司法模式。③肖仕卫认为，我国刑事司法实践中兴起的暂缓起诉和刑事和解制度，对我国传统的刑事司法理想构成了实质性挑战，意味着一种新的刑事司法形态——回应型刑事司法在我国的萌芽。④不少论者认为，我国正处于从自治型司法向回应型司法的转变过程中。⑤这些类型的划分对于厘清不同历史阶段司法制度的本质特征有着重要的意义，但诸多的研究中，多从自己的理论预设出发划分司法制度的类型，没有形成我国司法制度发展的一致共识，也难以从宏观上深层次把握回应型司法的整体特征及其理论价值。

二、回应型司法的内涵和基本特征

回应型司法，即司法机关对社会诉求所作出的回答或响应。与作为行为过程的回应不同，回应型司法作为一种类型学上的司法模式，以实现法治秩序为理念，以解决实践问题、社会问题为责任，是具有稳定、可靠、可持续发展的回应性和回应机制以及有效回应社会所需回应力的司法。以公共目的为导向的回应型司法，其实质是要使法律不拘泥于形式主义和仪式性，主张通过理论和实践相结合进一步探究法律、政策所蕴含的社会公认准则（价值），在扬弃和综合压制型法与自治型法的基础上，试图改变法学方法论上自然法与法实证主义二元对立的局面，赋予国家制度以自我修正的精神。⑥回应型司法的追求在于人的价值的实现，也即让人从法治的生活中感受到

① 左卫民、周长军：《变迁与改革：法院制度现代化研究》，法律出版社2000年版，第10—11页。

② 参见孙万胜：《司法权的法理之维》，法律出版社2002年版。

③ 参见沈国琴：《中国传统司法的现代转型》，中国政法大学出版社2007年版。

④ 肖仕卫：《刑事法治实践中的回应型司法》，《法制与社会发展》2008年第4期。

⑤ 苗建勇：《从自治型到回应型司法转变》，《人民法院报》2011年10月1日。

⑥ ［美］P.诺内特、P.塞尔兹尼克：《转变中的法律与社会：迈向回应型法》，张志铭译，中国政法大学出版社2004年版，代译序7页。

自身的存在价值和尊严，体现的是法治的“人学”立场。

回应型司法之所以能够成为一种制度类型，主要是因为司法与社会的关系及其状况一直是与司法制度有关的诸多因素、诸多矛盾中的主要方面，是考量司法改革合法性、改革得失、司法效能等方面的主要价值标准。研究回应型司法，首先应明确回应型司法的核心特征是在确定法律价值的基础上，找到强制和压制的替代物，回应社会需要和愿望的一种便利工具。基于庞德的功能性、实用性和目的性精神，诺内特、塞尔兹尼克将回应型法的特征归纳为以下四点：一是法律发展的动力加大了目的在法律推理中的权威；二是目的可以放松法律对服从的要求，为民间性公共秩序的概念网开一面；三是使法制具有开放性和灵活性，从而促进法制的改革和变化；四是法律目的的持续权威和法律秩序的完整性来自设计更有能力的法律机构。①按照伯克利学派的理论框架对三种司法类型进行比较分析，回应型司法的基本特征在于：

1. 回应型司法具有主动性。压制型司法也具有主动性，但其强调在司法权的运行过程中，司法权居于主导地位，国家利益被视为第一位的要素来考虑。自治型司法则突出法官的职业化和专业化，本质上要求司法的被动性，突出对形式正义的追求。而回应型司法要求司法在一定程度上对社会的变化作出反应，以此更有效地解决社会纠纷，并避免陷入僵化，其寻求扩大的自由裁量权，但是对目的负责。

2. 回应型司法具有灵活性。压制型司法往往为实现国家利益突破法律规定，通过权力安排的制度体系，有意识地压制当事人的诉讼需求，意图通过国家的强制力在一定程度上实现国家对社会法律秩序稳定的期望，但这种灵活性往往是以牺牲法律的权威为代价的，不具有正当性。自治型司法强调形式正义，所关注的仅仅是法官判断结论的法律效果的正当性，缺乏灵活性。回应型司法的法律适用在相当程度上克服了规则的刚性，相关的实体规则和程序技术都在很大程度上富有弹性、柔性和灵活性，司法机构和司法官员由此获得了较大的自由裁量权。

3. 回应型司法具有参与性。压制型司法基本上忽视了民众对司法的参与，当事人的自主选择受到司法权的压制，未得到应有的尊重。自治型司法也强调参与性，在诉讼程序上往往体现当事人主义的特征，强调司法权应尊重、维护当事人的诉讼地位，通过对当事人权利的维护使当事人的诉讼地位

---

① ［美］P.诺内特、P.塞尔兹尼克：《转变中的法律与社会：迈向回应型法》，张志铭译，中国政法大学出版社 2004 年版，第 87 页。

得到切实有效的保障。回应型司法特别强调决策过程的充分参与,并尽可能地兼顾利益相关者的利益。

4. 回应型司法具有民主性。压制型司法与自治型司法要么体现国家意志,要么只维护法律权威,缺少与社会沟通的机制和程序。回应型司法的制度实践中,通过弱化强制、强调倾听、突出责任伦理与交往理性,使得司法过程中的单方强制逐渐退隐,权力因素逐渐成为背景,司法机关与人员显得富有社会责任并乐于倾听,多方协商、沟通与合作成为作出司法决定的主要渠道。

我们必须注意到,伯克利学派三种法律类型的划分,主要针对美国20世纪60年代存在的现实问题,而且是以普通法为背景,其自治法指向的也是美国的"法律形式主义"。这种进化的路径在美国依稀可以辨识,但其并没有考虑到非西方的国家的法律概念和法律发展问题。这一法律理想类型与强烈而又不可预期的社会变革之间往往存在着不可调和的紧张关系。因此,这一法律发展的进化理论也就存在着理论上的风险,也不能克服论证上的困难。为此,对处在社会转型期的我国的回应型司法的研究,仅仅以上特征的宏观分析是远远不够的。回应型司法要回答社会诉求,需要在法社会学的理论基础上,回答司法与我国社会的关系。为此,应立足司法自觉、稳定、有效、可持续回应社会的要求,回答建立司法回应中国社会的"制度化的保证"的可能性、必然性、必要性,阐明其体制性或机制性内涵,否则,就无法把握回应型司法与其他类型司法的体制性或机制性区别。同时,应以法社会学等理论视角,总结、分析回应型司法的本质特征或内在属性,厘清其与压制型司法、自治型司法等在特征或属性上的联系与区别,建立以我国时代背景和法律体系为基础的回应型司法理论相对独立的研究框架和学术平台。这就需要从实践合理性的角度对回应型司法做进一步解读。

第三节　回应型司法的实践合理性分析

实践合理性是反思性研究的重要概念,"实践的合理性问题本质上属于价值论和评价论问题,其实质是人们依据一定的科学合理的价值体系对实践过程及其结果的价值和意义的反思和评价"。①为此,从马克思主义实践哲学的高度考察回应型司法的实践合理性问题,尤其对回应型司法实践的合

① 余晓菊:《实践合理性视域中的合理价值观建构》,《齐鲁学刊》2009年第4期。

理性问题进行全面系统的反思，探讨司法回应实践中的工具合理性、价值合理性、目的合理性以及结果合理性等问题，是探讨回应型司法实践合理化发展的必要路径。

一、追求实质合理和形式合理的融合

实质合理性是指司法制度所承诺和捍卫的价值的正当性，而形式合理性则是确保和达成这种合理性的程序规则和工具保障。回应型司法要实现两者的统一和融合，才能在更大程度上实现实践合理性。

作为法治建设的目标，当下我国学界潜在尊崇的司法制度的理想状态为自治型即程序本位型司法制度。"这种形式性或自治性以国家中心主义为基础，以实体内容、机构、方法和职业上的自治为基本特征，亦即强调法律规范体系和司法机构的独立性，推崇司法的职业化和专业化，并奉行一种独特的行规式的法律推理技术。"①对程序为载体的形式合理性的刻意追求则保证了这种关系的存在与互动，法官与程序成为整个司法的中心。但应当看到，如果某一事物只具备工具（形式）上的重要性，那么它反而被证明并不那么重要。这就需要我们证明，除了工具性的价值外，回应型司法具有更重要的构成性内在价值。从形式合理性的角度分析，司法对法律规范的追求在伦理上能够被证明为正当。但价值（实质）合理性要求回应型司法在消极层面不能为了解决现实问题而不顾基本的道德底线，在积极层面应助益于一种良善的共同体生活。所以，仅仅关注司法权的形式合理性是远远不够的，还必须以实质合理性来进一步丰富司法权的正当性资源。

自治型司法对形式正义的过分强调，虽然为司法权的运行提供了正当性资源，却极易忽略实质正义的存在价值，导致形式正义与实质正义的冲突，出现形式主义与法条主义的泛滥，最终往往是以牺牲实质正义来维护形式正义。正是这种形式合理与实质合理的紧张关系为回应型司法的出现提供了契机和力量。回应型司法要实现两者的统一和融合，第一，应当明确回应型司法不是对自治型司法的简单否定，而只是对司法权的各个构成要素在运行过程中的形态进行修正，通过这种修正，不仅获得了实质合理性，而且通过实质合理性的积累逐渐生成能够更好地适应社会生活需要的，包含着目的指向更为突出、合理的规则，进而以这些规则为补充，丰富原有的规则体系，从而加大实质合理性的支持力度，司法权的形式合理性也就在这一过程中获得了进一步的完善。第二，要明确在社会现实生活方面，形式合理

---

① ［美］R.M.昂格尔：《现代社会中的法律》，吴玉章、周汉华译，译林出版社2001年版，第50页。

性往往更具有决定意义。[1]在司法过程中坚持形式合理性优先，其根本目的是为了更有效地、更可靠地实现实质合理性。只有以形式合理性优先的司法为保障条件，个人权利才能作为一种恒定的制度因素而存在，才能成为一种可以预期和可堪依赖的普遍之物，否则，它就会沦为一种任由司法权力以及各种力量随机处置的偶然的东西。[2]第三，要既保证形式合理性，又最大限度地兼顾实质合理性。在理性化的法律制度中，形式合理性是形式化了的实质合理性，两者在多数情况下是可以或可能相容的，此时，两者的对立仅仅是分析性工具之间的“视角”分立关系；只是在少数情况下，两者才呈现出不能相容的排斥关系。形式合理性优先仅仅是指在法律适用领域的优先，并不意味着可以放弃实质合理性的要求。因此，回应型司法需要把实质合理性尽可能地转化为可计量的形式合理性体系，并借助于这个体系来实现实质合理性的要求。

二、实现目的合理和结果合理的统一

司法类型学的划分只是提供了一个大致和模糊的框架，其往往只是考量了不同司法制度中的一项或几项重要特征，而依据不同的标准，完全可以有不同的分类。单纯讨论司法制度发展的最终形态是什么是没有实质意义的，并没有固定的一成不变的理想化模式可供我们追求，关键是所追求和欲建构的司法类型将要达到怎样的目的，而这一目的是否能够达到预期的结果。

回应型司法把社会压力理解为认识的来源和自我矫正的机会，其目的合理性体现在：1.对实质正义的终极追求，是驱使司法制度在形式合理性基础上回应社会诉求的重要原因。2.经济和社会发展是司法制度回应的根本动力，当新的社会需求出现，却没有相应的制度供给时，就会产生新的制度需求。因此，这也就形成了向回应型司法制度转变的动力机制。3.有助于避免激化转型社会的不满情绪，促进和维护社会和谐。人的需要和利益是社会变迁的主体力量，司法需要对人的需求和利益作出回应，设身处地地满足压制型和自治型司法制度未能充分关注的那部分利益相关者的利益和愿望。以上三点可以解决我国法治建设中的重大现实难题，并用来解释回应型司法在我国发展的驱动力问题。

但一项制度选择的好坏，并非取决于制度或选择了这项制度的行动主体本身，而在于制度执行或实施的效果。这种结果合理性的要求，就是制度

---

① 苏国勋：《理性化及其限制——韦伯思想引论》，上海人民出版社 1988 年版，第 226—228 页。

② 郑成良：《论法律形式合理性的十个问题》，《法制与社会发展》2005 年第 6 期。

变革和选择中实用主义或效果论的体现。如果回应型司法被大多数人认为是公正和有效率的，那么完全有理由相信改革是合理的。同时，结果的合理性呈现多样化的特征，“法律效果更多地侧重于对法律规范的常规适用，反映法律适用的一贯性和恒定性；而社会效果更多地侧重于特殊情形下的政策考量，反映法律适用的灵活性和应变性”。①论者往往因为对意识形态的避讳或其抽象性而不提及司法的政治效果，而实际上这三者在司法的效果体系中均具有重要的权重和价值。需要注意的是，回应型司法仍是一种构想中的司法理想形态，它仍不确定，其实现和可期待性在历史上必须具备特定条件，尤其取决于所要满足的急切需要和所能开发的“资源”。在这里，重要的是，要为认识、理解当下的司法现象提供一套参考系数，为司法改革和司法制度现代化的实施及其成果提供一套检验、评价标准。

回应型司法要实现目的合理和结果合理的统一，是因为目的合乎理性的程度要靠结果是否合理来进行评价。司法的过程既是一个法律适用的过程，又是一个法律发挥作用产生效果的过程。司法制度要确立制度实践的目标，还要争取达到最佳结果。通常情况下，我们要将司法改革的目标和效果进行对比，以确定司法的目的合理性与结果合理性能否达到统一。而要使目的与结果达到统一，首先，需要制定相应的方案，明确建设回应型司法应达到的目标，如人民法院已经实施的四个五年改革纲要，就是以目的合理性为基础进行设计的，但未实现与结果合理性的统一，尚缺少对实施结果的检验。其次，回应型司法需要对每一个阶段司法实践的结果进行反馈，并通过功效的评估，实现对实践活动和改革方案的调整、完善，努力实现规划所要达到的目的。在反复的反馈和调节过程中，一旦达到了预期目的，司法的目的合理性和结果合理性就得到了有机统一。

三、达到主体合理和行为合法的统一

比较法学者习惯用法律家族来区分不同的法律传统，其实构成司法的各个环节——法院结构、诉讼程序、司法行政、法律职业、裁判风格等，以及其背后的基本理念，恐怕是法律类型划分更重要的基因。司法主体合理和行为合法的统一，也是回应型司法的内在要求。

回应型司法只是对回应社会诉求、构建和谐社会的一种探索，从宏观的司法体制到微观的程序规则来说，具备实践合理性的司法制度必须落实在使系统中各要素运行的具体操作层面，使接受调节的各种要素，包括当事人、司法机关、社会公众等，处于责、权、利的均衡之中。主体合理包括科学

① 张友连：《公共政策与最高人民法院的角色》，《法律科学》2011年第5期。

的司法机构设置、专业的司法人员、吸收社会公众参与的陪审制度等多个方面。历史发展表明,一个公正的司法制度,也只能是基本司法制度的公正,且这一制度本身尚需要通过人来执行。但当下在“法治精英主义”理念的指引下,我国法治改革过多地依赖于少数法律人群体的主观意志,严重地脱离了作为多数的人民群众。民众游离于司法决策体制之外,不能参与并形成对司法制度安排的有效影响。当制度的设计者试图彻底摆脱价值的羁绊,全方位地拓展其地域或者空间,权威性的判断被高度专业化,权力的拥有者被称为理性标准的惟一裁决者时,就会使理性盲目专断,形成特权。

理性的司法活动是由社会成员的诉讼行为与法官的司法行为合理整合构造而成的,法官的司法行为占据着主导地位。在主体合理的基础上,司法行为的理性化程度如何,直接制约着司法的理性化程度。近年来为了回应政治和社会诉求渐趋功利化和能动性的司法,所采取的扩大法院的自由裁量权,加强法院的法律解释功能,基本立法的一般化、原则化以及司法机关处理案件程序简化、标准化等措施,都属于适应社会关系的变动而出现的非常规的法律手段。从传统法学的观点,这些法律手段是法制不健全的表现,代表了“法治的危机”。司法在有些情况下为了一定的政治目的或价值需要,忽略或漠视立法的第一性,任意扩大司法的解释权或自由裁量权,在一定程度上是对民主立法、政策审慎发展原则的违背。①绝对地忽略司法能动性会导致法则失灵,纲纪松弛,但过分鼓吹司法能动的“超越法律”则会造成“司法失控”。国家机关在行使权力时往往忽视法理上的正当性论证,而赤裸裸的权力行使很容易引起法理的正当性危机,这样又迫使法学理论不得不硬着头皮按照既定方针去勉强地应对和进行善后处理。②

回应型司法的目标就是要实现司法机关与公民、国家与社会之间的制度均衡。一种有助于社会和谐的司法制度意识形态,不能谋求司法权力的绝对化,必须在国家和社会之间、司法机关和公民之间建立某种合理的均衡,在合格主体的引领下,合法地行使司法权力,扮演好中间人和调停者的角色,避免成为单方面利益的庇护者。通过司法的回应,实现各社会要素的结构和功能方面的协调配合和相互促进,达到主体合理和行为合法的统一,实现社会整体的公平和公正。

---

① 程红星:《WTO——司法哲学的能动主义之维》,北京大学出版社 2006 年版,第 9 页。

② 季卫东:《制度转型与中国法学》,《南方都市报》2008 年 5 月 4 日。

综上,回应型司法制度作为一种被构造的制度安排和价值体系,需要用内在的逻辑来证明这种变迁与创新的合法性,追求形式合理与实质合理的统一,实现目的合理与结果合理的统一,达到主体合理和行为合法的统一,为制度变迁扫除障碍。

第四节　回应型司法制度的理性构建

回应型司法制度要具备对于社会稳定、有效、可持续发展的回应性与回应能力,就必须具备有别于传统司法的运行模式、程序体系和反馈机制。如何在司法制度的设计中体现对社会和民众的适度回应?回应型司法究竟如何调和冲突与整合之间的矛盾,如何在司法正当性与回应能力间建立有效的转化机制?这些问题亟需我们在理论上予以论证,在制度上进行设计,在体制机制上进行优化。回应型司法制度的理性构建是一个十分宏大的命题,本部分仅限于对关键环节的原则性阐述。

一、基本理念:体现适度回应的渐进改革

一种发展模型是一种复杂的布置性陈述,"理想类型"概念框架是"从历史的可能性中剥离出来的一种设计",并"强化或夸大现实程序制度中的某些趋势和特征",是"没有任何现实存在的制度完全吻合"的极端模型。为此,我们提出理性构建回应型司法制度,并不是为了实现所谓的"与国际接轨",实现从一种制度类型向另外一种制度类型的转变,而是根据司法制度的内在规律和社会需求,实现司法与社会的接轨,在回应社会需求的基础上,实现司法的公正、廉洁与高效。同时,在所谓自治型法与回应型法之间,并没有一个严格的边界。在自治型法转向回应型法的进程中,并不意味着在某个关键的临界点上再往前跨一步,就彻底告别了自治型法,从头到脚都属于回应型法了。①因此,需要我们在现有的基础上,通过措施的调适与渐进改革,使司法制度具有更多回应型的特征,走出权力封闭的自循环状态,实现与社会互动的良性循环。

P.塞尔兹尼克和P.诺内特认为,法律秩序的"内在动力"中特定的条件因变化而产生压力,由此产生一种发展的序列。但一种发展模型必然伴随着倒退的危险,发展模型与衰败或退化的联系就像与生长或进步的联系一样多。因此,自治型法既有退回压制型法的危险,也有获得更大回应性的潜

---

① 喻中:《法律效果与社会效果的思量》,《法制日报》2008年4月20日。

能;回应型法也有倒退到压制型法的危险。①在实际生活中,任何一个国家的司法权体系都不可能以上述三种类型中的一种作为其全部的构成成分,都只能是三种类型成分的混合体和结合体。某种类型的司法制度只不过在一定的时期某种类型成分在一个国家司法权体系中显著一些、强烈一些。这种相对占据主流地位的类型成分决定了司法权体系的基本形态。据此我们可以根据回应性的程度,对一个国家在特定时期内的司法类型进行大致的定位,从而为预测该国司法权体系的未来走向及进行相应的司法改革提供理论依据。

在回应型司法的建构过程中,要认识到,司法制度的转型首先要保护制度的内核——形式合理性处于相对稳定状态,从而使制度在渐进状态中逐步实现变迁。为化解危机、消解矛盾,诉讼结构往往会向相反的方向移动,从而形成新的审理结构。而审理结构的变迁在消解矛盾的同时也逻辑地解决了作为矛盾表现的正当性或效率性危机,从而使回应型司法获得实践合理性。主张回应型司法的建构,并不意味着对形式主义的严格法治的抛弃,而是在尊重法律价值的基础上进行适度回应,体现对社会诉求的尊重。另外,回应型司法不是简单的回应民意,而是要通过建立完善司法回应的制度机制来对社会进行回应,避免司法对民意的简单趋附。②按照回应型法的要求,司法实践者在复杂的政治与社会现实面前,应当尊重意识形态及其连带的价值体系在制度变迁和制度社会化过程中的重要地位和作用,积极、能动地追求司法的政治效果与社会效果;应当把"嵌入性"(embeddedness)③看作为司法组织和制度变迁的结构性环境,以法律的方式进入政治与社会,并进而影响政治与社会;应当承认路径依赖是司法组织和制度变迁中一个不可避免的行为惯性,在政治发展、社会发展的过程中,实现司法制度的均衡发展。

二、动态调整:建立满足社会主体多样需求的程序体系

在确定了回应型司法制度的理想形态之后,关键是将哪些程序规则囊

---

① [美]P.诺内特、P.塞尔兹尼克:《转变中的法律与社会:迈向回应型法》,张志铭译,中国政法大学出版社2004年版,第131页。

② 自中国进入互联网时代以来,在几乎每一起重大的刑事案件背后,都能看到汹涌的民意表达。从孙志刚案、刘涌黑社会案、苏秀文宝马撞死农妇案、黄静案、崔英杰杀死城管案、许霆恶意提款案,到杭州飙车撞人案、邓玉娇案,民意与司法屡屡发生激烈的碰撞。

③ "嵌入性"理论是新经济社会学研究中的一个核心理论。波兰尼在《大变革》一书中首次提出"嵌入性"概念,他提出:互惠、再分配和交换这三种经济活动形式在不同制度环境下的嵌入形态不同。而压制、自治和回应三种司法形态在不同制度阶段和环境下的嵌入状态也有不同。

括进这一司法制度的类型？从学术分析的角度来讲，各个法律类型当中都包含着不同的特征组，它们分别与司法机构的组织结构、对程序形式的选择等有关，其中还可能包含着在不可调和的紧张关系中并存的相似特征。①当我们试图对照回应型司法的制度理想寻找对应的程序规则并进行建构时，会发现其标准不可避免地会变得无比的繁杂，并且难以合乎逻辑地加以整理和组织。为此，在法律程序设计方面，要坚持在确定“回应”基本理念的基础上，根据社会需求进行动态调整，在实践中不断完善体现回应社会诉求的程序体系和系统。

1. 扩大司法在公共政策形成中的功能。在回应型司法状态下，司法的主要目的不是最大限度地自我维护，而是最大限度地满足需要。应通过常态化、正规化、系统化建设回应型司法，扩大司法在公共政策形成中的功能。在回应型司法的制度实践中，司法过程中的压制型逐渐退隐，权力因素逐渐成为背景，司法在其功能范围和功能实现方式上都采取更为积极、灵活和务实的态度，多方协商、沟通与合作成为作出司法决定的主要渠道。法官一方面尊重立法机构作为首要的政策决定者的地位，始终对司法和立法之间的区别保持一种清醒的认识和自治，另一方面，可以通过司法解释、司法文件、对行政行为合法性的司法审查、指导性案例来影响公共政策的制定和形成。②具体地说，回应型司法把自己的功能内涵从解决纠纷扩及于政策的形成，促进和保护整个社会以某种集体目标为目的的政治性决定，维护社会公共利益。

2. 根据社会需求进行程序分化。在当前司法政策的引领下，许多法院纷纷尝试运用诉前调解、立案调解、委托调解等司法非诉讼纠纷解决程序的方式分流案件，或者通过速裁程序的操作，力图在一审程序的早期迅捷地审理终结案件。伴随着民事案件的快速增长，不少法院案多人少的负担沉重，在简易程序的基础上，推行小额程序、进行程序分化也就成为司法回应社会需求的必然。2012年《民事诉讼法修正案》根据案件标的额大小、难易程度以及争议性强弱等进行构想的程序分化，专门设立了一审终审的小额程序。在坚持程序法定的前提下，应当使程序保持足够的操作弹性，在分别强调刚性或灵活性、融通性的不同程序之间达到某种程度的平衡。

---

① ［美］米尔伊安·R.达玛什卡：《司法和国家权力的多种面孔》，郑戈译，中国政法大学出版社2004年版，第7页。

② 以司法解释、司法文件形式创制公共政策，会导致量的膨胀和侵蚀立法权的问题。违宪审查在我国尚不具备实施的条件，法院一般通过对行政机关行为合法性的审查影响公共政策的形成。相比而言，应适度提升案例的地位和作用，扩大指导性案例在法院公共政策形成中的功能。

但程序分化不能过于随意，一审诉讼程序的设计应把程序分化控制在尽可能小的范围内。如果立法上把程序划分得非常琐细而且每一种程序的设计又过于刚性的话，则法官和当事人灵活操作程序的合理性余地被完全取消，程序因此变得非常僵硬不便。①王亚新教授指出，需要警惕过度强调程序简化对程序正规化或规范化的冲击，如果小额程序的引进意味着要求民事司法进一步扩容增量，在我国目前的现实情况下并不一定符合时宜。②为此，《民事诉讼法》对小额程序的规定是否会引起法院审判压力的增大，需要在实践中检验。

3. 合理调节司法和其他纠纷解决机制的关系。任何国家都不具备充沛资源足以保证一切纠纷都可由司法程序解决。在纠纷解决程序的设计上，应保证非诉讼解决纠纷机制的程序地位，倡导纠纷解决的多元化模式。一定意义上，司法权尊重当事人的程序选择权，支持其他纠纷解决机制的有效性，甚至从某些纠纷解决领域退出，成为一个其他纠纷解决机制的制度性、规范性、强制性背景，诚如盖郎塔所言，法院作为一个实效性的管理体系，还不如作为一个文化性、象征性意义的体系有更多的内容。法院主要是通过象征的传达，如威胁、约束、模范、说服、正统性等，对我们产生影响。③在解决纠纷的方式上，应尽可能地尊重当事人的处分权，加强当事人的合意与自治在程序规则运用上的影响力，扩大当事人在纠纷解决机制选择过程中的自治空间。

三、反馈机制：建立通畅的、理性的沟通与回应渠道

回应型司法制度不能简单理解为对民意的回应，而应是通过一种制度化的程序和结构，针对社会的需求进行回应。回应是双向的、互动的，仅有司法对社会的单向回应，而社会应者寥寥，反馈石沉大海，回应型司法将失去其实际意义，服务社会的功能也将无从发挥。

1. 公众参与司法改革。主要应从三个方面展开：第一，司法改革的公开化。司法裁判文书、司法改革的文件、咨询报告、改革进程、效果评估等相关信息通过网络平台等各种方式向社会公开。目前，许多法院通过“审判白皮书”向社会公布司法信息，取得了较好的社会反响和效果。审判白皮书作为审判数据、典型案例、司法现象、司法规律的高度提炼浓缩，可将之明晰化、具体化、公开化，可使司法信息与经济社会现实相结合；第二，公众有

---

①② 王亚新：《民事诉讼法修改中的程序分化》，《中国法学》2011年第4期。

③ ［美］盖郎塔：《不同情况下的正义》，载［意］卡佩莱蒂：《福利国家与接近正义》，刘俊祥等译，法律出版社2000年版，第138—139页。

权全方位参与批评建议、研究咨询、议题设定、意见征集、过程观察、效果评估等司法改革的全过程。特别需要建立司法改革的网络平台，通过网络公开相关信息，公众可利用网络等方式提出意见。一方面，司法机关要有渠道获取民众对于司法行为评价的信息，另一方面，司法要公开、透明、充分和真实，要保障民众对司法的知情权，民众要通过司法公开获得司法裁判、司法改革的相关信息。第三，在司法的程序参与上，使民众能有机会和渠道充分表达利益诉求，在司法过程中，注重利益协商机制的建构，以利益相关者的自主、自治为前提，体现对人的尊严和自主意志的基本尊重。通过司法公开、陪审制度的完善、社会公共领域信息反馈机制、判决理由论证制等多种途径，实现司法的透明性，在推进司法向社会开放的同时，也保证社会利益主体对司法权力的监督，逐步促成司法这一公共领域的论坛化和剧场化。

2. 评价引导新型社会关系。在市场经济体制下，对个体利益的司法调整可能对整个宏观经济效果产生重大影响。审判活动蕴含大量社情民意信息，如温州吴英集资诈骗案的定性问题，引发了激烈的争论。社会成员对新型社会关系的理解，很大程度不是通过学习法律规范去认识，而是通过个案审判所体现出的司法评价来感知。司法机关可以对浙江民间金融问题下的司法回应的可能、路径和限制进行探讨，通过整合案件资源，第一时间发布权威信息，揭示频发多发的社会矛盾纠纷，批判违法悖德的失范行为，为社会公众提供防范市场风险、法律风险及道德风险的有效预警，进而推进社会管理创新，这是回应型司法的重要发展方向。司法机关在坚持司法中立严谨的前提下，可以通过集中评价司法领域反映出来的新型经济社会关系，回应社会需求。回应型司法的这种集中评价引导功能，既扶持经济社会关系创新，又规制非理性创新和盲目突破法律红线的行为，为回应型司法提供了新的发展方向。

3. 完善司法制度评价机制。司法制度评价的研究主要是对司法制度创制的技术、实施的程序以及分析评价的工具进行反思性研究，目标是建立司法制度实践的基本技术，也是回应型司法制度装置的重要环节。当前我国的司法改革是受建构主义哲学的影响，以最高人民法院为职权主体进行的“理性选择制度主义”，在当下我国具有一定的普遍性和代表意义。但对于改革效力或功效的评价尚没有具有说服力的文献或材料证明，只有官方出具的“总结性报告”，作出“改革纲要基本完成”这样的判断，无疑无法满足社会的要求。目前全国法院方兴未艾的“案件质量评估”机制改革，其中对审判效率的评估指标和评估方法为司法成本和司法效率研究提供了丰富的素材,同时也代表着目前的主流评价模式。①各地法院根据本地实际以及最高人民法院的规定,也分别制定了本辖区的审判质量和效率评价指标。这些研究和制度建设反映了司法改革向理性化和科学化的方向发展,但因其内部评价的局限性往往成为本系统和不同部门之间工作业绩考核的依据,缺乏全面性和对社会的回应性。为此,可在全国人大设立司法改革委员会,作为国家司法改革的决策机构,并可以全国人大为主体,建立司法功效评估制度,科学设定指标体系,针对将要推行的改革进行试点,对已推行的改革进行监测和评估,建立起科学的司法制度评价的运行机制,为提高回应型司法制度的实践合理性程度奠定基础。同时,要针对司法绩效评估、案件质量评估、社会风险评估等领域加强研究,形成完整的司法评估体系,通过评估有效推进司法改革。②

四、结语

回应型司法的建构对于消解法与社会的紧张,寻求新的支点,重构社会生活的平衡,具有重要的理论价值和实践意义。但回应型司法的理性构建是一个渐进和漫长的过程,不能一蹴而就。我们要将社会科学的理论和方法引入对"司法和秩序"危机的拯救过程中,通过经验研究为变革司法和解决社会问题开辟新的道路。这就需要我们一方面要精准掌握回应型司法的条件语境,发挥司法权力固有的反思性特质,另一方面必须开放心灵,扩大公众对司法的参与,通过司法评价体系的建构,强化司法促进秩序生成和社会整合的机制。通过评价—反馈机制的建立,实现对社会的有效回应,有效解决、平衡各种利益主体,尤其是弱势群体的诉求,化解当前改革和社会转型过程中出现的矛盾和问题,建构一条具有中国特色的司法现代化的发展道路。

① 2008年,最高人民法院发布《关于开展案件质量评估工作的指导意见(试行)》[法发(2008)6号],2011年,最高人民法院发布《印发〈关于开展案件质量评估工作的指导意见〉的通知》[法发(2011)55号],案件质量评估工作在全国法院正式展开。参见张军主编:《人民法院案件质量评估体系理解与适用》,人民法院出版社2012年版,第16页。

② 高志刚:《回应型司法制度的现实演进与理性建构》,《法律科学》2013年第4期。

第三章　司法制度评价的现实演进

司法制度评价是重要的法学研究命题，国内外学者围绕实证研究司法改革实际效果，对司法制度的评价标准、评价理论和方法等展开了深入研究，取得了较为丰富的成果。近年来，我国司法机关开始学习和借鉴国外制度评价的经验，探索适合我国司法现实的评价指标体系、主体构建、评价方法、运行程序等一系列的管理流程，已经在多个层次和多个向度开展了评估，评价科学化水平在不断提高，司法制度发展的思路和方式都有了较大的变化。但在实际操作中，也只限于司法机关内部的考核和评比，没有形成一个完整的司法制度评价的理论体系。如何在宏观的战略意义的高度来开展司法制度评价体系的建构工作，成为当前学术界和司法部门所面临的迫切任务。实现研究领域的纵深性拓展，需要我们进一步通过对国外司法评价体系的借鉴和研究，加强对司法改革中主体行为、影响司法改革的各种因素、评价标准等各种问题的研究。

第一节　国外司法制度评价综述

自20世纪90年代起，在世界范围内兴起的司法改革不是一种简单的耦合现象。经济全球化的迅猛发展，极大地改变着世界经济的格局、规模、方式、制度以及理念，同时向与其直接相关的法律制度、司法体制及其运行方式等提出了强烈的新需求和挑战，从而极有力地推动了法律和司法的变革。各国改革者们都把建立一个公正、高效、可信、便利的司法制度作为改革的四个共同的核心目标，对于司法的评价也成为世界各国关注的一个重要课题。

如何对司法制度的实效进行评价既属于法学的基础性问题，也是法学的应用性问题。在实用主义哲学主导下，英美法国家侧重关注法律制度运行的实际效果，多采用交叉学科研究方法进行法学实证研究。综观国外司法制度评价的实际做法，主要有以下几种：1.国际标准下的司法评价（含各类法治指数中的司法评价）；2.司法绩效评价（基于法院考核的评价）；3.案件质量评价；4.司法功效评价（司法发展评价、法院性能评价）；5.法官行为评价（社会评价）等。在这里首先重点介绍美澳新加等国司法评价的做法。①

（一）法院标准评价

1. 国际标准评价

（1）各种法治指数的评价。

对法院的国际评价标准逐渐在各种国际法治指数的评价中得到体现。如美国律师协会联合国际律师协会、泛太平洋律师协会等律师组织，发起了“世界正义工程”（the World Justice Project），其重要贡献就是提出并不断完善“法治指数”（Index rule of the law）这一评估体系，作为衡量一国法治状况的重要“量化”标准，目的是促进“法治”在世界范围内的不断发展，促进公平正义的早日实现。经过对100多个国家的17个专业领域的领导、专家、学者、普通工作人员的长期考察研究，“世界正义工程”规范了“法治”工作的定义，强调了4项基本原则，即政府及其官员均受法律约束；法律应当明确、公开、稳定、公正，并保护包括人身和财产安全在内的各项基本权利；法律的颁布、管理和执行程序应公开、公平、高效；司法职业担纲者应由德才兼备、独立自主的法官、律师和司法人员组成，这些人员应数量充足、资源充沛并具有一定代表性。“世界正义工程”根据这4项原则进行广泛调研与试点，总结出具有世界代表性的评估一国法治状况的“法治指数”。该指数体系分为4组，共计16个一级指数和68个二级指数。第一组指数强调了法治的宪法化和制度化，以此来保证执政权力受到约束；第二组指数侧重于体现法治是以公正、公开和稳定的立法体系为依托；第三组指数重点体现法治在不偏不倚的司法过程中的公开、公平与高效性；第四组指数则突出了法治需以独立自主、德才兼备的法律人群体为保障。②“法治指数”主要利用两大数据来源对法治状况进行分析评估。首先采用“普通人口抽查”（GPP）方式，由资深的专业公司对每个国家中3个城市的1 000名受访者进行抽样调查，每3年进行一次；其次采用“专家型受访者问卷”（QRQ）方式，每年进行一次，受访者包括民商法、刑事司法、劳工法和公共健康等各领域的专家学者。本书将

① 参见佟季、袁春湘：《美国和加拿大司法绩效评估的实践及启示》，《人民法院报》2011年11月5日；李明编译：《芬兰法院如何评价办案质量》，《人民法院报》2012年6月29日；林娜编译：《“卓越法院”的国际评价标准（上）》，《人民法院报》2013年3月1日。

② 参见赵昕编译：《可以量化的正义：衡量法治水平的十六项“法治指数”》，《人民法院报》2010年6月18日。

在下篇第六章专门进行阐述。

（2）卓越法院国际框架标准

《卓越法院国际框架标准》(International Framework for Court Excellence，即IFCE，以下简称《标准》)，是由欧洲、亚洲、澳大利亚及美国的一些法院和研究机构共同组成的卓越法院框架标准联合会于2008年制定的，是目前在世界各国司法领域中衡量和检验法院工作水平、司法正义质量、公众满意度的一套比较完整、客观的法院工作评价体系。《标准》全文共72页，包括四部分：第一，各国法院普遍认可的十项司法核心价值；第二，卓越法院的七大标准；第三，法院进行自我评估的方法和程序；第四，美澳新加等国法院的考评模式。与此同时，联合会还发布了《卓越法院考评指南》，详细介绍了自我考评的具体步骤、评分标准、缺点分析及改进措施设计等。

卓越法院框架标准联合会的法律专家和有关研究机构经深入调查研究各国法院奉行的核心价值观之后，达成了广泛的国际共识，认为在各国司法制度中最为重要的司法核心价值包括以下十项：第一，法律面前人人平等；第二，公平；第三，中立；第四，独立审判；第五，胜任职责；第六，清正廉洁；第七，公开透明；第八，便捷亲民；第九，及时快捷；第十，司法的确定性。卓越法院确定了七大标准：第一，开拓创新的领导和积极有效的管理；第二，科学系统的司法政策；第三，公平、高效的诉讼程序；第四，高度的司法公信；第五，法庭使用者的较高满意度；第六，充足的司法资源；第七，经济、便捷的司法服务。①

2. 美国刑事法院性能标准

美国刑事法院性能标准是美国州司法中心和司法协助局开展TCPS研究计划的组成部分，是由法官、法院管理人员、学者组成的委员会起草。该计划于1987年开始，其目标之一是评估公共事业部门计划和工作透明度，报告公共财产在州法院系统的使用情况，是美国司法回应民众尤其是使用者(当事人)抱怨诉讼费用高而进行改革的一部分。但实际上，这项计划覆盖的范围和目标已经远远超出了诉讼期限和诉讼费用等问题，其中之一就是该计划为美国各州的一审法院提供质量评估体系。TCPS把司法质量问题分为五个方面，共22个指数和68项具体措施，即利用司法的途径、迅速和诉讼程序的期限、平等公平和正义、职责和独立性、公众的信任，这些包括了所有的标准和指数。其中，标准是需要达到的理想目标，指数是法院可以发现的现实情况，是标准的具体表达。在TCPS最终版中附加了这样的说明：这

---

① 林娜编译：《"卓越法院"的国际评价标准(上)》，《人民法院报》2013年3月1日。

些标准既不是用来比较法院性能的,也不是为了认证法院机构,同样,它们也不是用来考核或奖惩法官的,也不适合这种用途。评价系统是帮助法院自我评估的工具,旨在为初审法院绩效评估的实施提供详细的指引,各个法院可以根据自己的需要有选择地利用。另外,实施整体上如此复杂的计划得有足够的资金来支持。所以,一般认为最好是实施其中的一部分,比如选择法院质量方面的指数,或者减少指数或相应的措施。①

3. 美国初审法院运作标准及评价体系

为弥补高度职业化所带来的不良后果,发挥司法功能在社会治理中的基础作用,一种新的观念和实践在美国司法系统悄然而生,这就是"回归人群、服务社会"的司法倾向。诉讼外纠纷解决机制的发达,"社区法院"的兴起,约束手段与负责方式的扩展,法庭建筑的人性化,法律援助拨款的增加,都标志着传统的司法职能与司法理念发生了巨大的变化。在这种背景下,美国"全国州法院中心(NCSC)"与"司法扶助局(BJA)"于1997年制定了"初审法院运作标准及评价体系",规定了五类22项标准,68项考评方法。由于这些标准被分为五类,所以也可以称之为美国"五好法院"的标准。②这一体系的制定,集中体现了一种独立与负责并重、权威与服务并重的司法意识形态。

美国初审法院运作标准分为五个方面,分别为:寻求司法救济、便捷与及时、平等公平和尊严、独立与负责、公众信任与信心,每个标准又细化为几个具体的选项。为检测上述标准的实现程度,使各级法院对症下药、改进工作,专家设计了该检测表,其中列有50项陈述。法官、律师、当事人或普通公众可以根据自己的经历,判断这些陈述是"基本属实"还是"基本不属实"。如果认为"基本属实"则得1分。各列所得总分为该类标准的得分。读者可以通过坐标系将5个总分连接成曲线,即得出法院运作标准的实现状况。

在这50项陈述中,涉及法院运作的方方面面,也深刻反映了美国对初等法院审判管理的先进理念。比如第4条"处理不同类型案件的人力资源分配,符合逻辑并有理由支持",为案件进行分类管理,试行小额程序改革提供了很好的借鉴和启示。而第50条"法院雇员对于涉及雇员士气和能力的人事管理公平性的结构性问题的反应,可能是基本满意的",则有利于从组织机构上建立一个审判的职业共同体,形成法院良好的内部环境和审判组织

① 佟季、袁春湘:《美国和加拿大司法绩效评估的实践及启示》,《人民法院报》2011年11月5日。

② 于秀艳、赵荔:《美国"五好法院"的标准与考评》,《人民法院报》2002年11月11日。

体系。这对我们当前正在推行的法官员额制的改革有着重要的借鉴意义。

（二）司法绩效评价

1. 美国司法绩效评价机制①

美国的司法绩效评价和美国法官的产生制度改革密切相关。美国在进入20世纪下半叶以后采取了一系列旨在维持并提升法官素质的举措：要求法官必须具备法学专业教育背景，各州采取法官遴选制度代替普选产生法官等。而司法绩效评价最初是为了弥补在遴选法官过程中投票人掌握法官信息不足之缺陷而产生的一种法官绩效信息公开机制，此机制最初在阿拉斯加、亚利桑那、科罗拉多、新墨西哥、犹他等五个州适用，在此过程中逐步发挥了提升法院整体素质的功能。

从司法评价机制的适用范围来看，联邦和州存在较大的差异。由于美国联邦和州法官的产生与任期不同，因此适用司法绩效评价的情况也大相径庭。联邦法院的法官（除治安法官和破产案件法官）由总统提名，经参议院同意后再由总统任命，一律实行终身制；州法院的法官除缅因等个别州外，都是由选举产生而且通常有一定的任期。由此产生的差异就是，自从1975年阿拉斯加州最初建立司法绩效评价机制以来，美国已有越来越多的州建立了自己的司法绩效评价机制，并早已超越了绩效信息公开的范畴而成为提高法官履职能力的重要举措。然而，在美国各州尝试司法绩效评价机制的同时，联邦法院系统实行司法绩效评价的尝试和收效都相对有限得多，尤其在联邦法院系统遭到了来自内部诸多法官的反对之声，认为司法绩效评价会有损司法独立。

（1）统一适用于全美境内的司法绩效评价规范

目前统一适用于全美境内的司法绩效评价规范性文件是1985年美国律师协会制定的《司法绩效评价规则指南》。②尽管该规则并未被大范围采纳和适用，但作为全国性律师组织正式发布的规范性文件，研究其内容有助于了解美国司法绩效评价机制的概貌。该规则旨在提升法官个体及整个司法体系的素质，要求各个法院系统必须成立从事司法绩效评价的正式机构，司法绩效评价结果可以帮助有关部门在续任和选任法官时作出明智的决定。

在美国司法绩效评价规范的构成中，对法官的要求是很全面的。包括

---

① 佟季、袁春湘：《美国和加拿大司法绩效评估的实践及启示》，《人民法院报》2011年11月5日。

② http://www.americanbar.org/content/dam/aba/migrated/jd/lawyersconf/performance resource/guidelines/ABA Black Letter Guide lines for Judicial Performance Evaluation.aut hcheckdam.pdf，访问日期2015年11月12日。

对法官法律能力、诚信公正、沟通能力、职业素养、管理能力等多个方面要求。此外,特别法院的法官应当就其是否适当展示必要的知识和技巧接受评价,上诉法院的法官应当就其准备和参加听取口头辩论的工作质量及与其他法官的合作能力接受评价。司法绩效评价程序包括数据的收集、合成、分析和使用。在评估法官和收集分析数据时需要运用专业技能和行为分析模式,并且保证受访对象匿名接受调查。信息来源的渠道应当多样化:评价初审法官的信息来源应当包括在法官审理过程中出现的律师、陪审团成员、当事人、证人、非法院职员、社会服务人员、与法官进行定期工作接触的法律强制执行官员以及上诉审的法官;评价上诉审法官的信息来源应当包括律师、和法官进行定期工作接触的非法院职员和初审法官。上述信息来源应限于对当前法官职业有所了解的个人意见,社会公众记录作为客观来源之一也应当包括在内。负责司法绩效评价的机构还应在评估中设定受访者人数和反馈率的最低值,并且根据受访对象的不同群体设置不同的调查问卷。

(2) 美国州法院司法绩效测评示范方案

在美国,司法绩效评估最初是用来调查律师协会成员对法官素质的意见,随着评估制度的发展和公众意见的加入,司法绩效评估制度成为美国法官连任或留任以及提升法官素质的最成功的方法。美国律师协会发布有4个州的法院绩效评估示范方案。阿拉斯加州法院绩效评估工作由3名律师和3名非律师组成的司法委员会负责,主要是向律师、社会工作者、当事人、陪审员、法官等发放调查表或问卷,来评价法官的公正性、正直性、法律能力、气质和处理案件的能力等情况。委员会调查的结果和相关建议会编印在选民手册上,发给该州每一位注册登记的选民,此外,还会通过公共媒体公布这些评估信息。在亚利桑那州,法院绩效评估由司法绩效评估委员会(18名市民、6名律师和6名法官组成),通过向公众发放调查表的形式来评估上诉法院和高等法院法官在法务能力、正直性、沟通能力、司法品性和业务绩效等。该委员会下设一个由1名市民、1名律师和1名法官组成的小组负责与法官面谈交流,目的在讨论如何发挥其优点,同时制订改进计划。在科罗拉多州,司法绩效委员会隶属于州议会,负责制定和颁布有关法官评审规则和政策,其评估的方式和目标与其他州做法差别不大,特别之处是州委员会还授权一个独立的市场调查公司负责调查上诉法官和参加留任的选举法官,该公司的措施包括随机选取每名法官审理的200个案件,统计分析和起草并向州委员会和法官分发报告等。在犹他州,负责司法绩效评估的是司法委员会,该机构是州政府司法分支机构,负责制定和颁布有关司法绩效评估的程序和标准,职责是为每名法官提供评审报告,旨在帮助法官自我提高，还可以为公众提供信息资料，以便其在法官留任选举中作参考。

2. 加拿大的司法绩效评价

加拿大新斯科舍司法发展计划是在加拿大的新斯科舍省开展的，规模和耗资不像美国司法绩效评估项目那样庞大，该计划得到了该省和联邦司法部门以及当地和全国律师协会的捐助。其对司法质量和司法性能的评估都是通过问卷调查方式进行的，在收集资料的过程中，采取很多审慎的措施，如采取匿名处理的方式，避免被评估的法官感受到外界的压力，而且收集的资料切实改善了法官的工作。

其调查问卷的设计十分周详，分为司法权限（即问卷中的“法律水平”，包括对法律理念、法律程序、证据规则的了解，分析事实、法律推理、动机的质量，判决的清楚和完整等）、正义性（问卷中的“公平性”，包括不存在种族、宗教、性别、社会、经济或其他偏见，公平对待双方当事人及其提出的意见，树立正义形象的能力等）、管理权限（问卷中的“司法行政机关”，包括准备合理的案卷、不过分延迟判决、诉讼程序的认真管理、对诉讼程序进展的充分管理等组织、管理和领导诉讼程序）、为判决而做的相关实践（问卷中的“判决的表达和撰写”，包括判决的条理和质量、判决中对事实的评价是否合理、判决过程中没有不正当期限、对当事人的考虑、对各种制裁和对策的了解、对处罚原则的关注、在选择制裁或者处罚时表现出创造力、制裁或处罚的理由是否充足等）、行为举止（问卷中的“行为举止”，包括对当事人和其他法律人士谦恭礼貌、耐心、关心当事人、保持尊严、态度不傲慢、明白自己行为的影响力）、总体评价六个专栏，每个专栏都提出 6—11 个问题，法官能力评估的级别为优秀、良好、一般、有待改进、不足、不了解 6 级。①

（三）案件质量评价

发端于美国的司法质量评估对欧洲大陆及世界其他国家产生较大的影响。各国优化司法质量的手段具有多样性，决策者尽可能在“司法官独立”与“质量评估”之间作策略性调和。②

1. 荷兰的案件质量评价体系

成立于 2002 年的荷兰司法委员会属于司法机关，各级法院是司法委员会的下级机关，但其核心任务是保证法官有效履行司法职责，并不直接参与法院的审判工作。根据有关规定，司法委员会的职责之一是提高工作质量，

---

① 佟季、袁春湘：《美国和加拿大司法绩效评估的实践及启示》，《人民法院报》2011 年 11 月 5 日。

② 施鹏鹏、王晨辰：《论司法质量的优化与评估——兼论中国案件质量评估体系的改革》，《法制与社会发展》2015 年第 1 期。

促进法律适用统一，但并不参与具体裁判或法官的审查过程。法院不能向委员会解释和汇报有关裁判等审判工作，而是报告司法资源安排使用等问题，即与质量评估相关的活动，再由委员会负责向司法部报告。作为二者之间联系的纽带，委员会的角色是协调、提议、促进、监督和管理。委员会负责建立、保证和维护质量评估系统的运行，从而提高法院的司法质量水平。①

荷兰的司法委员会是一个专门长期关注司法质量服务的专业组织，每三年会在"法院战略规划"中列出值得特别关注的问题。为确保司法质量，司法委员会将评估标准进行分解、细化，加进规范、可以量化的内容，而且各个法院必须遵照执行。荷兰法院的司法质量评估系统是开放性的。所有与司法质量相关的活动，都可以视为司法质量评估系统的进一步实施和发展。如果法院管理委员会想全面了解法院工作的质量，那么就必须进行例行的质量评估。为了这个目的，各种评估工具也随司法质量评估系统的应用而开发出来了。

（1）法院现状评估。在荷兰，每两年对法院的现实状况进行一次考核评估。法院管理委员会根据质量规范的内容对法院当前的情况进行全面分析，并制订新的质量改进计划。

（2）司法消费者评估调查。为确保公众对司法的信心，考虑外部各方的评价也是十分重要的，这就是法院每四年开展一次相关方面评估调查的原因。"相关方面"包括律师、诉讼当事人或者检察官等。在相关方面的评估调查中，各种各样的"相关方面"被分组询问法院提供服务的质量情况。例如，这位法官如何与当事人进行互动、裁决的可读性和可理解性、庭审是否准时开始等。法院也经常利用一些评估小组对调查结果进一步核查。

（3）本院工作人员满意度调查。法院每四年进行一次本院工作人员满意度调查。在这项调查中，法官和其他工作人员对个人发展、管理部门负责人的绩效及法院管理委员会等各方面工作进行评价。研究结果被用于采取措施提高法官工作积极性和满意度，从而从总体上认可组织的绩效。

（4）司法巡查。司法委员会每四年对所有法院开展一次司法巡查。巡查组是由法院外部的人员组成的，如大学教授、律师和检察官等。巡查是司法部门能够向社会公开司法工作情况、提高工作质量的重要手段。2006年进行的巡查集中在司法绩效、外部对司法需求、质量系统开发等方面。

（5）审核评查。作为司法绩效评估系统的一部分，审核评查是评价司法

---

① 蒋惠岭、邓宇编译：《荷兰司法质量评估体系》，《人民法院报》2013年3月29日。

工作质量改进情况的一种重要工具。在审核评查期间,法院工作人员可以检查法院是否实现了评价系统规定的标准。法院还可以为审核评查设计具体的问题,并覆盖质量规范的所有部分。

(6) 其他因素。一是同事的评价。同事评价(也称为互评)是一种对于在同类岗位工作,但并不直接共事的法官、辅助人员等的评价。开发、鼓励和实施同事评价是整个质量系统的一部分。同事评价最初是为了提高法官个体的绩效,这不仅包括个人之间相互配合共同做好庭审工作,也包括法官在组织内部的绩效表现。同事评价的具体形式包括观摩和评论同事的庭审录音录像、庭审记录等。同事评价集中在"行为"的方面,而法律判断问题的评价则会在法官办公室内部进行,或者在全庭会议、判例研讨会上进行讨论。同事评价的结果不向社会公布。二是投诉程序。自 2002 年 1 月 1 日起,所有法院开始适用统一的投诉程序。这一程序是用来处理对法官和辅助人员的行为的投诉以及如何将法院作为一个整体来管理。对判决是不可能进行投诉的,但对判决不服可以启动上诉程序。投诉程序的目标是确保投诉能够通过一种统一的方式进行登记管理,以更好地对投诉情况进行全面描述,提高处理投诉的工作质量。这些投诉及处理情况每年都会公开,但在其中隐去相关人员的姓名。

2. 芬兰法院案件质量评价方案

2003 年,芬兰罗瓦涅米上诉法院开始采用一套判决质量标准的方案,作为本国司法质量工程的一部分,而之前在司法发展的历史长河中尚无有关判决质量标准的司法先例。其评价体系所提出的审判质量标准包括六个方面,共包含了 40 小项标准。这六个方面是:诉讼过程;判决;对待当事人和公众;诉讼的及时性;法官能力和职业技巧;司法组织和司法管理。其质量标准包括任何人应受法律保护、接近正义、程序公正、司法公信力能否成为现实等。其强调:一是审判质量的"程序"标准:(1)诉讼程序是开放的、透明的;(2)法官是独立的、无偏倚的;(3)诉讼程序是富有效率的;(4)采取有效而非强制性的措施鼓励当事人解决纠纷(民事案件和刑事案件中的民事责任问题);(5)审判管理富有节奏和效率(包括实体方面和程序方面);(6)诉讼程序的设计安排与实施,保证了当事人和诉讼参与人产生的费用最小化;(7)诉讼程序的设计灵活性;(8)诉讼程序尽可能地对社会公众开放;(9)诉讼程序是互动的。二是审判质量的"诉讼及时性"标准:(1)诉讼案件的解决是在既定的审判管理中的最佳诉讼期间内;(2)当设置审判排期表时,充分考虑到案件对当事人的重要性和诉讼程序的持续时间;(3)当事人感觉到诉讼程序是迅速及时的;(4)诉讼期间的时限性。

实行审判质量标准的目的,并不是要评价法院全部审判活动的成功与否,它仅与案件所涉及的诉讼程序和实体判决有着直接关系,而最主要的核心问题就是诉讼案件中的当事人。这一质量标准设计的初衷在于准确评估审判活动中法官与当事人之间交互活动的质量与水平,但它并不是为了评价法官个体的审判质量好坏,也不是为了查明可能存在的审判缺陷和问题。因为所有的评价指标均是采用匿名方式进行,并且评价适用于审判机关而不是某个法院或个案中的某位法官。①

这一评估体系并不是每年对所有法院综合性的系统分析,相比之下,一般采取每隔 3 至 5 年评估一次是适当可行的。当然,考虑到某些环节监督诉讼活动的持续性的需要,例如,诉讼程序的及时性方面,审判质量标准应当每年进行评估。另外,每个法官和每一法院可以把这一质量标准作为他们平时日常审判工作的一种方法和审判活动的参照系。为了建立司法机关审判活动现实性和全面性的视角,其评价方法主要包括以下几种:自我评价,民意调查,专家评价,统计分析,法院的反应。

芬兰罗瓦涅米上诉法院的审判质量工程获得国际社会的肯定。2005 年,该工程在爱丁堡被授予“水晶天平奖”。目前,已在芬兰的上诉法院的 9 个地区施行,已经成为芬兰其他 6 家上诉法院,乃至芬兰行政法院进行审判质量工程的范例。

(四)司法试点改革的功效评价

美国司法改革多是从微观问题入手,针对司法过程中出现的一个个具体问题,逐步寻求解决的办法,较少从体制层面的宏观维度去进行改革。美国维拉司法研究所是专门从事司法改革研究的民营性机构,现在有 100 多位研究人员,3 个分支机构。该研究所主动承接法院、检察院、政府的司法改革研究项目,或者自行提出司法改革方案后供司法机关和政府有关部门采用。美国实施的司法改革,其背后都有维拉司法研究所、纽约州司法创新中心这样一些民间智库的大力推动和积极参与。这些民间智库有很好的社会声誉和很强的研究和操作能力,与司法机关及政府有关部门联系密切,其内部实行公司化管理。这些民间智库主要依靠一些大型基金会的财政支持来开展研究工作和实证性改革实验。维拉司法研究所主持推行的一些司法改革项目有的已历时二三十年,至今仍在跟踪分析,不断补充完善。吉姆·帕森斯等所著的《试点与改革:完善司法制度的实证研究方法》一书中对维拉司法

① 参见李明编译:《芬兰法院如何评价办案质量》,《人民法院报》2012 年 6 月 29 日。

研究所的研究方法进行了引介。①

美国的司法改革虽然多从一些微观的问题入手,但每项改革的实施都遵循一套科学严谨的操作规程。维拉司法研究所的项目都是从解决一个个具体的微观问题入手,设计几种不同的实施方案,充分论证,优中选优,然后进行改革试点,在试点过程中不断跟踪评估,并根据评估适时调整方案,直到一项改革取得最佳效果,最后加以推广。调研—论证—规划—试点—评估—调整—推广,这种实证性改革方法已经被广泛运用。纽约州司法创新中心基本也采用这样的改革方法:调研疑难问题—寻找解决问题的思路—创建体现思路的样板项目—运用数据来记录和监督实证实验成果—广泛宣传这些成果,鼓励按照样板推进相应的改革。

(五) 法官履职评价

美国司法系统中除了司法绩效评价机制外,还有法官履职审查机制,二者有一定联系但有较大的区别。1980 年《司法履职及无效行为法案》(The Judicial Conduct and Disability Act)确立了对法官履职行为的审查机制,它与司法绩效评价机制的不同之处在于其目的并非为了提升法官履职能力或评测法官履职表现,而是为了追究司法责任。根据该法案,任何人认为法官懈怠履职或者由于精神、身体残疾而不能履职的都可以投诉,被投诉法官所在的地区法院首席法官将会启动审查程序。如果首席法官没有撤销投诉,接下来将会任命由地区法官和巡回法官组成的委员会来调查投诉并决定是否采取相应措施,这些措施包括责令被投诉法官暂停履职、发出公开或者不公开的谴责等。由此可见,司法绩效评价机制和法官履职审查机制在某种程度上都是司法问责的表现形式,有所不同的是前者注重通过反馈评价结果促进法官的自我完善,后者则注重通过责任追究和惩罚等手段实现司法系统的新陈代谢。

(六) 司法公信力评价

司法考评机制通常侧重于对司法工作结果的考评,如人均结案数、均衡结案率、上诉率等。在这种考评机制下,即使比率很高,法院工作也未必能得到社会的好评。与这种内部考评机制相比,美国加利福尼亚州开展的司法公信力评估侧重外部评价,以司法工作的公众认可度为标尺,督促法院改进工作,真正反映了司法工作的效果,且省时省力。1992 年美国加州开展了第一次司法公信力评估,2005 年开展了第二次评估。评估工作由法官、律师

① 参见[美]吉姆·帕森斯等:《试点与改革:完善司法制度的实证研究方法》,郭志媛译,北京大学出版社 2006 年版。

和法学专家共同设计评估问卷，然后委托第三方开展评估调查。法院将评估结论用于帮助自己认清形势，以制定本州司法发展战略。虽然该项评估工作已过去多年，但对于我国建立科学的司法考评机制仍有很强的参考价值。①

第二节　国内司法制度评价的研究和实践

在经济全球化的激烈竞争中，通过司法改革建立能够有效处理和解决争议的现代化法律体系和司法体制，积极改善法制环境，以保证抓住发展机遇而不丧失机遇，成为许多国家尤其是发展中国家的迫切需求。这种内在需求的推动力如此巨大，以至形成"司法改革趋向全球化"的局面。②国内司法改革也在如火如荼地推进，对司法改革和运行功效评价的实践和研究也逐渐凸显其重要性和意义。

一、国内司法制度评价的研究和文献综述

目前我国法学学者对法律制度评价的研究主要使用传统法学的研究方法，并且几乎都是采用价值分析方法，在宏观层面对法律制度的评价标准与实效理论进行研究，而采用经验实证研究方法的评价很少。

在理论层面，国内理论界对司法绩效的研究，与国外理论界相比较晚，研究也尚未深入。目前主要的研究成果有以下几个方面：

1. 文献性介绍的滥觞

尽管近年来国内一些关于国外司法评估问题的研究，主张学习和借鉴国外司法评价的经验，探索适合中国司法现实的司法评估指标体系、主体构建、评价方法、运行程序等一系列的管理流程，已经在多个层次和多个向度开展了评估，制度评价科学化水平在不断提高，司法制度发展的思路和方式都有了较大的变化，体现了一定的"学习能力"。学界对国外司法评估理论研究及相关实践进行了介绍。如孙谦、郑成良《司法改革报告——有关国家司法改革的理念与经验》一书中，以东欧和美洲国家如哥伦比亚、秘鲁、乌克兰、阿根廷的一些法院试点为例，介绍了通过对改革试点进行评估和修正的经验。这些经验弥足珍贵，值得我们在改革当中予以借鉴。最高人民法院

① 蒋惠岭、黄斌：《美国加州法院的司法公信力评估机制》，《人民法院报》2013年5月17日。

② 孙谦、郑成良：《司法改革报告——有关国家司法改革的理念与经验》，法律出版社2002年版。

研究室就美国、加拿大等国法院司法评估的情况作了介绍,有学者也就美国、加拿大、英国、荷兰及法国的司法质量优化与评估作了引介和评论。①无疑,这些文献的引入在方法论上具有开拓性意义,使得国内对于司法改革方法论的科学性有了深刻的认识。这些国外司法评估经验的介绍性文献,虽可资借鉴,但仅限于不同体制、不同国情下的评估经验,尚未针对中国国情和司法实际建立起一个完整的司法制度评价的框架,无法为司法评估体系的完善提供基础理论性的指导和支持。

2. 概括性综述的深入

随着案件质量评估的推行,相关研究文献也针对案件质量评估的指标体系、评估的方法等方面进行了集中探讨或概述。如张军主编的《人民法院案件质量评估体系理解与适用》一书,作为最高人民法院对开展案件质量评估的指导性文献和对案件质量评估指导意见进行全面解读的著述,系统地概述了人民法院案件质量评估的背景及历史发展,人民法院案件质量评估的理论基础、评估体系方法、公正效率效果指标体系的理解与适用、地方法院案件质量评估的实践经验和制度规范,并介绍了国外部分国家司法评估的情况。不少法院在适用案件质量评估体系的过程中,也形成了调研报告。当下对法院绩效评估的研究和实践大都是从法院人事管理制度的角度来进行的,但忽略了绩效评估对于司法制度运行和司法治理策略方面的考量。最高人民法院自2010年每年发布案件质量评估分析报告,至2014年共发布5期,此后未见公开发布。但这一分析报告内容简略,并不能全面反映案件质量评查的结果和存在的深层次的问题,也没有在反馈的基础上提出改进的有效方案。案件质量评估着重于通过对案件质量等方面的统计对公正、效率、效果三个层面进行考量,但作为单项评估无疑不够全面,其缺少对司法改革试点项目的动态复杂性的分析,也没有建立起外部冲击下的司法体制稳定性和变革环境下的司法适应性等多种评估标准,从而在不同的维度对司法制度评价进行优化分析。为此,应通过分析现有的理论文献关于司法评估研究的不足之处,建立包括静态以及各种动态指标在内的完整的司法评估体系。

国内理论界对司法评价体系的研究成果主要有以下几个方面:

一是对国外司法评价体制理论研究及相关实践的介绍。主要是简要总

---

① 参见佟季、袁春湘:《美国和加拿大司法绩效评估的实践及启示》,《人民法院报》2011年11月5日;李明编译:《芬兰法院如何评价办案质量》,《人民法院报》2012年6月29日;林娜编译:《"卓越法院"的国际评价标准(上)》,《人民法院报》2013年3月1日;施鹏鹏、王晨辰:《论司法质量的优化与评估——兼论中国案件质量评估体系的改革》,《法制与社会发展》2015年第1期。

结这种全新的管理理念和方法，简述了评价在司法部门中广泛应用的作用及取得的显著效果。对司法评价体制机制的完善提出了方案，如人员和经费的配套改革以改进法院的工作。在上节中已经作了阐述。

二是对司法评价指标体系的研究。如案件质量指标体系、司法功效指标体系、司法透明指标体系、司法公信力指标体系、社会稳定风险指标体系等。如中国社会科学院法学研究所法治国情调研组对世界部分国家和地区司法透明的情况进行了调研，《司法透明国际比较》以图文并茂的形式直观展示境外司法透明的实践，运用实证方法分析中国内地司法公开的进展和面临的问题。①这一国际比较有利于我们在比较法治发达国家做法的基础上，建立自己的司法透明指标体系。

三是对司法评价相关实践的价值功能与意义的认识。司法评价的全方位、多角度展开有利于提高司法管理的水平，推进我国司法体制改革，提升司法公信力。

四是对我国实施司法评价管理的可行性和必要性的分析。在司法改革深入推进的过程中，人们对通过实施司法评价提高司法功效的可行性与必要性逐渐形成共识，为现阶段我国司法评价体系的形成和发展奠定了现实基础。

五是关于司法制度评价的制定模式、方法技巧的研究。司法评价实践逐步开始借鉴和学习国外先进的司法管理技术和经验，建立司法能力保障机制、强化审判管理机制、完善司法评价机制。

综上，聚焦国内对于司法制度评价的研究，主要集中于对司法绩效、案件质量指标体系等内容的探讨，研究状况参差不齐。在这些概括性的综述中，可以了解到，国内虽然开展了诸如法治指数评估、司法透明度评估、试点评估等多种评估，但除了司法绩效考核、案件质量评估形成了一套相对完整的评估体系之外，其他各种评估都还处在探索的阶段，没有形成一个完整的司法制度评价的理论体系，在实际操作中，也只限于司法机关内部的考核和评比。就试点评估而言，除了最高人民法院有组织开展的几项试点评估外，多局限于部分学者为开展研究与实务部门进行合作开展的评估，目的是为了测试刑事司法改革程序试点的效果，这样一种试点评估并不具有代表性。最高人民法院杨润时法官主持的课题组曾拟定了《司法改革方法论实证课题成果评估规则》，主要包括：评估的任务和目的；评估的范围；评估原则；评估的委托；评估机构和评估人员组成；评估的程序；评估报告；评估质量控

① 参见田禾编著：《司法透明国际比较》，社会科学文献出版社2013年版。

制;评估委员会行为准则等。其核心内容在于评估标准是否符合司法为民、公正与效率的基本价值要求,是否突破了现行法律规定,是否具备推广条件及推广价值。该书对司法改革的方法论进行了比较全面系统的概述。①

在司法的自我评价的过程中,呈现出一种理论的自闭性,研究成果的应用性不强。从已有的研究成果来看,我国对司法制度评价问题的研究刚刚起步,研究成果有待积累。学者们将相关评价的理论作为研究的重点和起点,但对司法评价应用性方面的实质研究较为薄弱。学者的研究大多限于理论层面,而实践部门在推进评估的过程中也往往只根据自身工作实际开展,缺乏理论和价值的宏观指引,导致实践与理论的脱节。②

3. 批判性反思的渐起

司法评价开展十余年来,所带来的成效是明显的,但随着司法评价的深入推进,其陷入了一种缺乏反思的"自说自话"的境地,所存在的问题开始凸显。虽然关于司法制度评价改革的目标和方法的认识都远未成熟,但围绕司法评价的合法性、合理性、正当性问题的争论和反思逐渐深化。国内关于司法制度评价的研究几年来不断深入进行,研究的深入化表现在持续的问题聚焦上,即对司法评价基础性、理论性选题的持续追问。在争论和反思的过程中,我们逐渐意识到司法评价在理论基础、研究方法、研究范围等多个方面未臻成熟。司法理论界和实务界都在不断调整和修正自己既有的司法评价的知识建构,相关的研究和著述也从概括式综述发展到批判性反思。但这些反思尚未从整体上专门批判或深入挖掘研究司法评价的缺憾。随着反思性研究的渐起,如何在宏观的战略意义的高度来开展司法制度的评价工作,成为当前学术界和司法部门所面临的迫切任务。实现研究领域的纵深性拓展,需要我们进一步加强对司法改革中主体行为、影响司法改革的各种因素、评价标准等各种问题的研究。

十余年来,司法制度评价领域积累了较为丰富的成果,也反映出不少问题。这都为对司法评价进行结构性反思提供了较为充分的素材。如艾佳慧对法院绩效考评制度的同构性和双轨制进行了反思和批判,③其文中选取几个法院绩效考评制度作为样本,总结出我国法院系统绩效考评制度"数目字管理"、各级法院考评"同构性"和同一法院考评"双轨制"等特点。她在展示当前法院绩效考评制度的现实合理性和政治正当性的同时,借助司法理

---

① 杨润时:《司法改革方法论的理论与实践》,法律出版社 2011 年版。

② 曹丁、桑小迪、宋兆源:《浅论我国司法绩效评估》,《法制与社会》2008 年第 4 期。

③ 艾佳慧:《中国法院绩效考评制度研究——"同构性"和"双轨制"的逻辑及其问题》,《法制与社会发展》2008 年第 5 期。

论、信息经济学和激励理论，论证绩效考评的“双轨制”抑制司法比较制度能力的有效发挥和架空法院独立行使审判权的制度基础。由于法官“自由裁量权”的存在，无视初审和上诉审职能分工和审级差异的绩效考评“同构性”和“数字化管理”，更使得一套量化的考评指标不仅无法有效测度法官工作的努力度和廉洁度，更在很大程度上有损审判独立、程序价值等法治原则。

有学者认为，当下的绩效考核制度被官方视为一种实现法官管理的有效形式。然而该制度背后的“规训逻辑”与司法规律形成尖锐的冲突，对法官的实质理性构成了严重的伤害，其中“刷数据”的现象形成了逆向奖励和淘汰机制。这表明该制度是一种不成功的实践，欲建立一支适应现代法治的司法队伍，真正解决司法腐败和司法不公的问题，必须另辟蹊径，寻找法官管理的新形式。应该建立一种“自由的逻辑”指导下的以程序约束为中心的法官管理和培养模式。①此外还有部分来自法院的学者从审判管理的角度、案件质量评估体系与司法绩效考核体系的衔接角度进行了深入思考，对当下司法制度评价体系存在的问题进行了反思。②

总体而言，当下我国的司法改革主要从规范层面进行抽象的分析和论证，注重应然研究。思辨型的习惯和定势导致在改革中片面强调西方司法制度的推广价值，大力移植西方的法律文本和法律理论，忽视了实践合理性和制度运行的实际效果，缺乏对制度运行实效的检验。因此，新的改革和制度往往无法实现预期效果。在反思的基础上对评估方法进行改善，使得评估的科学性不断增强。比如，在评估的实践操作中，如何结合抽样调查、案例分析、试点实验等多种手段，对理论研究结果进行验证分析，进一步完善司法评估体系的内容。通过对司法不同领域的评估，提供基础理论性的思想借鉴和分析方法，并提出具有现实针对性和可操作性的政策建议。通过运用层次分析法和模糊综合评价法，在司法的组织结构、司法政策和评估指标三个维度下分别比较司法改革举措的功效。在社会评价方面，从社会网络分析的角度，探讨不同群体在司法运行成本、非对称性程度、信息流通效率、阶层流动性、稳定性等方面的特征。

由于诸多原因，我国司法机关和学术界对司法改革方法问题的研究尚

---

① 李拥军、傅爱竹：《“规训”的司法与“被缚”的法官——对法官绩效考核制度困境与误区的深层解读》，《法律科学》2014年第6期。

② 参见郑肖肖：《案件质量评估的实证检视与功能回归——以发回重审率、改判率等指标为切入点探讨》，《法律适用》2014年第1期；杨飞、张俊文：《案件质量评估语境下的审判管理改革——基于上诉发改率指标管理的实证分析》，《河南大学学报》2012年第2期；重庆高院课题组：《审判管理制度转型研究》，《中国法学》2014年第4期。

较薄弱,实证性司法改革的试点成果和研究成果尚不多见。在当下案件质量评估和司法绩效评估全面推行的时刻,需要我们在对司法评估的理论和实践进行全面概括总结的基础上,运用理性的方法进行建设性反思,切实推进现代司法制度的建设。

二、我国司法制度评价的实践

我国司法评估的实践源于最初作为法院队伍管理手段的岗位目标考核责任制。近年来,司法评估研究的重点正在发生变化,评估体系也在多层面同步推进。司法评估的内涵和外延也都在拓展,就已经开展的评估来看,已经从案件质量评估、司法绩效评估扩展到试点项目评估、社会风险评估、司法公信力评估、司法透明指数等众多领域。当前,我国以司法机关为对象开展的评估主要有以下八个方面:

1. 案件质量评估。所谓案件质量评估,就是按照人民法院的审判工作的目的、功能、特点,设计若干反映审判公正、效率和效果的评估指标,利用各种司法统计资料,运用多指标综合评价技术,建立案件质量评估的量化模型,计算案件质量综合指数,对法院案件质量进行整体评判与分析。①为建立全面衡量案件质量和效率的科学体系,2001 年,最高人民法院开展了构建案件质量评估体系的课题研究。江苏、四川、福建、上海等地法院十余年前即开始了司法绩效考核的探索,建立了审判业绩评估指标体系。如上海市高级人民法院在 2003 年制定了审判质量效率指标体系,福建省高级人民法院 2004 年在全省法院试行《全省法院案件质量与效率评估考核办法》。最高人民法院高度重视地方法院探索的经验,《人民法院第二个五年改革纲要》确定的一项重要改革措施是"建立科学、统一的审判质量和效率评估体系。在确保法官依法独立判案的前提下,确立科学的评估标准,完善评估机制"。2008 年年初,最高人民法院印发了《关于开展案件质量评估工作的指导意见(试行)》,首次出台了全国法院统一参考适用的"案件质量评估指标体系"。2011 年 3 月,最高人民法院正式出台《关于开展案件质量评估工作的指导意见》(以下简称《指导意见》),对"案件质量评估指标体系"进行了较大幅度修订,确立了人民法院案件质量评估公正、效率、效果共 31 项 3 级指标,通过建立案件质量评估量化模型进行案件质量综合评估。②在案件质量评估中,《指导意见》不仅作为地方各级法院进行案件质量评估的指导性文件,按照

---

① 详见张军、最高人民法院研究室主编:《人民法院案件质量评估体系理解与适用》,人民法院出版社 2011 年版,第 7 页。

② 详见张军、最高人民法院研究室主编:《人民法院案件质量评估体系理解与适用》,人民法院出版社 2011 年版,第 70—77 页。

该文件规定，最高人民法院也运用其所附“指标体系”对全国法院的案件质量进行评估。案件质量评估的目的在于通过对案件质量的客观评价，为改进审判管理、服务改革决策提供依据。

2. 司法绩效评估。目前，在“以考核促管理，向管理要效率”的目标指引下，各级法院都推行了司法绩效考核，内容包括审判、执行、立案、文秘、后勤管理、调研宣传、司法统计、人事管理工作、思想政治等，涵盖了法院工作的方方面面。最高人民法院对全国法院开展的是“案件质量评估”，而高中级法院针对下级法院、各法院针对业务部门和法官个体的评估为“绩效考核”。区别于案件质量评估的是，司法绩效评估的重点在于对下级法院、业务部门和法官审判业绩进行考核，是法院内部奖惩的依据。①

根据《公务员法》的有关规定，法官要按照《公务员法》规定的内容进行考核。此项考核是由同级组织人事部门按照公务员管理权限和考核方式，每年年终对法官德、能、勤、绩、廉五个方面和业务知识进行年度考核。《法官法》对法官考核也作了相应规定，第八章第二十一条规定，对法官的考核，由所在人民法院组织实施；第二十三条规定，对法官的考核内容包括：审判工作实绩、思想品德、审判业务和法学理论水平、工作态度和审判作风，重点考核审判工作实绩。尽管《公务员法》和《法官法》这两部法律对法官考核都作了明确规定，但现阶段法院内部大多采用参照国家公务员的考核办法从德、能、勤、绩、廉五个方面进行量化，而这种考核往往没有注重法官这一特殊身份和职业的特殊性；实践中往往对审判工作比较重视，有计划、有目标、有考核、有奖惩，对思想素养、道德建设就是要求多、定性多、考核少、分析少而成为软指标；有的制度定得多、操作难；有的事后监管、案后考核，不能起到及时考核、及时纠错、及时补救的积极作用。法官考核的双轨制并不能带来双倍的考核效果。从考核的内容来看，都比较笼统抽象，侧重于定性考核，没有从量化和绩效角度来强化法官考核。从考核的方法和形式来看，可操作性不强，考核方法不明确，执行起来随意性大，有的形同虚设，达不到考核的目的，难以提高法官的工作积极性，在具体实际操作中往往还影响了考核的效果和权威性。

3. 法治指数评估。在法治实践的普遍性困境中，受社会科学方法论的“计量主义”风潮等因素的影响，“量化法治”呼声高涨。②当前，通过指标设置和指数推算对一国的法治发展水平进行赋值评估，已经成为分析、评价该

---

① 孙启福、吴美来：《案件质量精细化管理的局限及其克服——以最高人民法院“关于开展案件质量评估工作的指导意见”为中心》，《法律适用》2012 年第 6 期。

② 廖奕：《法治如何评估？——以中国地方法治指数为例》，《兰州学刊》2012 年第 12 期，第 192—195 页。

国投资水平和制度状况的重要做法，如世界银行全球治理指数中的法治指数、世界正义工程（WJP）的法治指数等，极大促进了很多国家和地区在更广泛的层面进行法治的量化评估。①所谓法治评估是指“将评估学、管理学、社会学等现代社会科学领域中的评估原理、考核思想及量化技术综合引入社会管理领域，借助一套科学的指标体系和评估方法对社会管理的成效进行评估，是对社会管理法律效果和社会效果的综合考量”。②通过法治评估的探索和实践，来对我国各地法治评估尝试的特征和经验进行总结，具有重要的现实意义。

作为法治发展的重要环节，司法评估的提出、促进和完善是法治发展的表现之一，司法评估本身可以为法治评估提供数据支持和借鉴，对司法的评估也演变成为法治评估的重要内容。③在国际层面上，以世界银行的“全球治理评估”和“世界正义工程”为代表，在地区层面，有香港的法治实践评估和余杭的法治指数。虽然评估在主体、目的、方法上存在较大差异，但其已经成为验证行政改革目标的一个重要工具。④这些评估实践为法治评估提供了重要的参考。近年来，法治指标体系研究成为理论界和实务界共同关注的热点，浙江、江苏、广东等省，北京、上海、天津等城市也都进行了有益的探索，这些已有的研究和实践成果具有重要的参考价值。

4. 改革试点评估。一个成功的司法改革项目的实现需要一些条件，命题的选择要与我国的实际相符合，试点地点的选择要具有代表性，程序目标及实施的设计都要具体明确，要注意收集与项目效果有关的数据来进行有效的评估，还要有立法界、理论界的接受和支持。彻底的持续的评估是完成一个成功的试点项目的一个重要方面。通过对项目每一个措施的评价，改革者们就能更好地判断它是否适合被另一个地区甚至是另一个国家所采用。⑤美国维拉司法研究所从其完善司法制度的经验中总结出一套实证研究的方法论，用来确定司法制度中的主要问题，策划、实施和评估试点项目，成功的试点可能被推广，进行整个系统的改革，并且可能形成新的机构。根据评估的内容和阶段，可以分为立项评估、过程评估和验收评估。评估的范围

---

① 参见《法治指数》（Rule of Law Index），http://www.worldjusticeproject.org/rule-of-law-index/，最后访问时间2016年2月8日。

② 钱弘道等：《法治评估的实验》，法律出版社2013年版，第1页。

③ 钱弘道等：《法治评估的实验》，法律出版社2013年版，第271页。

④ 参见陈永国编著：《公共管理定量分析方法》，上海交通大学出版社2006年版，第6页。

⑤ 宋英辉、向燕：《关于司法改革实验项目中开展有效比较的思考》，《国家检察官学院学报》2011年第1期。

包括决策、立项、执行情况、改革结果、效果评价和推广机制等。当前的试点评估主要是对司法改革的项目决策、立项、执行情况以及改革成果的合理性、合法性和适应性以及推广价值进行评价，如多元纠纷解决机制试点评估。根据评估的内容和阶段，可以分为立项评估、过程评估和验收评估。评估的范围包括决策、立项、执行情况、改革结果、效果评价和推广机制等。①

近年来，我国的司法决策者和研究者表现出对维拉司法研究所研究方法的浓烈兴趣。维拉司法研究所也和中国学者在多个领域开展合作进行试点评估，取得了良好效果。②最高人民法院开展了多项试点评估，如深化司法公开和审判权运行机制改革试点、多元纠纷解决机制试点评估、在部分地区开展刑事案件速裁程序试点工作等。③国内一些高校、科研机构也和法院合作进行试点，并就试点效果进行评估。如 2009 年 5 月，中国政法大学诉讼法学研究院已经与江苏省盐城市中级人民法院确定合作开展"非法证据排除规则试点项目"。④在我国已经进行的司法改革试点项目中，评估环节还比较薄弱，数据的采集方面也还面临困难，试点时间一般不够长，试点成功影响立法的例子也还比较少，等等。⑤但在经验分享与教训反思中，我国的改革者已经跨越了从对实证研究一无所知到盲目崇拜的阶段，迈进到理性对待实证研究，既重视其重要性，又了解其局限性，在运用实证研究方法时尽量扬长避短，并与其他研究方法综合运用的时期。

党的十八届三中全会审议通过的《中共中央关于全面深化改革若干重大问题的决定》，对深化司法体制改革作了全面部署。中央全面深化改革领导小组第二次会议审议通过的《关于深化司法体制和社会体制改革的意见及贯彻实施分工方案》，明确了深化司法体制改革的目标、原则，制定了各项改革任务的路线图和时间表。2014 年 6 月 6 日，中央全面深化改革领导小组第三次会议审议通过了《关于司法体制改革试点若干问题的框架意见》《上海市司法改革试点工作方案》和《关于设立知识产权法院的方案》。试点将紧紧围绕司法体制改革的基础性、制度性措施展开试点工作，为司法体制的整体改革破冰探路，努力形成可复制、可推广的经验。但如何在评估的基

---

① 参见郭志媛：《中国经验：以刑事司法改革试点项目为蓝本的考察》，北京大学出版社 2011 年版；刘辉：《刑事司法改革试点研究》，中国检察出版社 2013 年版。

② 参见[美]吉姆·帕森斯、梅根·戈尔登、郭志媛等：《试点与改革：完善司法制度的实证研究方法》，郭志媛译，北京大学出版社 2006 年版。

③ 参见《最高法院在清镇对多元纠纷解决机制改革试点工作进行终期评估》。

④ 参见刘辉：《刑事司法改革试点研究》，中国检察出版社 2013 年版。

⑤ 郭志媛：《中国经验：以刑事司法改革试点项目为蓝本的考察》，北京大学出版社 2011 年版。

础上有序推进试点工作,框架意见和工作方案并没有进行明确表述。

5. 司法公信力评估。司法公信力评估是针对司法社会评价的一个评估体系,是司法评估体系的一个重要组成部分。通过对司法公信力的评估,可以使我们科学测定司法机关和社会各界的司法公信力感知度,系统研究司法公信力评估的指数生成和机制完善路径,进而为当前法院的司法公信力建设及相关理论研究提供有益的借鉴。司法公信力评估机制侧重外部评价,以司法工作的公众认可度为标尺,督促法院改进工作,法院则可以将评估结论用于帮助自己审视在公信力方面存在的缺失,以制定司法发展战略。天津市第二中级人民法院针对司法公信力的评估进行了论证,这一评估可以较为清晰地掌握评估指标的单项失分情况,并对评估反映出的公信力问题进行修正。①2016 年 1 月,以上海市第一中级人民法院为对象的司法公信力评估报告发布,这也是全国首次对司法公信力进行整体性、综合性的第三方评估。②

6. 社会风险评估。为避免在重大敏感案件中的舆情危机和被动局面,最高人民法院在 2011 年明确提出要"完善问题的发现、反馈、分析和解决机制;在全国各级法院建立重大敏感案件风险评估制度"。③"对重大复杂案件、涉众型案件、可能激化矛盾的敏感案件,要认真做好社会稳定风险评估预警工作,全面分析研判案件处理可能对社会稳定带来的影响,从源头上避免因执法不当引发涉检信访或其他新的不稳定因素。"④不少法院就重大敏感案件风险评估和办理流程制定了实施意见,对涉及风险评估的案件依据其性质、紧急状况、行为方式、激烈程度以及可能造成的社会危害与影响等因素进行风险评估。此外,还有案件审前社会评估,如对犯罪嫌疑人从平时表现、犯罪原因、被判监禁刑的后果、群众意见等四个方面进行审前社会评估。⑤法院案件社会稳定风险评估的目的是通过评估,发现其可能对社会稳定存在的隐患,进而通过预案在审判人员配置上、案件讨论研究机制的建立上下功夫,以避免矛盾激化,造成对司法的冲击和不良影响。这一实践探索

---

① 天津市第二中级人民法院课题组:《从粗放到系统——论司法公信力评估体系的构建》,《法律适用》2013 年第 1 期。

② 徐文进、姚竞燕:《深化改革视阈下司法公信力第三方评估机制的检视与优化——以全国首份司法公信力第三方评估报告为镜鉴》,《法律适用》2017 年第 5 期。

③ 参见最高人民法院:《关于新形势下进一步加强人民法院基层基础建设的若干意见》,法发〔2011〕4 号。

④ 施坚轩、包蹇:《三类案件要做好社会稳定风险评估预警》,人民网,http://www.people.com.cn.2010 年 2 月 26 日。

⑤ 苏卫东:《惠山司法部门开展审前社会评估》,《无锡日报》2006 年 4 月 15 日。

是对司法权性质的悖反,增加了侵犯当事人合法权益的风险,致使法院审判目的指向混乱,容易形成普遍性的法院信任危机,在试行中也存在诸多问题。①

7. 司法透明度评估。浙江法院系统自2011年起开始推进"阳光司法"工程,对司法透明度进行评估。2012年浙江省高级人民法院与浙江大学法学院首次在国内推出"阳光司法指数"。其中一级指数7项,包括立案、庭审、执行、听证、文书、审务、制度等多个领域的公开;二级指数26项,如公开开庭率、庭审录像率、庭审旁听便利度、档案查询便利度等。2012年11月1日,浙江省湖州市吴兴区人民法院发布司法透明指数,这在全国也是首家。②自2011年起,《中国法治发展报告——法治蓝皮书》向社会公布中国司法透明指数情况,迄今已发布六次。③《中国法治发展报告——法治蓝皮书》重磅推出的《中国司法透明指数报告》,对最高人民法院、各高级人民法院及较大的市的中级人民法院共81家法院的司法公开状况进行了评估,其中上海市高级人民法院、宁波市中级人民法院、海南省高级人民法院测评分数位居前三甲。《中国司法透明度指数报告》首次将最高人民法院和民族自治地方的法院纳入测评范围,实现最高人民法院、高级人民法院和较大的市的中级人民法院全覆盖。

8. 司法文明指数评估。"司法文明指数"是国家"2011计划"司法文明协同创新中心项目组开发的一种量化评估工具,旨在显示各地司法文明的程度。2015年3月4日,《中国司法文明指数报告2014》发布,项目组对全国9个省、直辖市7 200多位社会公众与法律职业人员进行了问卷调查,对这些省市在10个一级指标、50个二级指标作出了排名。从2014年评估结果来看,在司法文明10个一级指标中,上海市有8个一级指标排名第一,"司法相关权力"和"司法文化"两个一级指标排名第二;这两个一级指标排名第一的分别是:海南省和北京市。④2016年、2017年又分别发布了《中国司法文明指

① 高志刚:《法院重大敏感案件风险评估机制探析》,《法学》2014年第5期。

② 吴兴区法院的"司法透明指数",将法院司法透明的程度以科学量化方式展现,把司法透明定格在行政管理和司法过程两个维度上,其中行政管理包括:人事管理、财务运行、公众交流;司法过程包括:立案公开、审判公开、执行公开。每个一级指标下面还涉及10—20个二级指标,对法院司法公开有了更进一步的要求。设立司法透明指数可将司法公开原则指标化、具体化,实现司法公开的量化,便于评估考核和监督。参见刘武俊:《以"司法透明指数"推动司法公开》,《第一财经日报》2012年6月2日;彭波:《浙江出台首个司法透明指数 用看得见的方式实现公正》,《人民日报》2012年11月21日。

③ 参见《中国法治发展报告——法治蓝皮书》系列,社会科学文献出版社。

④ 蒋安杰:《〈中国司法文明指数报告2014〉在京发布》,《法制日报》2015年3月4日。

数报告 2015》、《中国司法文明指数报告2016》。①

第三节　国外司法评价对我国司法制度评价的借鉴意义

随着司法改革领域需要研究的问题越来越深刻和重大，司法改革越深入，触及的问题就越复杂，如果不进一步解放思想，不注意从新视角、用新方法去研究和解决改革中遇到的问题，司法改革理论就难以有大的发展，司法改革的实践就难以不断拓宽和深入。通过考察国外司法评价，不难发现国外的司法评价体系与我国司法评价体系具有重大差异，也不难看出，我国司法评价体系存在的突出问题。造成这种差异的原因是多元的，是司法环境、社会文化、经济基础等多种原因综合作用形成的，这就需要我们认真总结和梳理我国司法评价体系的薄弱之处，在制度的构建进程中向国外的先进经验进行借鉴和学习。

一、我国司法制度评价体系存在的突出问题

制度评价是制度科学的一个重要内容。司法制度评价的研究主要是对司法制度创制的技术、实施的程序以及分析评价的工具进行反思性研究，目标是建立司法制度实践的基本技术。当下中国的司法制度还面临许多问题，这些问题的存在已成为我国司法改革发展的瓶颈，需要通过引入新的机制，尤其是要树立制度科学的理念，在制度理性的基础上建立制度评价机制，充分准确认知司法运行机制的弊病，推进司法制度的改革和发展。而我国司法制度建设的反思性机制——司法制度评价体系远未建立。综观司法制度评价的研究和实践，其存在的问题主要体现在以下几个方面：

（一）评价主体的单一性

首先，当下对于司法的评价主体多为法院自身或上级法院，多为单项考核，且局限于对衡量案件质量和法院之间评比以及人员考核的这种简单评价，尚未开始系统评价。其指标体系尚不完善，考核结果也往往缺乏客观性和权威性，评估的方法和手段比较单一，突出了行政手段和行政措施的作用，缺少律师、当事人、法律专家和社会公众的参与。评估中专业技术含量较低，评估人员又没有进行系统的专业评估知识培训，缺乏丰富的执业经验，专业素质参差不齐，减弱了评估工作的专业性和权威性。其次，人

---

① 史兆琨：《〈中国司法文明指数报告 2016〉发布》，《检察日报》2017 年 2 月 26 日。

大对司法的评价也往往流于形式。根据我国法律规定,法院向权力机关报告工作,但一年一度的人大对法院工作报告的评议所依据的仅仅是法院内部的工作总结,其属于司法监督体系的组成部分,缺乏专业性,因而不能准确反映司法功效现状,也不能从根本上体现司法功效的真实状况。最后,社会评价的缺失。以往的评价忽视了社会对司法的评价,只注重精英话语和司法机关的内部运作,未能从社会功能的角度对司法运作进行解释。

(二) 评价实践的片面性

近年来,我国的司法研究已逐渐意识到制度评价的重要性,部分法院也已经开始建立单项的评估体系如案件质量评估体系等,确立了相应的指标体系,在一定程度上促进了本法院案件质量的提高。如全国法院广泛开展的"案件质量评估",代表着目前的主流评价模式。①在对司法成本和司法效率的评估上,各地法院根据本地实际以及最高人民法院的规定,也分别制定了本辖区的评价指标。以湖南省法院系统为例,湖南省高级人民法院将"诉讼效率"分为六个指标,即一是案件审理周期,是各类诉讼和非诉未结案件(不含各类执行案件)审理周转一次需要的时间;二是全员人均结案数,是各类诉讼和非诉案件、各类执行案件结案数与全院干警的比例;三是普通审限内结案率,是普通审限(不含延长审限)内结案数与各类诉讼和非诉案件、程序性裁定(不含各类执行案件)结案总数的比率;四是诉讼案件总和结案率,是各类诉讼和非诉案件(不含各类执行案件)已结数与应结数的比例;五是未结案件超普通审限指数,是超普通审限(包括延长审限)的未结案件超过普通审限的总天数与全部未结案件按普通审限计算的总天数的比例;六是当庭宣判率,是当庭宣判的案件数与判决结案总数的比率。②这些研究和制度建设反映了司法改革向理性化和科学化的方向发展,但缺乏全面性和对改革的指导性。在应用层面,缺少对司法改革试点项目的动态复杂性的分析,社会转型期需要建立各种外部压力和冲击下的司法体制稳定性以及适应性等多种评估标准,在不同的维度下对司法制度评价进行优化分析。已有的研究成果中,学者们研究的重点和起点集中在指标体系、评价方法等理论领域,但对司法评价应用性方面的实质研究较为薄弱。③在实践操作层面,未能结合抽样调查、案例分析、试点实验三种手段,对理论研究结果进行验

① 参见张军、最高人民法院研究室主编:《人民法院案件质量评估体系理解与适用》,人民法院出版社2011年版。

② 参见蒋惠玲:《司法成本与司法收益的构成》,《人民法院报》2010年12月1日。

③ 曹丁、桑小迪、宋兆源:《浅论我国司法绩效评估》,《法制与社会》2008年第4期。

证分析，进一步完善司法制度评价体系的内容。未能通过对司法制度的评价，提供基础理论性的思想借鉴和分析方法，并提出具有现实针对性和可操作性的政策建议。在评估中，下级法院为完成上级法院的各项指标，往往片面追求考核达标或优秀，甚至在考核指标上弄虚作假。在这种评估方式下，评估者的监督问题也不能得到有效解决。司法制度评价要遵循司法活动的基本规律，在政策制定、执行、评估指标的设定等方面，都应契合司法公平、公正、透明的理念，符合民众的实际需求。司法的绩效评估不应只是自上而下的内部衡量，还应将自下而上的民众外部衡量纳入考虑范围，并且要求评估的指标设定化繁为简，能引起最大的共鸣。

（三）研究方法的匮乏

司法制度的评价缺乏实证研究和理论指导，理论与现实存在着较为严重的脱节。

第一，司法改革的决策过程缺乏对社会科学的了解和把握，对效果的认识不足和改革措施的草率出台决定了其对改进司法效果甚微。最高人民法院杨润时法官主持的课题组曾拟定了《司法改革方法论实证课题成果评估规则》，但这一评估规则在实践中并未得到有效推行。在改革和决策的过程中，更多的是从上而下的政策推行，缺乏建立在实证调研基础上的深入细致的论证和分析。

第二，对现阶段作为司法改革主体的各法院来说，虽然掌握着大量的经验材料，但并未进行理论化提升，而理论工作者由于缺乏经验材料，理论也很难有深度，无法用以指导实践。尽管近年来一些关于司法制度的文献开始关注制度评价问题，但尚未建立起一个完整的司法制度评价的指标体系，无法为司法制度评价体系的完善提供基础理论性的指导和支持。研究人员构成上以司法部门的实务工作者居多，大多是从案件质量评估体系和司法绩效评估体系推行和完善的角度来阐述的，理论界的学者尚未深度涉入对司法评价的研究，司法评价的实践未能得到理论的有效指导。这一方面因为司法评价对司法学研究还是新事物，另一方面也是因为学者获取和深度挖掘法院信息尚存在一定的困难。

第三，以往对司法制度的研究只注重逻辑实证指向和道德理性指向，忽视作为法学新视角和新手段的法社会学的影响，也忽视法经济学对效益、成本的分析，因而不可避免地存在着重大缺陷。①我国的法律效果研究起步很晚，对许多理论工作者来说只是提出理论、概念，没有进入到经验操作阶段，

---

① 高志刚、鲁统民：《司法功效评估标准及其指标体系研究》，《山东审判》2004 年第 3 期。

近年来,学者已经意识到用法社会学的相关理论来指导研究具体立法、司法、执法的效果,但研究还停留在一般评论的水平,对于经验研究中的理论问题,比如如何测量司法功效的技术、如何区分司法在不同领域的实施效果、如何全面评价司法运作的效果等,还有很大的拓展空间。①

第四,评估的目标和方向不明确。一项司法改革举措实施后实际效果如何?有哪些需要补充、完善的内容?有哪些需要及时纠正的误差?从总体上说这项改革是否具有普遍推广的价值?这并非拍拍脑袋即可决定,而是应当建立一套规范的司法改革成果评估制度和机制来得出结论,以保证对司法改革举措特别是对试点工作成果评价的科学性、民主性和客观性,进而保证改革举措的健康、顺利和持续推进。而这一环节在以往的司法改革中一直没有得到真正足够的重视。虽然最高人民法院出台了统一的开展案件质量评估工作的意见,但在实际操作中还存在很多不一致不规范的地方,评估标准尚未细化,评估指标量化不够,操作性不强,对案件质量提高所起作用有限。

为此,应通过分析现有的理论文献关于司法制度评价研究的不足之处,建立包括静态的效率和公正指标,以及各种动态指标在内的完整的司法制度评价体系。在评价中,可以运用层次分析法和模糊综合评价法,在组织结构、司法政策和绩效评估指标三个维度下分别比较司法改革举措的绩效。在社会评价方面,可以从社会网络分析的角度,探讨不同群体在司法运行成本、非对称性程度、信息流通效率、阶层流动性、稳定性等方面的特征。只有从根本上了解司法制度评价的现状和缺陷,对症下药,才能建立起科学的司法制度评价的运行机制,为提高司法的实践合理性程度奠定基础。

第五,缺乏开展评估的经费和人力保障。目前,法治指数中对司法的评估主要是由政府主导完成,法院内部的各类评估主要是由法院政治部或审管办工作人员承担,外部人员较少参与。受经费制约,评估的社会参与度远远不够,没有吸收法律专业人员、专家学者和社会各界代表参与案件质量评估工作,对是否能达到预期的效果无法进行测量。许多的改革试点并没有明确如何进行评估,由谁来进行评估,以及评估的经费预算来源。

---

① 近年来,国内实证研究开始涉及对于司法运作机制实践理性的合理化问题的评价与评估,这对于完善制度的反思机制具有重要的意义和作用。如孙谦、郑成良《司法改革报告——有关国家司法改革的理念和经验》一书对美国、阿根廷、秘鲁、日本等国通过试点及评估进行司法改革的经验作了介绍。

二、借鉴与启示

在关注和把握全球性司法改革所反映出的普遍性特征的同时,必须关注和把握各有关国家司法改革的本土性特征。而对普遍性特征的准确评估和认识,必然有助于对本土性特征的深入分析和研讨,并提出有价值的应对性评价和意见。事实证明,无论是经济改革还是司法改革,鉴于各国的社会制度、经济发达程度和文化背景差异悬殊,如果不能把外部的具有普遍性的经验结合自身实际转化为本土化实践,那么这种改革无论如何是难以坚持下去的。

从国内外司法制度评价的实践和研究中,我们可以看到,司法制度的评价不是为了评价而评价,最终是为了司法功效的改进和提升。其最终目标是运用精细化、客观化的诊断,帮助司法机关看清制度困境的症结所在,以便实施更有针对性的优化与改进措施,促进法治水平的提升。为此,需要在全面考察司法评价改革发展历史的基础上进一步分析存在的问题,从中找出可资借鉴之处。

(一) 司法评价功能定位的科学性

国外尤其是美国,已经建立起一套相对较为完整和系统的司法评价体系,从不同层面对司法绩效、案件质量、法官履职、司法公信力等多个方面开展全方位评估。各种评价的定位准确,对司法体系的整体运行和各个环节的测量,有效促进了司法制度的良性运行。

司法评价具有诸多功能,基于绩效考核进行激励或奖惩的评估只是司法评价的一个部分,过多地强调考核评估会损害或挫伤法官的工作积极性和工作动力。司法评估更重要的是通过对司法运行状况的监测,获得相对准确的司法信息,并对司法运作状况进行体检。美国各种评估的功能定位也有较大差异,如美国州法院司法绩效评估首先是为法官留任选举提供信息参考,其次是为了提升法官的职业素质。加拿大的司法绩效评估则是为了从宏观上提升审判案件的质量,向法官反馈各方信息,而不是一种工作考核。

(二) 司法评价主体的专门性

评价主体的独立性和专业性对建立一个科学、公正、客观的司法评价机制尤为重要。评价主体的中立,可以建立一种从旁查看和监督的机制,较好地避免法院自身评估结果与社会评估结果差距悬殊的问题。除了基于考核的司法内部绩效评估,国外开展司法评估一般都由独立于法院的专门机构负责,组成人员也非常广泛,包括法官、律师、政府官员、社会公众等,充分体现成员的广泛性和代表性。

（三）司法评价指标体系的综合性

国外司法评估已经形成了一个相对完整的综合指标体系，除了司法的绩效评估，还可以对法官的司法能力、品性、行为举止、态度等进行评价，审判管理、行政管理的水平以及司法的便利性、可接近性等都是评估的对象和内容。这种综合的指标体系可以对司法体制、机制以及实践运行作出全方位的评价和判断，有利于在此基础上提升司法性能，改进司法工作。

（四）司法评价方法的多样性

司法评价可以采取的方法很多，如调查问卷、座谈讨论、现场观察、模拟实验、统计分析等，不是仅限于对司法质量相关数据的采集、整理和分析。如美国加州司法公信力评估中的调查，方法多样，程序完善，值得借鉴。其在问卷调查和预备调查的基础上进行评估，在对数据进行分析的基础上，形成调查分析报告。组织实施调查的研究所可以提供各个社会科学领域里的专家，包括社会调查、心理学、社会学、公共健康、公共管理、社区发展、城市规划以及统计学等领域，保证了评估的科学性和规范性。①

（五）公众参与和社会评价的具体化

司法评价中突出公众的参与性，可以通过公众评价反映出对法院工作的直观感受。首先，通过公众评价，可以使公众对司法是否独立行使职权作出判断。在具体案件中，司法机关是否受到外来干涉或其他国家部门的影响，是否能够公正审判；其次，法院是否便利当事人行使诉权。在立案、审理、判决以及执行等各个环节，是否能为当事人提供高效快捷的服务，都可以在社会评价中得到体现。我国司法评价的指标体系中，公众满意度指标不可或缺，可以借鉴国外的一些做法，使公众对司法信任度评估更加具体化且具备可操作性。②

第四节　司法评价的发展趋势

司法制度评价体系的建构和发展，还有较为漫长的路，当前需要在现有司法体制的框架内，适应外在社会环境、制度环境的变化，积极进行变革。在司法评价的进程中，理论界和实务界在实践探索中不断丰富评估的内容，

① 蒋惠岭、黄斌：《美国加州法院的司法公信力评估机制》，《人民法院报》2013年5月17日。

② 佟季、袁春湘：《美国和加拿大司法绩效评估的实践及启示》，《人民法院报》2011年11月5日。

呈现出以下六个方面的新趋势。

一、评价逐渐走向制度化规范化

2008年，最高人民法院在试行的基础上出台关于开展案件质量评估工作的指导意见。2011年，正式出台了《关于开展案件质量评估工作的指导意见》。这一指导性文件也标志着司法评估规范性制度的建立。在案件质量评估中，已经从最初的评分评价、组合指标评价、指数综合评价发展到多元统计评价、模糊综合评价、灰色系统评价，评估方法日益数学化、多学科化，评估技术有了很大的发展。①但司法评估不同于经济评估、政府绩效评估，在讨论司法评估的科学性问题上，我们需要更广阔的视野、更开阔的思路。在这一基础上，近年来针对司法功效的研究不断深入，新的评估方法和评估工具不断涌现，司法评估的技术逐渐成熟，科学化程度也显著提升。

二、评价方法论科学性的增强

用系统科学的思路，通过评估考察社会系统的结构和功能显然是十分妥当的，或者说已有的系统科学思想为我们考察司法的结构和功能创造了条件。但同任何科学理论研究和实践一样，司法评估的实践也引起了对于方法论科学性的争论。毋庸置疑，司法制度的评价是一件非常复杂的事情，其受制于各种外部和内部不确定性因素的影响，在不同的评价标准之下，往往会得出不同的结论。评估学意义上的方法在多大程度上适用于司法的评估？国外司法评估的方法与技术是否或者多大程度上可以被我国借鉴？司法评估的指标体系如何设计才能更科学？这都值得我们思考并深入研究。

三、评价领域的扩大化

当下我国司法之迫在眉睫的发展困境，并不只是靠头疼医头脚疼医脚的思路就可以摆脱的，而需要更大的手笔，更宏大的视野，从基本理念方面进行突破，需要有破解困局的整体性的“大智慧”。如上所述，司法评估的内涵和外延也都在拓展，从案件质量评估、司法绩效评估扩展到试点项目评估、社会风险评估、司法公信力评估、司法透明指数等众多领域。研究领域也在不断拓展，从法治指数到透明指数，从试点评估到风险评估。近年来，随着信息化进程的加快，各国各地区法院都注重利用互联网等新兴手段，提高司法透明度。在这一浪潮的推动下，我国司法也在摸索前行，变得日益公

---

① 详见张军、最高人民法院研究室主编：《人民法院案件质量评估体系理解与适用》，人民法院出版社2011年版，第38页。

开和开放、为助推我国司法透明的进程,为法院加强网站建设、推动司法透明提供参考。

四、评价主体逐渐走向多元化

司法评价活动中评价过程是否规范、评价结果是否客观,各利益主体广泛而充分的参与是其重要基础。长期以来,对司法的评价基本上都是以法院为主体进行的,这一评价主体有其自身优势,但因其自身的理论封闭性和理性局限,往往使其评估缺乏客观性和中立性。"一个有明确记录的教训是关于谁来进行研究和评估——结论是来自改革的外部评估是很重要的。在美国试点法院的评估中,研究者发现当试点法院内部的报告认为成功地减少了案件积压期限的同时,其他外部的独立报告认为没有什么重大变化。"① 尽管从外部视角来看,司法评估的各个体系往往在相互证伪,并不能浑然一体,但每个司法体系的内部结构却相对充满了自足。司法对于外界的反应往往沦为机械的定向——有意无意地忽略不愿意看到的信息,选择性地采用可能会对评估结果有利的参数。为此,近年来,除各级法院进行的评估之外,人大、高校、研究机构等也都开始开展对司法的评估,重新审视司法功效的内涵,对司法本身的内在结构进行探讨。

五、评价主题逐渐凸显公民导向

关于绩效评估的研究已有七八十年的历史,近十多年来,该领域的研究再度成为热点,开始出现理论整合的趋势。在研究方法和研究内容上的分歧已不太明显,出现了在现场调查中研究评估过程的新的研究方向。这一趋向势必也影响到司法评价的诸多领域。过去我们推行的司法评价,过于强调审判权的监督制约机制,而忽视了对社会诉求的回应和反馈,没有能够通过考核有效改善人民法院与社会公众之间关于司法审判信息的全面沟通交流。近年来,有关陪审制、案件质量和民众满意度的指标及权重在评估指标体系中逐渐增加。理论界和实务部门开始深入探讨政治、经济、社会等各种影响司法评估的因素,并提出了各种评估的因果模型。但公民导向并未真正渗入司法评价体系的深层建构,我们需要回答,公众对司法运作实际效果的知觉和判断是否准确?如何在指标的设计上,使公众的主观评价与司法运作的客观效果保持较大程度的一致?对这些问题的回答将在很大程度上影响公众评价司法的效果,需要认真思考和设计。

---

① 孙谦、郑成良:《司法改革报告——有关国家司法改革的理念与经验》,法律出版社 2002 年版,第 19 页。

六、评价功能由审判管理转向服务司法发展

在我国，司法评价的定位并不清晰，主要是作为服务法院管理的手段。但是，在新的形势下，司法评价原来的行政管理功能应转向于服务司法发展的功能，成为一种“发展性评估”。这种“发展性评估”强调通过评估实现司法自主发展能力的提升，实现司法制度的科学发展。在此功能定位下，法院为了改进工作，推动发展而主动参与其中，法官的利益诉求在评估活动中也能得到尊重和体现；评价主体、评价机构与评价对象在评价实施的过程中，共同发现司法运行中存在的突出问题，提出改进的方向和策略，在有效反馈和修正的基础上，实现司法运作的良性循环，从而真正实现司法评估的发展性功能。

第四章　司法制度评价的方法体系

制度研究中的方法论问题十分重要。司法评估的研究是一个由多种具体方法按照特定结构组合而成的有机的方法论系统，如哲学、系统分析、社会学、经济学、比较分析等。它是由三个高低层次不同、排列有序的层面所构成的体系。一是居于最高地位的哲学方法，即唯物辩证法和历史辩证法；二是司法评估研究的一般方法，包括系统分析方法、社会控制方法、信息理论方法、社会学方法、经济学方法、比较分析方法等；三是司法评估的具体研究方法，如社会调查方法、统计方法等。从方法论的层面上看，价值分析方法、分析实证方法及社会实证分析方法构成了完整的法学研究方法，也是司法评估研究的基础方法论。①本章主要就司法评估的基础方法和具体方法作一概述。

第一节　价值分析方法与分析实证方法

在法学发展的进程中，各个法学流派从不同的视角审视司法制度评价，形成了各自独特的观点。自然法学派从价值的视角、分析法学派从规范的视角、社会法学派从事实的视角分别进行了分析和阐述。本节主要介绍价值分析方法与分析实证方法在司法制度评价体系中的地位和作用。

一、司法制度评价的价值分析方法

自然法学派从价值分析的维度出发，将法的评价标准归结于法律之外的正义或者道德准则，重视道德对于法律合法性标准的意义，强调法律或者政令内容的正确合理性；价值法学所关注的是法的内在价值或实质价值，主

① 关于价值分析方法、实证分析方法和社会分析方法论，胡玉鸿所著《法学方法论导论》一书中作了详细的分析和论述。见该书第二章“法学方法论的基本问题”第三节“西方三大法学流派方法论检讨”，山东人民出版社 2002 年版，第 140—168 页。

张运用形而上学的思考方式和追本溯源式的研究去探求法所有的终极价值,从“应然”的哲理出发以探求法的基本的普通价值规律,其目的是探求人类对法律的价值观。富勒通过将法律的道德性问题区分为内在道德和外在道德的方法,将法学研究的视域由实体正义扩充到程序正义。他将程序自然法或法律内在道德归纳为八大法治原则,列于首位的是法律的一般性。富勒很自然地从西方法治的最基本理念——程序正义理念进行论证,将法律的道德性定位在技术性标准的实现上。通过对立法活动设定技术性标准以区别合法的法律和非法的法律,进而判断法官司法过程的合法性。①价值法学对司法改革的终极目标有着重要的导向作用。

对司法制度、司法政策和司法改革的价值评判,主要是检验司法制度、司法政策、司法改革是否符合公平正义的评价标准,是否符合一些“基本的价值法则”、是否坚持“法治思维”。这些法则看似简单易懂,一目了然,但在实践中却并未真正得到遵循,立法者、司法者以及社会群体并未能以此作为评价司法优劣的标准,在具体的评价过程中,也常常因为立场的不同而评价结果殊异。需要说明的是,价值评判是司法制度评价的根本方法,是起着决定性的评价方法。纵然某一改革措施或司法政策在评价活动中通过了实证分析方法和司法技术分析方法的检验,被认为是合理的、有效果的,但当其无法通过价值评价时,仍然是不合格的,有待进行修改和完善。比如地方法院违反法律的规定进行的一些“探索、改革、尝试”,虽然获得了有效的实施,提升了审判的效率,但其明显与法律冲突,就应当对其作出否定性的评价。本书下篇中单列一章以对司法群众路线的价值评判为切入点,针对司法群众路线的实践合理性进行阐述和分析。

二、司法制度评价的分析实证方法

作为法律方法论的分析法学主张,法律研究应注重从逻辑和形式上分析实在的法律概念和规范,并形成一套以逻辑分析和语义分析为基础的系统而精密的法律分析方法。萨维尼指出,由一门严格的科学的方法所保障的确定性才能根除任意专断。以分析法学为主要方法的法律学作为一门科学的出现是法治的内在要求,其社会功能在于对专制权力的制衡。②在这个层面上可以说,分析法学方法论是法学的本体方法论,它使法律学在知识上作为一门独立的科学成为可能,也为我国近年以来的司法改革提供了理论

---

① 参见[美]富勒:《法律的道德性》,郑戈译,商务印书馆2005年版,第47页。

② 参见王涌:《私权的分析与建构——民法的分析法学基础》,中国政法大学1999年博士学位论文。

支持和思想基础。

分析法学注重法的形式和逻辑意义，通过概念的分析与建构形成规则，在严密的逻辑系统支配下达致形式合理性的目标。从分析实证的角度，司法评价包括从逻辑和形式上对司法行为和功能的分析实证评价，也包括对司法程序和司法技术的分析实证评价，主要从相应规范的可接受性、可行性和负效应等角度进行的评价。

首先，对司法行为和功能的分析实证评价。从辩证法的角度分析，司法运作中所发挥出来的社会调整等方面的功能可以表现为"显在的"和"潜在的"两种。即司法活动通常带有预期的目的，但因其不可预料的副作用，有时预期的可见功能并未得到有效发挥。罗伯特·默顿指出，"行动者知识关注可以预见的直接后果，而忽视了同一行动的进一步或其他的结果……正是这种集体性和社会性的行动的综合作用才导致了个人、群体、社会、文化和文明的不同类型的非预期结果"。①我们往往看到的只是可见后果，但对不可见后果知之甚少，而恰恰就是这些不在预期之内的后果会带来负面影响。这种不可预期的后果主要有两种情况，一是就该司法政策或改革的制度而言，本身在设计上存在缺陷；二是其在与其他社会设置协同运作的过程中，相互之间不能完全契同。

通常来讲，对潜在功能中不可预期后果的分析研究包括三种方式，一是从行动入手，考察司法行为所造成的后果，尤其是那些偏离了行动者初衷的不可预期后果及其产生原因；二是从行为入手，探讨在变化的情境中，制度化的司法实践与原来例行司法行为结果的背离或者不一致；三是从案例入手，关注某一案件所引发的系列后果或影响，尤其注重在前后事件的因果关系中梳理出产生此后果的原因。②为此，司法评估应综合应用以上三种研究方式，即明确界定司法改革的理念，从司法机关、相关群体的行动入手，考察司法制度整体运作或某一改革措施执行过程中所产生的不可预期的后果，诸如可操作性、可接受性，以及对法律法规的解读和变通等。通过这些考察，发现规范与现实之间的张力，为通过分析实证理性改革司法找到一条可行的道路。

其次，对司法程序和技术的分析实证评价。对司法程序和技术的分析，很大程度上也可以说是功能分析，对其作出评价也是题中之义。司法技术是指在司法过程中所形成的一切知识、经验、规则、方法和技巧等的总和。

---

① [美]罗伯特·K.默顿:《社会研究与社会政策》，三联书店 2001 年版，第 310 页。

② 景军:《移民、媒体与一位农村老年妇女的自杀》，《中国乡村研究》第二辑，商务印书馆 2003 年版。转引自史建三主编:《地方立法后评估的理论与实践》，法律出版社 2012 年版，第 71 页。

这一方法是实践性的,主要体现在通过对司法程序和司法技术的评价,使司法的程序设计更臻于完善,使司法运作的效果得到更好的体现。

基于分析法学和价值法学为基础的司法制度评价,其具体方法主要体现在定性评价方法上,主要从价值层面对战略层次的决策分析对象进行论证,一般应用于不能或难以量化的大系统,以及简单的小系统等,其优点是操作简单,可以利用专家的知识,结论易于使用,缺点是其主观性比较强,多人评价时往往结果截然不同,结论难以收敛。

综上,以分析法学和价值法学为基础来进行司法评价,仅限于哲理抽象和规范分析,存在着自身难以超越的局限性。为此,需要我们高度重视作为法学新视角和新手段的法社会学的影响,同时要加强从法经济学视角对效益、成本的分析。在多元或综合立场的基础上,吸收社会学和经济学关于制度评价的成果,融合各种法学流派的观点,推进司法运行实际状况和司法实效的调查研究。

第二节　社会学评估方法

实用主义哲学在20世纪初曾深刻地影响了美国的实用主义法学和社会法学,围绕实用主义哲学和实用主义法学,也曾有很多不同的立场、观点和争论。波斯纳认为,从实用主义哲学中无法推导出实用主义的司法理论,一个实用主义的司法者并不必然会接受实用主义哲学的价值和追求目标。①但是无论观点如何分歧,实用主义对法学的影响和指导,主要包括两个方面:一是通过法律制度或法学理论这一工具,可以有效地增进其适用对象的福利,引导制度运行或个人的行为取得良好效果;二是法律实践决定了法律制度、法学理论和法律观念,而不是由抽象的自然法、正义观念或社会福利决定的。在此基础上,我们将进一步讨论司法制度评价的社会学方法和经济学方法,以期对司法的运作进行有效的衡量。

随着司法在社会进程中的作用日益凸显,社会对司法提出了更高的要求,对司法公正高效的职能期待更加强烈,司法系统本身也需要客观的反思和在此基础上的自我调适。

一、社会学评估方法的理论基础

社会法学派从事实的维度出发,注重对法律效果、法律作用以及法律运

---

① Richard A.Posner, Pragmatic Adjudication, Cardozo Law Review, 1996, p.2.

作过程的研究。其主张对司法制度和审判过程的研究要采用经验实证的方法,对司法制度和法院判决的实际功效进行分析和验证。在宏观的社会视野中审视司法制度,关注司法与社会的关联,将有助于挖掘司法制度运作和相关规范的社会意义。因此,社会实证分析的方法包含多种社会科学研究的方法,在此基础上也形成了多种交叉学科。法学与社会学的交叉所形成的法社会学,意味着社会学对法学研究的全面渗透,也必将对法学研究带来深刻的变革。通过交叉学科的深入研究,为法学和司法制度的改革发展提供源源不断的"外部动力",有助于深刻地揭示法律的社会属性和司法制度的本质。

波斯纳指出,法律中缺乏的是严格的理论假设,精密的测试设备,精确的语言,对实证研究和规范性研究的明确分辨,资料的数量化,可信的受控实验,严格的统计推论,有用的技术副产品,可测定结果的显著干预等。①对司法运行过程的分析需要特殊的科学方法论,即超越原有的法律分析方法,而借鉴法律学以外的其他经验——实证科学方法,来对司法系统的运行状况进行客观的认识和描述。法社会学的方法论包括理论法社会学和经验法社会学两个层次。理论法社会学的方法论主要由其社会哲学基础决定,包括人类学理论、结构功能主义理论、冲突理论、行为主义理论、互动理论、亚文化理论等。在经验法社会学的层次上,主要指一系列社会学研究方法,如实验、调查、观察和运用统计资料等。②在研究过程中,经验法社会学有着重要意义。法社会学的经验研究方法,无论对于何种理论法社会学,都具有重要意义,它们是提出理论并验证理论的工具。③法社会学视野下研究司法评估,应从司法存在的现实问题出发,在认真梳理现有研究中理论解释的基础上,提出解决问题的方案。通过对实施效果的最后检验,分析问题的症结和没有得到解决的根本原因。

二、社会学评估方法的现实意义

"法律的生命一直并非逻辑,法律的生命一直是经验。"④经验研究强调用事实说明事实,即迪尔凯姆所言的"一种社会事实只能用另一种社会事实解释"。⑤其注重在认识论意义上对事物的观察和感受,其关注更多的是实然问题,而非应然问题。因为经验科学的任务不是获取规范的理想,而是现实

---

① [美]理查德·A.波斯纳:《法理学问题》,苏力译,中国政法大学出版社 1994 年版,第 89 页。
② 朱景文:《现代西方法社会学》,法律出版社 1994 年版,第 24 页。
③ 朱景文:《现代西方法社会学》,法律出版社 1994 年版,第 32 页。
④ [美]卡多佐:《司法过程的性质》,苏力译,商务印书馆 1998 年版,第 17 页。
⑤ [法]迪尔凯姆:《社会学方法的准则》,狄玉明译,商务印书馆 1995 年版,第 156 页。

中规范和理想是如何运作的实际过程。①但理论法社会学和经验法社会学并非水火不容,而是相互依赖、相互支撑的。应当看到,法社会学的理论研究亦不可或缺,经验研究需要理论的支撑才能上升为理性,并更好地为理论服务。

在我国,由于社会历史原因和理论发展过程必然规律的作用,法学对司法评价的研究起步较晚,研究的范围相对狭小,限制了对法律包括司法功效实现过程规律性的系统揭示。同时,这些研究侧重于对规范本身和立法司法活动的纯法学过程进行形式逻辑的分析,因此也难以揭示实际上是社会活动过程的法律实现的规律。②"抽象的利益并不构成法律。构成法律的是要求,即真正施加的社会力量。"③原有的价值和规范分析已不能解决这种具有较高层次的问题,法社会学正担负着这一历史使命。以法社会学为指导的司法评价体系,致力于司法现实与司法理想的融合,通过可验证的事实来把握司法运作的实际效果。社会分析方法着重分析的是法律的实然性问题,尤其是集中于法律的动态过程中的实然性问题,即考察和检测法的实际运行,法的实际效力、实际作用和实际效果,这"填补了传统法学的一个空白"。④

社会学研究方法有很多,如实验法、实地调查研究、定量资料分析、社会统计等。在司法评价中引入法社会学将使司法评价的研究与评判结果更加科学和合理。司法评估的方法主要包括定性与定量两种方法。定性评估就是评估者对评估对象的性质作出的整体分析与判断;而定量评估是运用数学、统计学、计量经济学、系统工程理论等学科的理论与方法,建立评估的数学模型,通过对数据的分析和计算得到答案的方法。⑤定性评估比较直观快捷,其可以从整体上对司法制度或某一改革措施的效果作出评价,但这一评价比较模糊,难以真实、客观、全面地反映司法的实际运行状况和效果。定量评估是在预设指标体系的基础上,通过数据的分析和计算得出结论,相对而言更加客观、真实和全面。

三、社会学评估的具体方法

社会学研究方法中的问卷法、访谈法和抽样调查法,为司法评估提供了

---

① [德]马克斯·韦伯:《社会科学方法论》,韩水法、莫茜译,中央编译出版社1999年版,第3页。

② 孙国华:《法律的效率》,载《法律社会学》,山西人民出版社1988年版,第306页。

③ [美]弗里德曼:《法律制度》,中国政法大学出版社1994年版,第359页。

④ 张文显:《二十世纪西方法哲学思潮研究》,法律出版社1996年版,第110页。

⑤ 贠杰、杨诚虎:《公共政策评估:理论与方法》,中国社会科学出版社2006年版,第275页。

不可或缺的方法论基础、分析思路和技术方法。评估活动需要有一个严密的逻辑论证过程,其用以评估的数据、资料来源需要真实、客观,且足以充分反映被评估对象的情况。社会学评估主要有以下几种具体方法:

(一) 抽样调查法

抽样调查是从事先确定的调查对象中,抽选其中一部分进行调查,藉此来估计和推断全部调查研究对象的情况。在被调查对象群体庞大的情况下,不可能进行全面调查,只能选取样本进行分析。但抽样调查同样可以通过对部分个体的调查起到反映总体情况的效果。评估项目确定后,首先要确定调查总体,即此项评估所确定的全部相关人群,可能包括的范围为司法人员、当事人、律师、社会公众等。其次是按照一定的抽样方法从调查总体中选取一部分样本作为调查对象。①根据抽选样本的方法,抽样调查可以分为概率抽样和非概率抽样两类。

1. 概率抽样。根据概率论和数理统计的原理,按照随机原则从调查研究的总体中抽选部分样本进行分析,并在样本反映情况的基础上,对总体的某些特征作出估计推断,其对抽样误差可以从概率的意义上加以控制。

2. 非概率抽样。非概率抽样不是严格按随机抽样原则来抽取样本的,是调查者根据自己的方便或主观判断抽取样本的方法。这一方法可以在一定程度上说明总体的性质、特征,但因其存在评价主体的主观性偏好,所以无法确定抽样误差,也往往不能说明样本的统计值在多大程度上适合总体。

(二) 问卷调查法

问卷调查法是一种通过问题表来收集资料的方法。一般而言,问卷的设计主要由评估主体或其委托的其他机构完成,而具体的问卷调查和数据分析一般委托社会专业性公司完成,最终的评估结论由评估主体或其委托的社会机构根据评估的目的、标准和要求得出。

问卷可以分为开放式问卷和封闭式问卷。开放式问卷只设置若干问题,由被调查者自行组织填写,优点是个人意见能得到充分表达,但得到的信息比较散乱,统计分析难度较大,很难得出定量的结果。封闭式问卷既设置了问题,又提供了若干个答案供被调查者选择,优点是方便统计分析,缺点是束缚了被调查者个人的思路,导致其胡乱填写答案,调查结果的真实性大打折扣。通常情况下问卷会将两者结合起来,主要以封闭式问题为主,但在最后保留若干个开放式问题,以兼顾不同被调查者的不同意见。

目前国内司法评估中,经常会通过满意度调查问卷的方式来获取社会

① 参见史建三主编:《地方立法后评估的理论与实践》,法律出版社 2012 年版,第 75 页。

公众、当事人、律师或者法官等不同主体对司法的评价态度。在具体的操作过程中,如何设计调查问卷的问题方案并进行抽样,需要根据测评对象的情况综合考量。

（三）访谈法

访谈法是指通过访问、座谈来了解调查对象对被评估对象的综合看法与评价态度。这一方法克服了问卷调查法的弊端,能够获得充分的有价值的信息,在评估中也得到了广泛运用。访谈的主体应当客观中立,才能获得有效的访谈信息。对在访谈中发现的问题,应结合不同情境具体分析,相互印证,不能偏听偏信,以免在片面信息的误导下,得出错误的评估结论。

第三节　经济学评估方法

司法的运行成本和效益是影响和制约司法功效的重要因素,资源的稀缺性与资金的有限性,需要我们在追求司法公正的同时,充分考虑如何降低司法运行的成本,提高司法运行的效益。法经济学的方法引入司法评估,就是为了实现成本与效益的平衡。本节主要对司法评价的经济学方法作一概述。

一、经济学评估方法的理论基础

波斯纳断言,对于任何一个试图探究法律在社会生活中的作用这一基本问题的社会和学者团体而言,法律经济学是一种“极为有益的理论视野”。其著作《法律的经济分析》旨在“将经济理论运用于对法律制度的理解和改善”,①其主要命题是:1.经济思考总是在司法裁决的决定过程中起着重要的作用,即使这种作用不太明确甚至是鲜为人知;2.法院和立法机关更明确地运用经济理论会使法律制度得到改善。

以经济学的视野分析法学,法律制度同样也要受效益原理的支配,如纠纷解决的程序是否高效、当事人利用司法是否便利等都可以看作是通过提高司法效益来合理配置资源的愿望或努力。美国著名法学家庞德认为:“法律的功能在于调节、调和与调解各种错杂和冲突的利益……以便使各种利益中大部分或我们文化中最重要的利益得到满足,而使其他的利益最少地牺牲。”②在波斯纳看来,经济分析法学本质上就是将经济理论运用于对法律

① ［美］理查德·A.波斯纳:《法律的经济分析》(上、下),蒋兆康译,中国大百科全书出版社1997年版,中文版作者序言。

② ［美］庞德:《通过法律的社会控制》,沈宗灵译,商务印书馆1984年版,第41页。

制度的理解和改善，其理论基础就是人是“自我利益”的最大化实现者，并以经济效益贯穿于法律分析的始终。诸如成本、价值、效益、效率等经济学术语都被引入法学研究的领域，且被广泛应用。按照经济分析法学的观点，法律制度的运行需要用以最小成本去争取最大效益，在平衡平等与效率的冲突时，应该以效率为优先。波斯纳甚至认为，效率即正义，其逻辑是：效率最大化即为财富最大化，而财富最大化必然促进效用最大化，从而达到社会福利最大化，同时，资源浪费对于稀缺社会来说乃最大不正义，因而效率最大化也就是正义的标准。①

二、经济学评估方法的意义

在司法评价的研究中，法经济学基于效率的分析提供了有益的启发和视角，将发挥其不可或缺的作用。法经济学从社会成本角度切入法律问题，从行为主体运作的外部性出发来考虑社会资源配置问题，使司法运行、资源配置的进化过程以交易成本最低为原则，不断地重新配置权利、调整权利结构和变革实施程序之过程。②在司法评价体系中，运用法经济学研究司法功效，为深入研究司法功效提供了一个独特、有效的思维模式。其体现在：首先，在司法功效研究中引进经济学的实证方法和基本思维，运用公理化（包括数学的方法）将会使司法功效研究更精细化和简洁化，增加研究的信度和效度，使司法改革研究不再沉湎于空洞的理论争鸣，而是在法律事实和司法运行现状的基础上进行理论探讨，使研究更加逼近司法现实；其次，司法系统的运行需要耗费资源，面对资源的稀缺性，司法系统的运作不得不考虑资源配置和效率。如何在保证司法公正的同时降低法治的成本，这是一个现实的问题。若实现公正需要支付高昂的成本，这种法制系统的运行是难以持续和低效的。

法律经济学在西方产生了巨大的影响，但对其评论和认识也呈现分化。有的学者指责法律经济学的“效益分析”照搬或偷运了功利主义，只讲“功利”、“效益”，不讲人权、公平；属于一种非道德的分析方法和证明原则。③但抛开单纯道德分析的视角，在当前资源稀缺的世界，强调法律制度和司法程序的效益和效率，通过数据和定量分析弥补定性分析的缺陷，无疑对推进法治发展的进程和现代司法制度的发展有着重要的意义和作用。

三、经济学评估的具体方法

综观目前司法评估的研究成果，有实践价值的经济学分析方法主要有

---

①　［美］理查德·A.波斯纳：《法律的经济分析》（上、下），蒋兆康译，中国大百科全书出版社1997年版，中文版译者序言。

②　李树：《法律经济学：经济学帝国主义的重要表现》，《当代财经》2003年第2期。

③　张文显：《二十世纪西方法哲学思潮研究》，法律出版社1996年版，第235—236页。

以下几类：

1. 效益—成本分析法。是指对某一司法改革的举措实施后取得的总体效益与付出的总成本进行比较，检验其是否能实现效益的最大化，这一方法要求评估主体有很强的资料收集和分析处理能力，不能充分占有资料，就很难对各种已有措施或潜在的可能选择进行评判。效益—成本分析法面临的一大问题是如何面对各种正面收益与负面效益进行取舍、评价，因此，在评估时要充分考虑各种因素，尽可能站在中立、有利于全社会的立场来进行评判。其面临的另一个难题是对效益如何量化的问题。比如司法环境的改善，司法公信力的提高，在评估中，可以通过彼此的比例关系或比较类似的情况来确定其价值大小，如小额诉讼程序对成本的考量。

2. 成本—效果分析法。其主要通过提供不同的方案来分析这些方案为达到特定目的而对社会产生的相对成本指数。这是一种在效益既定的情况下，寻找途径实现最低的成本，从而剔除明显是成本高、效益低的办法。

3. 风险分析法。在我国司法评估还处于初级阶段的情况下，很难作为重要的评估方法使用。只有在效益—成本等方法运用得比较娴熟的情况下，才能考虑运用这种评估方法，以进一步提高评估的质量和水平。

4. 成本评价法。成本评价法不考虑效益，仅仅关注成本，其不能作为一种综合的评估手段，而只能说明社会对某一司法改革举措的承受程度。

第四节　综合评估方法的运用

评价活动是一个过程，被评价的事物或人的群体、个体称为评价对象或评价对象系统。按照评价的程序，通常要经历确定评价对象和评价目标，构建综合评价指标体系，选择定性或定量评价方法，构建综合评价模型，分析综合得出的评价结论，提出评价报告等过程。

在评价活动被引入到社会科学领域之后，评价对象变得越来越复杂，新的评价方法也层出不穷。①对于研究或实施评价的组织或个人而言，最迫切的问题往往不是建立一个新的评价方法，而是如何从现有的众多评价方法中选择出最适合待评价对象的方法。②评价方法论实质上就是以一种系统的

---

①　评价方法有广义和狭义两种概念，广义概念包括评价准备、评价设计、信息获取、评价分析与综合、撰写评价报告等评价活动全过程的方法，狭义概念特指评价分析与综合的方法。这里所指的评价方法为狭义的概念。

②　赵丽艳、顾基发：《东西方评价方法论对比研究》，《管理科学学报》2000 年第 3 期。

观点将众多的评价方法以某种形式组织起来,便于理解和选择具体的评价方法。①

司法评估方法往往需要根据评估目的、目标来确定。境外司法评估的实践中,受一个国家文化传统、价值观念等意识形态等因素的影响,其采用的具体评价方法差别很大,但基本上都是综合了多种评价方法,既有定性分析,又有定量分析,而不是单纯采用其中一种方法。一般是在定性的基础上采用定量分析,或者将两者融合在一起。这种评估方法的综合运用已经成为发展的趋势。

一、综合评估的常用方法

司法评估领域众多,内容庞杂。针对绩效考核、功效评估、风险评估、法治指数评估等不同领域,评估方法也并不相同。为此,需要结合评估的目的、目标和领域,选择适当的评估方法,这对实现评估目的非常重要。在评价方法的理解和选择上,需要有一种系统的思维,将诸多评价方法进行组织和整合,使其具有整体性、普遍性和综合性。在这里就相关领域的主要评估方法作一简单介绍。

1. 定性分析。这是评估中最常用的基础方法。在定性分析的过程中,可以采用专家会议法、Delphi 法等多种方法,如在评价中组织相关领域专家座谈和交流,通过讨论形成评价结果。也可以用在选定本领域著名专家学者的基础上,通过信件评审的方式来进行评价和汇总收敛。

2. 经济分析法。即采用经济学的方法,通过价值分析、成本分析、效益分析、功能分析等,设定指标体系,建立评估模型来进行评估。这种方法在当前比较常见,但在选取指标的过程中,需要综合考量指标体系与评价对象的对应关系,避免评价指标脱离客观实际,评价结果不尽如人意。

3. 多属性和多目标决策方法(MODM)。②这一方法主要通过化多为少、分层序列、直接求非劣解、重排次序法来排序与评价,其优点是对评价对象描述比较精确,可以处理多决策者、多指标、动态的对象刚性的评价,应用领域广泛。缺点是无法涉及有模糊因素的对象优化系统的评价与决策。

4. 数据包络分析模型(C2R、C2GS2 等)。以相对效率为基础,按多指标投入和多指标产出,对同类型单位相对有效性进行评价,是基于一组标准来确定相对有效生产的前沿面。这一方法可以评价多输入多输出的大系统,

---

① 李金海等:《评价方法论研究综述》,《河北工业大学学报》2004 年第 2 期。

② 参见顾基发:《综合评价方法》,中国科学技术出版社 1990 年版,第 22—26 页。Lichtenberg Fank R.Issues in measuring industrial R&D. Research Policy, 1990, 19(1):157—163.

并可用“窗口”技术找出单元薄弱环节加以改进，但这只表明评价单元的相对发展指标，无法表示出实际发展水平评价经济学中生产函数的技术、规模有效性，产业的效益评价、教育部门的有效性。①

5. 统计分析方法。包括主成分分析、因子分析、聚类分析、判别分析等方法，相比而言更具全面性、可比性、客观合理性，需要大量的统计数据，没有反映客观发展水平。

6. 系统工程方法。包括评分法、关联矩阵法、层次分析法。评分法是对评价对象划分等级、打分，再进行处理；关联矩阵法是要确定评价对象与权重，对各替代方案有关评价项目确定价值量；层次分析法针对多层次结构的系统，用相对量的比较，确定多个判断矩阵，取其特征根所对应的特征向量作为权重，最后综合出总权重，并且排序。

评价问题的关键是在于从众多的方法模型中选择一种恰当的方法，而不是建立一套新方法；目前，最为缺乏的是从方法论的角度认识项目的评价。评价方法是实现评价目的的技术手段，评价目的与方法的匹配是体现评价科学性的重要方面，正确理解和认识这一匹配关系是正确选择评价方法的基本前提。各种评价的实践表明，评价目的与评价方法之间的匹配关系，并不是评价的特定目的与特定一种评价方法之间的一一对应，而是指对于特定的评价目的，选择高效、相对准确合理的评价方法。

二、综合评价方法存在的问题及发展路径

综合评价方法存在三个突出问题：

一是评价结论的冲突。综合评价的方法众多，由此会导致使用不同的方法得出的评价结论的非一致性，这一问题普遍存在，尚未找到有效的解决办法。二是缺乏有针对性的研究，各种评价方法的机理存在较大差异，不是所有的方法均适合用于同一对象，评价对象有宏观、微观、单目标单属性和多目标多属性等区别，在选择评价方法时没有一个准则可供参考。三是理论研究与实际应用脱节。近年来，关于评价的理论研究逐渐深入，评价方法也越来越繁杂，但其操作可行性程度较低，过于晦涩和艰深的评估方法需要有较为深厚的专业基础，因此评价方法也往往只有专家们可以掌握，实际工作者往往无从下手。为此，理论研究与实际应用的脱节也是目前综合评价研究领域一个亟待解决的问题。

面对上述问题，应该从下列方面加强综合评价方法的研究：一是通过方

---

① Charnes A, Cooper W.W, Rhodes E.Measuring the efficiency of decision making units, European Journal of Operational Research, 1978, (2):429—444.

法的集化去寻求一个更有效的方法组合,以消除单一方法产生的随机误差和系统偏差,进而解决多方法评价结论的非一致性问题。二是建立有效的计算机评价支持系统。尝试将多方法组合、交互式思想同先进的技术方法综合起来构成集成式智能化交互式评价支持系统。这种评价支持系统应综合评价对象集、评价目标集、评价人集、评价方法集及其他的先进技术(如人工智能、知识工程、专家系统、人工神经网络、模糊集理论、计算机信息处理技术等)于一体,形成"人—机—评价对象"一体化模式,使评价工具具备通用性、规范性、智能性、交互性等特征,是目前综合评价研究的前沿课题和发展方向。①

三、司法制度评价中综合评估方法的合理运用

三大法学流派从伦理学、法教义学、社会学等不同的维度理解法律效力,价值分析方法、法教义学方法、法社会学方法的评价也与此基本吻合。价值分析评价模式是从价值判断进行考察,而规范分析和经验实证的评价模式则是从事实判断进行考察,在不同的分析基础上,没有形成统一的法律制度评价研究平台。为此,应借鉴并综合运用以上多种评价方法,重视定性分析、定量分析的结合,综合运用各种评价方法,以提高评价方法的科学性程度。

(一) 注意运用系统研究的方法

在一些司法改革项目论证中存在的突出问题就是孤立地就事论事,在改革项目的评估中,要善于从全局的宽广视野进行分析研究,注重改革与相关制度的衔接和配合。运用系统方法不仅可以使改革项目的论证能够符合体系协调要求,也能在这种系统性研究论证中得到更多的创新性启发。在司法改革项目论证中如果忽视运用系统的方法,往往会影响项目论证的质量,甚至会得出片面性的结论。如在司法绩效评估中常用的 BSC 平衡计分卡(Balance Score Card)、KPI 关键绩效指标(Key Performance Indicators)、360 度考评、MBO 目标管理(Management by Objectives)等方法,各种评估方法往往可以交互使用,或者复合使用,并不是独立存在和相互对立的。

(二) 重视定量分析方法

由于长期思维定式的影响,在司法评价的过程中,我们往往习惯于定性的分析,说理多,论证少,结论性的判断多,可信的数据少,这种状况更多地体现了个别人的主观意志,却缺乏建立在通过数字分析体现的合理化论证基础上的科学性。司法问题在多数情况下,是可以通过各种数据给出定量

---

① 陈衍泰等:《综合评价方法分类及研究进展》,《管理科学学报》2004 年第 2 期。

分析的，从而使相应的结论和判断更有精确性和说服力。[①]人民法院系统早已建立了司法统计制度，各类案件的数量和审理情况都定期收集并汇总。进行司法改革项目论证时，要充分利用好这些司法统计数据的各种比较和量化分析。由于司法统计数据有比较固定的范围，有时难以满足一项具体司法改革项目分析论证的需要，因此除了法院自身的统计数据外，还要有针对性地主动搜集一些专门的数据，并用科学的方法分析和利用数据。

（三）适当运用问卷调查方法

问卷调查方法是社会学研究领域普遍采用的一种方法，它可以通过向不特定数量人群的访问，从问卷反馈中收集整理具有普遍性的认识和观点。这种方法是最直接地了解问题的有效途径，运用得法会丰富调研成果，产生很好的作用。当然，问卷调查这种方式也存在一定的局限性，一是问卷调查方法尚未成为法院系统普遍接受和采用的调查方法，从多数问卷调查工作来看，效果尚不显著；二是一些法院采用问卷调查方法还缺乏经验，如何设计问卷，如何选择调查对象，都需要进一步完善。

从目前的情况看，在司法改革调研和项目论证中采用问卷调查的方法，要注意把握好以下几个方面：

1. 要确定所研究的问题是否适用问卷调查。只有确实需要了解特定群体对某一事物的态度时才可以适用，对于通过其他方法能够了解相关情况的可以不采用此种方法，因为问卷调查往往要动用很多人力物力，并且要得到被调查人的积极参与，因此工作量很大。

2. 调查问卷的内容设计要科学。问卷内容既要切合调查问题，也要让被调查者愿意表达真实意见。因此，调查问卷设计要简单、直接和准确。调查问卷也要注意合理设计可供选择的答案，为方便起见，调查问卷最好能设计出一目了然的指标性答案，这既便于统计，也方便调查。

3. 合理选择调查对象。必须事先根据调查内容来合理确定调查对象，既要符合调查问题的要求，也要注意调查范围的全面性，避免仅对少量人群进行调查，以保证调查结果的客观性。如果不是在社会上公开进行随机问卷调查，一般要与被调查者本人或者其所在单位做事先的沟通，努力保证被调查者自愿接受调查，这一点非常重要，否则问卷答案的真实性将无法保证。

4. 要运用科学的方法来分析问卷调查数据。要将问卷反馈中不符合要求的内容剔除，实事求是地统计和分析数据，不可以按照主观要求而对数据

① 杨润时等：《司法改革方法论的理论与实践》，法律出版社 2011 年版，第 73 页。

进行随意组合和分析。

（四）注意运用比较方法

比较的方法是进行司法改革项目研究和论证中经常使用的方法之一。通过比较确定优劣，通过比较寻找差异，通过比较可以发现新的解决问题的途径。但比较方法的运用，要以比较对象之间有合理的可以进行对比的内在关联为前提。如果两个对象处于不同的背景和制度基础上，原本不具有内在关联性，却要生硬随意地对两者进行比较，则这种比较不但不具有制度层面的意义和价值，而且会得出给人以误导的结论。①

综合评价有很多方法可以运用，但这些方法各有利弊，得出的评价结论也往往有较大差异。为此，需要我们结合司法评价的实践，对经验和教训进行梳理和总结，以期促进科学的司法评价方法体系的完善。本书将在下篇中，结合具体的司法评价实践对其方法进行论述。

---

① 杨润时等：《司法改革方法论的理论与实践》，法律出版社 2011 年版，第 73—74 页。

第五章 司法制度评价的体制机制

司法制度评价的体系,既需要理论上的"应然性"深入透析,也需要关注研究司法评价运作的"必要性"与"可行性",通过对体制机制运行的分析,才能准确地把握司法制度评价的内涵,建立起司法评价较为全面和系统的分析框架。本章主要对司法制度评价的体制机制作一阐述。

司法运作状态取决于科学的评价机制。从逻辑上来看,司法制度评价的体制机制的构成主要有:1.司法评价主体的明确性。即由谁来实施评价,评价的结果是否具有法律拘束力。2.司法评价对象的确定性和客观性。司法评价的对象,在评价体系中必然是通过评价对象的"主观性"与"客观性"相结合特征体现出来的。司法评价对象包含哪些类型,是限于案件质量、司法绩效,还是包括了司法制度所体现的原则或者价值。司法评价机制建立在评价对象的"主观性"与评价对象的"客观性"之间的二元对应关系基础之上。3.评价标准的科学性。司法评价带有很强的主观性,其评价的尺度有许多,应当在司法运行规律的基础上作出选择,明确"是否有效率"、"是否便于民众利用"等评价尺度。4.评价程序的公正性。评价过程应当遵循"公正"、"公开"、"透明"等原则,才能真正实现司法制度评价的目的,通过评价总结司法制度运行中的经验和教训,从而促进司法制度建构的良性循环。

第一节 司法制度评价主体的建构

司法评价主体是组织、实施、参与对司法运作效果进行评估的个人、机构或社会团体。评价主体的价值取向不同,其价值判断、价值确认和利益选择也往往不同,会直接导致评价结果差异较大。从不同的角度划分,司法评价可以划分为多种不同的类型,如基于评估活动形式的正式评估与非正式评估,基于评估时间的短期评估、中期评估和长期评估,基于评估主体的内部评估与外部评估等。这里我们主要从评估机构的地位上来进行考察。

基于司法实践合理性基础之上的司法评价的理论命题,究竟是一种法院内部内在性的认识,还是一种社会性的认识?是法官对于司法裁判活动的认识,还是社会公众对于司法裁判活动的认识?是法律人的认识,还是非法律人的认识?这些关于主体的身份限定,既表明了评估主体存在可能的多样性,也反映了评估主体身份立场选择的重要性。而由谁来进行评估、谁可以参加评估这一问题直接关涉评估的方式、开放程度及评估结论是否科学。

对评估主体的确定要视评估的内容和范围来进行。本章主要对司法评估主体的类型和建构进行阐述。

一、司法评估的主体分类

(一) 内部评估主体

内部评估主体也就是由司法机关及其内部组成机构(即系统内部)所进行的各类评估活动。司法评估的组织实施主体一般为法院本身,这是典型的内部评估。

在我国,法院内部评估主要有以下三种:1.最高司法机关。对司法的绩效评估主要依据最高人民法院发布的案件质量评估指导意见。最高人民法院通过在全国范围内开展的案件质量评估,对各高级法院的案件质效情况进行排名。2.上级司法机关。从绩效考核的角度对下级法院运行的情况进行评估,以期对下级法院运作状况进行把握。因此,在司法绩效评估过程中,上级司法机关是重要的评估主体。3.司法机关本身。对自己法院的绩效进行考核,并根据上级规定或自主决定,开展单项评估。①

内部评估主体进行评估有其优势:第一,有效的内部评估能够为法院管理提供必不可少的支持和帮助,能够更加准确地掌握法院运作的现状;②第二,更加容易获得司法运行的第一手资料,评估结论也会更加真实可靠;第三,基于内部主体的权威性,评估报告、评估结论更容易得到重视与使用。但是内部评估这种方式也受到一定程度的质疑,基于自己工作业绩和社会声誉的考虑,内部评估往往侧重于描述成绩,对存在的问题则避而不谈或轻描淡写。另外,作为内部管理者,评价容易带有浓重的内部管理者的主观色彩,评价结论会有失客观和全面;最后,内部管理者作为评价主体,往往缺乏

---

① 最高人民法院于2014年12月决定,取消对各高级法院的案件质效情况进行排名。参见赵翔:《取消考核排名:树立科学的政绩观》,《人民法院报》2014年12月28日。

② Evert Vedung, Public Policy and Program Evaluation, New Brunswick and London: Transaction Publishers, 1997, p.117.

相关的理论知识和专门的方法技术。[①]为弥补司法内部评估的缺陷，应注重外部评估主体及制度的构建。

目前，我国法院组织的评估主体比较单一，多是上级法院对下级法院的监督性评估，上级法院控制考核权力，公众和社会团体对司法监督乏力；在考核中，主要是通过总结回顾等形式对本部门或本系统的工作进行考核和评价，并从高到低进行排名，这种考核方式弊端也越来越突出。

应该看到，这种法院内部的评估，是一种为加强审判管理的内部秩序的自我设计。这样一种评估主体的自身性，往往会用自身诸多根深蒂固的偏见来影响司法的评估。出于自利性的动机，在评估中也会自觉或不自觉地删除一些对自己不利的内容。这种“移情式”的自我评估，在评估体系设计的合理性上存在较大的争议，因其忽视了各种社会主体的参与，往往会有很大的认识上的偏差。作为理解条件的“前见”，评估体系的设计者在设计时往往会把自己的知识体系自觉不自觉地注入他所要评估的对象的结果之中，进而杂糅起来就此复合成对司法的评价。为此，为了能够以一种相对理性且客观的态度、一种共识性的立场和公共性的身份对司法评估这一理论命题进行公共性的评说和体系性的建构，需要我们在评估主体建构的同时，不断消减评估主体的个体性因素，增加公共性的塑造。如此，“才有可能形成某种共识或者相互理解”。[②]

从更宏观的视野来看，关于司法制度评价的理论命题，只有放置在特定的主体视界与社会语境中才能被理解，才具有意义。与此同时，司法评估的实践探索也只有被放置在特定的社会知识体系与社会—文化情境系统中才能发挥应有的作用。而正是在这个意义上，司法评价体系才具有社会建构的意义，才能真正对社会生活产生影响和作用。司法评估不仅需要充足的信息保证，还需要有一定的专业技术人员以及需掌握一定的科学评估方法。法院并不具备一定的专业人才队伍与评估技术，往往委托有经济学背景的专家制定评估的指标体系，参与评估的运作。

（二）外部评估主体

外部评估主体是指司法机关系统以外的评估者，可以分为国家机关和非国家机关的评估主体。法院主导下的司法评价，是对自有信息的收集、挖掘和使用，组织与实施成本要低，短期效果明显，因此，法院启动评估具有一定的效率性与效果性，但是它也面临着法院管理者的有限理性、意识形态刚

① 齐二石主编：《公共绩效管理与方法》，天津大学出版社 2007 年版，第 90 页。
② 许纪霖：《当代中国的启蒙与反启蒙》，社会科学文献出版社 2011 年版，第 62 页。

性和社会科学知识的局限性等方面的限制和困扰,可能在长期效果方面会逐渐不明显或不突出。内部评估主体因为其对法院的整体运作情况有着透彻、详尽的了解与认识,有效的内部评估能够为管理者提供必不可少的支持。①但从评估主体的客观中立性要求来看,第三方评估机构独立于评估对象,且具备评估所需要的专业技术人员,熟悉司法评估的理论知识、专门方法和评估技术,在各种各样的评估实践中积累了丰富的评估经验,能够相对有效地保证评估质量,实现评估结果的客观与公正。

1. 国家机关外部评估主体

如根据法律的规定或授权由人大开展的对司法的评估。在评估实践中,改进人大监督司法工作方式的一个重要方面,就是可以通过人大主导对司法机关的评估来进行。这种评估不仅针对个案,而且可以针对法院整体的运行和运作状况,也可以针对法官的业绩进行评估。人大及其常委会具有监督司法机关和任免司法人员的重要职权,其作为司法评价的外部主体,如何更好地发挥作用值得深入研究。近年来,有的地方人大及其常委会通过规定的程序和方式,探索改进对司法监督的方式和方法,通过对由其考察任命的司法人员实施检查、督促、调查和处理,对司法人员工作业绩和效果作出综合评判。如浙江省温岭市在全国范围内首次开展"两官"绩效评估工作,并在实施过程中取得了一定成效。②再如政法委对司法机关的评估,司法体制的试点改革是由中央政法委主导,各省市的试点则由省市政法委主导。作为改革的主导机关可以针对实施改革的实际效果进行全面评估。

2. 国家机关外的外部评估主体

国家机关外的外部评估主体一般有公众、社会团体、中介机构等,因其身份中立且相对专业,评估结论的客观性较强,但因其获取司法机关的内部信息和资料相对较难,评估的权威性不强,结论也往往得不到司法机关的重视。

(1) 第三方独立评估机构

以法治评估为例,在国外法治评估通常是实行"第三者评估"。世界银行的全球治理指数由世界银行委托专家完成;世界法治指数由美国律师协会的"世界正义论坛"委托专家完成;公民社会指数由民间公民组织完成;清廉指数由非政府组织"透明国际"完成。我国目前已有的两项法治指数实行

① Evert Vedung, Public Policy and Program Evaluation New Brunswick and London: Transaction Publishers, 1997, p.117.

② 林晨、朱威杨、林恩伟:《"两官"绩效评估:人大监督司法的地方创新实践——基于浙江温岭"两官"绩效评估的样本分析》,《人大研究》2013 年第 11 期。

“第三者评估”。香港法治指数由民间服务机构委托香港大学等有关学者完成;余杭法治指数由浙江大学光华法学院、中国法治研究院牵头组织课题组和评审组完成。余杭区的法治评估中参与的主体广泛,包括法学专家、律师、教师、记者、农民、工人、基层政府官员等,形成一种内外主体相结合、各层次相关主体合作完成评估的混合式多元主体评估模式。①在评估人员的组成上都包括“内部组”和“外部组”。余杭区的外部组评估意见占到了82.5%,其中,评审专家的意见30%,民意调查35%,内、外部评估组各占17.5%。香港的“外部组”由独立于政府之外的律师、教授和民众组成。这个“外部组”在2005年的法治指数测定中成为“比较组”;当然,这个比较组的评估结果并未用来计算法治指数,而是作为基准与“内部组”的结果进行偏差程度比较。余杭和香港的法治评估,都发挥了公众在监督政府的权力运行中的作用。但我国内地法治指数有一个特点,那就是政府在法治评估中扮演重要的角色。国外一般是非政府机构自发完成项目,我国内地则由政府委托第三方完成。一方面是由我国政府主导法治这个特点决定的,同时客观上,我国内地公民社会、公民组织不发达直接制约了“第三方评估”的发展。法治指数研究和测定的完成每年需要不小的成本,一般非营利的公民组织难以持续开展这样成本高昂的活动。社会公众的参与对于推进法治建设和现代司法制度的建构有着重要的现实意义。

第三方独立评估具备专业性和公正性的优势:首先,就专业性而言,由于评估专家对某一领域的知识的把握比较深入和全面,可以设计出更加科学的评估方案,评估的过程也更具专业性和权威性。其次,就公正性而言,评估专家来自评估对象外部,立场相对超然,与评估本身没有直接的利害关系,评估结论更具公正性。美国维拉司法研究所是专门从事司法改革研究的民营性机构,现在有100多位研究人员,3个分支机构。该研究所主动承接法院、检察院、政府的司法改革研究项目,或者自行提出司法改革方案后供司法机关和政府有关部门采用。美国实施的司法改革,其背后都有维拉司法研究所、纽约州司法创新中心这样一些民间智库的大力推动和积极参与。这些民间智库有很好的社会声誉和很强的研究和操作能力,与司法机关及政府有关部门联系密切,其内部实行公司化管理。这些民间智库主要依靠一些大型基金会的财政支持来开展研究工作和实证性改革实验。维拉司法研究所主持推行的一些司法改革项目有的已历时二三十年,至今仍在跟踪分析,不断补充完善。

---

① 钱弘道:《法治评估的实验——余杭案例》,法律出版社2013年版,第310页。

美国的司法改革虽然多从一些微观的问题入手,但每项改革的实施都遵循一套科学严谨的操作规程。维拉司法研究所的项目都是从解决一个个具体的微观问题入手,设计几种不同的实施方案,充分论证,优中选优,然后进行改革试点,在试点过程中不断跟踪评估,并根据评估适时调整方案,直到一项改革取得最佳效果,最后加以推广。调研—论证—规划—试点—评估—调整—推广,这种实证性改革方法已经被广泛运用。纽约州司法创新中心基本也采用这样的改革方法:调研疑难问题—寻找解决问题的思路—创建体现思路的样板项目—运用数据来记录和监督实证实验成果—广泛宣传这些成果,鼓励按照样板推进相应的改革。在我国司法制度评价体系的建构中,需要积极鼓励和推进独立第三方评估制度,通过司法评估主体的多元化,推进司法制度评价体系的完善和发展。

(2) 高校和研究机构

西方很多国家都积极培育第三方独立的评估机构。一些民意测验机构在司法公信力的评估中也发挥着重要作用。我国针对司法评估的独立第三方评估机构正在孕育之中。我国近年来开展的刑事司法改革的一些试点,其评估主体主要是由来自研究机构和大学的学者组成。相比而言,政府绩效评估的第三方评估机构已较为成熟,如兰州大学中国地方政府绩效评价中心组织开展的系列绩效评价工作,首次由第三方组织,系统化地开展评估,取得较好效果。①但就对司法的评估而言,我国尚没有专门的第三方独立评估机构介入,外部主体针对司法开展评估并不多见,评估相关机制也未确立,司法机关对外部评估也往往持排斥态度。

二、公众评价司法

无论司法评估的组织实施主体是来自外部还是内部,公众对司法的评价都殊为重要。公众参与不仅是司法质量控制和信息收集的一项基本工具,同时也是检测司法运作状况优劣的关键因素。公众评价的领域也由网上评价、媒体评价等逐渐扩大到专业民调、定向评价,评价的内容也日益增多。但对司法的社会评价是复杂而困难的,原因之一在于司法行为调整的范围庞杂而广泛,各类行为不具有简单的可比性,其也缺乏来自西方法治成熟国家的可比性经验;原因之二在于社会评价存在较强的个人因素和感情色彩,舆论因素和公众的从众心理等会严重干扰评估的客观公正性,对公众评价如何接受尚未形成一致的共识;原因之三是由于一向缺少公众评价司法的条件与实践。因此,从专业方法准备的角度也相对缺乏系统经验与资

① 包国宪、冉敏:《政府绩效评价中不同主体的价值取向》,《甘肃社会科学》2007 年第 1 期。

料可供选择,技术手段也很匮乏。

司法判决的形成过程专业性较强,需要对评价的内容尽量多样化、具体化。在民众评价司法的公信力等问题时,可能会存在两种常见的错误。一是归因错误,公民认为司法应该作出的决定,但实际上司法没有作出;二是估计错误,民众对司法正在或已经发生的改变没有关注或者并不知晓,仅凭自己的主观感知进行评价,往往与司法工作的实际不符。这些信息曲解的危险往往导致民众对司法满意度评估的回答过于主观,统计存在的实时困难和相对复杂的专业术语及概念问题,使得评价程序过于复杂。为了应对这些概念上的困难,需要在评价的问卷设计上做大量的假设。虽然存在诸多的条件限制,但从回应型司法的要求来看,社会评价对司法的改善与进步有着重要的作用。社会评价应当如何开展,需要进一步深入地研究和论证。

(一) 公众评价司法的理念与原则

公众参与司法评估,需要充分尊重公民和当事人的意愿,让其自由发表意见,客观真实地表达对司法的意见和看法。多年来,作为改革对象的"司法"权力机关主导和推动自身改革,往往会基于各种功利主义与策略主义做出对于自己利益有利的举措。这种所谓的"部门利益",不仅增加了改革的成本,而且这些部门还可能会以正当利益掩盖不正当利益的策略来阻碍改革的进行。①

同时,民众在改革中的缺席和缺位,使民众不能通过正常的程序和渠道反映自己的诉求,更谈不上主导改革的进程,其利益也往往难以得到切实的保护。这种权力本位的司法改革,出发点往往都是自利的,并未充分考虑民意和民众的诉求。为此,在司法评价机制的建构过程中,应当使公众参与成为常态,以形成有效的监督和反馈机制。

要使民众参与评价司法的有效度得到保证和提升,应以实现评估信息采集阶段的客观公正性、评估信息反馈的有用与可操作性、应用评估结果的压力掌控适度性、回应评估结果的及时有效性、评估的动力与持续性要素为目标,遵循以下几个原则:

1. 必要性原则。民众参与的广度和深度必须结合具体的情境。如果决策者根本不会考虑民众的评价和意见时,就不要尝试民众参与评价司法的努力。当民众的意见被忽视时,只会强化民众参与评价司法是无关紧要的

---

① 左卫民、朱桐辉:《谁为主体　如何正义——对司法之主体性理念的论证》,《法学》2002 年第 7 期。

感觉。

2. 多样化参与原则。具体方法是,运用更加人性化和有目的的方式吸引公众参与;设立具体的统计目标,考虑一些重要的统计指标,如年龄、民族、教育程度、性别、收入、地域等因素。

3. 持续性原则。通常,司法征求民众的意见,往往是在一些重大的司法决策出台前进行听证,但在实施阶段,却往往忽略民众的评价。为此,需要坚持持续性原则,在司法运行的每个环节,都要建立起民众参与的评价机制。

4. 对话和信任的原则。司法机关的决策者们希望民众参与对司法的评价,以提高司法运作的社会效果,但又害怕由于民众的过分参与影响司法的正常运作,误导对案件的分析和判断。为此,需要在民众和司法机关之间建立信任,使司法的过程和结果尽可能地反馈社会公众。同时,要通过为民众提供更多的详细背景资料,确保评价方与被评价方的信息对称和资料平衡。

(二) 公众评价司法的组成

公众参与司法评估将司法行为的事实与价值观结合起来,增加了指标体系的社会相关性。一般市民能理解的有意义的指标为市民提供了评价和改进公共部门服务的机会,以及市民影响公共部门服务怎样才能对社区的需要和侧重点负责的机会。①

1. 社会公众的评价

在司法评估中坚持公众参与,应当在制度设计中体现便利民众的原则,在司法程序中,以公民和当事人为中心主体,司法机关开展活动也应以"为当事人服务"为宗旨。②这就要求应当以满足公民需要的程度为标准对司法改革进行评价。民众参与的形式是多样的,如可以成立司法改革委员会,吸收公众代表参加,或者建立各种咨询平台,召开各类听证会,广泛吸收各界意见,反思司法改革的利弊得失。作为主体的民众要积极主动地参与,及时反映自己的愿望和要求。③但仅仅参与司法改革是远远不够的,需要通过民众参与对司法改革的效果进行评价和检测,才能在司法和社会之间形成良性互动。

我国目前所开展的各种司法评价活动一般都是通过社会调查、座谈会

---

① 参见[美]马克·霍哲:《公共部门业绩评估与改善》,张梦中译,《中国行政管理》2000 年第 3 期。

② 左卫民:《在权利话语与权力技术之间——中国司法的新思考》,法律出版社 2002 年版,第 4 页。

③ 左卫民:《十字路口的中国司法改革:反思与前瞻》,《现代法学》2008 年第 6 期。

等方式获取社会公众的意见,社会公众的参与范围在不断扩大。社会公众参与司法评估,其价值在于可以使我们对评估对象有一个全面、完整、真实的认识与评价。同时,对不同利益相关者的要求的总结可以成为评估工作的评价依据。通过公众参与,可以有效改进司法工作,在吸纳不同主体意见、权衡各方利益的基础上作出决策,从而使司法的公信力不断得到增强,增加评估结果的可应用性。

2. 当事人评价

当事人评价司法是司法评价的一项重要内容。当事人作为案件的亲历者,对审判过程有更加直接的感受和认识。通过当事人的评价,可以从不同的角度发现司法在制度设计和运作程序中存在的问题和不足,从而有的放矢,有针对性地制定改革措施,推进改革进程。

当事人评价司法主要可以从以下几个领域开展:一是对具体诉讼过程和诉讼程序的评估。如诉讼程序的设置是否高效、公正、便利当事人使用,其提出的问题可能会不符合专业分析的要求,但会有利于我们从不同角度加以分析和改进工作。二是满意度评估。在案件的各个环节,当事人直接体会到法院人员在行使审判权力时的工作作风和态度等情况,是否真正保护当事人的诉讼权利。三是监督评估。如对司法人员在案件审理过程中的违法违纪行为,对违反司法人员职业道德的行为进行监督。

3. 律师评价司法

律师评价法官在西方不少国家得到推行,美国多数州都建立了律师评价法官的制度,但评价的标准及问题不尽相同。作为具备较高法律素养的律师,能够在参与诉讼过程的同时,专业地对法官品行作风、专业能力、诉讼公正性的程度作出评价和判断。律师评价的主要内容包括法官适用法律水平能力的评估、法官公正性的评估、法官在诉讼程序中行为是否规范的评估、仪表气质等法官尊严的评估、法官办案效率的评估以及品德行为的评估等。①

目前,我国尚未有律师评价司法的制度,可以借鉴国外做法,通过对法官庭审能力、法官品行及廉洁与否、法官运用法律专业知识的能力进行全面评价。律师评价法官及司法,一般可以通过律协出面,组织相关有代表性的律师进行评估活动,以期得出相对客观的评价结果。②

三、多元化司法评估主体的建构之路

评估研究有着丰富而多元的学科支持,所有社会科学的准则如经济学、

---

①② 参见刘云亮:《论司法评估制度的建立》,《河北法学》2003 年第 4 期。

心理学、社会学、政治学、人类学等对评估领域的发展都有帮助。此外,统计学、计量经济学等实用数学也发展了评估的测量和分析的重要思想。评估的多学科性决定了在某一单一学科内全面参与评估活动方面的训练是不够的。在社会主体利益多元化的格局下,多元化司法评估也是适应司法作为国家权力的公共性基础的必然要求。建构我国多元化的法律绩效评估主体,基本路径是:

(一) 完善内部评估主体

我国尚无法律法规对现行司法评估的主体作统一规范,各种关于内部主体评估模式的探索为司法评估提供了较为丰富的实践和经验。作为国家权力机关和法律监督机关的人大在司法制度评估体系中的作用应当得到进一步的加强,其所担负的职责并不能简单等同于一般主体。监督司法机关和任免司法人员是宪法和法律赋予人大及其常委会的重要职权,如何通过人大及其常委会来评价司法对于国家权力机关权力的正确行使有着重要意义。近年来,有的地方人大及其常委会通过规定的程序和方式,对由其考察任命的法官和检察官实施检查、督促、调查和处理,并对其工作业绩和效果作出综合评判,在规范司法行为、促进司法公正方面发挥了积极的作用。

具体来说,人大在司法评估活动中,应担负起组织者、控制者、引导者、监督者等角色:1.参与制定评估规则。对司法评估工作所涉及的各种法律法规、政策文件、制度规范等,人大作为立法机关和国家权力机关要积极参与组织制定和完善,以为评估工作开展提供基本的依据。2.督促评估活动。人大应积极督促司法机关担负起评估活动的信息提供者和公共服务者的角色,为评估机构开展评估工作提供各种服务和支持,包括督促司法机关建立信息库,提供评估信息数据,开展人员培训,提高评估人员队伍的素质等。3.监督评估工作。通过对评估活动的监督和评价,一方面确保评估工作的公正性、科学性,另一方面从宏观层面上掌握评估工作的发展方向,避免评估工作进入误区,从而推进评估工作科学发展。

(二) 拓展"利益相关者"参与评估

所谓的"利益相关者",意即在司法活动中的各种利益主体,应该在司法评估中充分发挥作用。评估制度较为成熟的美、英、韩、日等国家都较为重视利益相关者在司法评估活动中的广泛参与,我国的利益相关者需要进一步拓展,如当事人、律师、社会公众等都可以通过法定的程序和方式参与评估活动。相应的法律制度和政策文件中也应该明确利益相关者的权利和义务,充分考虑和听取各利益主体的价值意愿和利益诉求。在司法评估活动中,如针对法官员额制所作的评估,应当选取不同层次、不同年龄的司法人员作为样本,既包括法院的行政管理官员,也包括一线审判法官,还要包括法官助理等,以保证抽样结果的全面和客观。在程序规范上,要明确各利益主体参与司法评估活动的途径和方式,在评估方案制定、评估人员组成、评估结论形成等各个环节和方面吸收利益相关者的参加,这是多元利益主体参与评估的重要保证。

(三) 培植"独立第三方"评估主体

超然于司法机关之外的独立第三方在一定程度上保证了评估结果的客观性和公正性。同时,第三方评估机构专业性较强,专业技术人员充足,对司法制度和程序的理论知识、专门方法和技术相对较为熟悉,评估的实践经验也较为丰富,能够有效地保证司法评估的质量。我国开展独立第三方司法评估尚缺乏良好的制度环境和技术支撑,相关的评估模式也尚在探索的过程中。

(四) 扩大公众参与的评估

随着司法评估在各国的普遍展开,公众参与司法评估越来越受到重视,并不断得到完善。我国也已经逐渐开始高度重视公众参与对司法的评估。公众参与评估的范围也在不断扩大。但是公众参与司法评估存在很多的条件限制,他们无法及时获知审判管理过程的大量信息,只能通过自己在诉讼过程中的直观感受或者社会舆论的评价以及媒体报道的信息来进行评价。同时,公众法律知识的相对匮乏也限制了其参与评价的能力和技术。在我国,尤其要加强公众参与相关制度的建设,如司法公开制度、社会团体制度、公益代表制度、专家咨询制度等,只有构建完善的司法评估的公众参与机制,才能发挥司法评估以及公众参与模式的积极作用。

第二节　司法制度评价的对象

司法制度评价实际上是一个信息汇集和解释的过程,在这个过程中,一是要明确是谁的行为以及是什么行为构成了待分析和评估的司法问题。为此,我们需要从实践理性的构成维度即价值维度和科学维度进行分析,立足司法实践进行抽象和概括,找出司法制度在价值和技术理性上存在的悖论和缺失,在这些问题的基础上展开进一步的讨论。二是要试图解决指定的、有关项目实施和效果的一系列问题,通过评估实践来有效识别项目是否成功。司法评价的目的和侧重点的不同,会导致司法评价的范围和领域的不同,其指标的内涵界定以及评价标准都存在极大的差别。所以,评估首先需要确定评估的目的以及必须要解决的问题。在司法评估的过程中,首先要对评估准备解决的一系列问题进行详细建构,确定评估的结构,引导制订正确而周全的计划,从而为人们对所关注的问题的解决和解决方案的应用等问题的讨论奠定基础。实际上,要使评估活动适宜于具体的评估环境并获得审查通过,组织评估问题并筹划如何回答这些问题,才是最基本的途径。根据在评估中对司法制度改革和发展关注点的差异和侧重点的不同,司法评价的对象主要分为以下几类:

一、水平性评估

水平性评估也称作状态评估,如法治指数评估,就是对法治发展的水平进行的评估。司法公信力评估、司法透明度评估等都是对现有司法状态的一种测量和检测。水平性评估的基本原则:1.着眼于被评价者的现实状态。水平性评估主要是对法治或司法发展现实状态的一种测量。2.注重评价的诊断功能。水平性评估的根本目的是衡量和测定发展的状态。这些描述或评定一般更强调用于分析被评价者的优势和存在的不足。3.突出评价的结果。水平性评估强调通过评价来判定被评价对象处于一种什么样的水平上,以此来进行比较。4.强调评价主体的外部性。水平性评估中,评价者应该是来自外部对被评价者进行的全方位的客观评价。

二、发展性评估

发展性评估是指在系统搜集评价信息的基础上,对评价对象的运作状况进行评价和判断,旨在引导和促进被评价者不断的发展。如司法改革试点评估,就是对改革的发展性作出评估,从而在评估基础上深入推进改革的深入。发展性评估首先应当明确发展的总体目标,并在实施中制定更加翔实和具体的阶段性目标,如在《人民法院改革纲要》中确定的改革目标可以作为评价的发展目标;其根本目的不是考核和评比,而是促进评价对象达到目标。发展性评估倡导评价方法的多元化,关注评价对象发展的全面性。其基本原则主要包括以下四个方面:1.着眼发展。发展性评估的目标主要来自已确定的改革标准,也充分考虑了被评价者的实际情况,着眼于通过评价推进发展。2.注重评价的导向功能。发展性评估中对被评价者发展水平的描述,其根本目的是通过形成共识以促进被评价者水平的提高。3.突出评价的过程。发展性评估强调形成对被评价者发展变化过程的认识,给予被评价者具体的、有针对性的改进建议。4.强调评价主体的多元化。评价主体的多元化是评价结果客观公正的前提和保证。以评价司法改革试点的效果为例,评价者应该包括与该改革有关的人。

三、需求性评估

需求性评估(Needs evaluation)主要回答项目运作所需的社会条件以及

项目需求程度等问题。通过对某个司法问题的性质、重要性及分布状态的测量和评估，来确定针对这一问题实施干预的必要性，分析现有环境对干预的概念化和干预设计的意义。在评估领域，这些诊断行为，通常被称为需求性评估。①

需求性评估的基本原则：1.着眼于被评价者的需求。在司法评估中，需求性评估可以用来测量案件的饱和程度以及公众对司法的需求程度，可以检验司法提供的服务是否满足了目标群体的实际需要，从而为改进司法提供指导。2.注重评价的诊断功能。需求性评估的根本目的是测定被评价者满足需求的程度，以利改进和提高。3.突出评价的干预性。需求性评估强调针对法院的需求以及对社会需求的满足程度，并在此基础上提出有针对性的建设性意见和建议。4.强调内部评价主体。由作为需求主体的法院自身做出，如法院的案件质量评估，就是基于测定法院自身的公正、效率及效果的需求而做出的。

四、考核性评估

考核性评估是一种最经常用到的项目评估形式。从管理的角度来讲，过程评估提供的反馈可以使项目管理达到更高的水平，可以通过制度化的方式来搜集相关资料和主要指标，以便提供例行的、正在实施过程的反馈。如当前法院进行的司法绩效考核。考核性评估的基本原则：1.着眼于被评价者的工作激励和任务完成。在考核性评估中，可以此为手段来测定法院工作人员的实际工作数量，检验下级法院是否完成年度的工作任务，用来衡量不同法院的工作业绩。2.注重评价的激励功能。考核性评估的根本目的是测定被评价者工作完成的程度，以此激励法院或者法官更加努力工作，在既定指标体系的标准下完成设定的工作目标和工作任务。3.突出评价的考核性。考核评价强调针对法院及工作人员的绩效，是法院审判管理和行政管理的一个重要手段。4.强调评价主体的内部化。与需求性评估一样，评价者应该是作为考核主体的上级法院或法院本身。

五、影响性评估

影响性评估主要从产出和效果角度来回答司法制度运作的产出和影响等问题。其基本问题主要有：司法改革是否达到预期的目的，对社会环境的干预是否达到了预期的效果，项目的影响达到何种效果。如司法公信力评价，更多的是通过对不同社会群体的调查得出的结论，往往具有较强的主观

① ［美］彼得·罗希、马克·李普希、霍华德·弗里曼：《评估：方法与技术》，邱泽奇等译，重庆大学出版社2007年版，第39页。

性。对评估者来说,要决定什么时候适合影响性评估以及这个时候应该使用什么样的评估方案,还需要经过大量的考验。囿于刻板的项目操作过程,以及专家水平、时间、信息、资源等方面的局限,影响性评估往往很难达到理想预期。因此,影响性评估最适用于成熟的稳定的项目,因为这样的项目有经过详细诠释的项目模型和对评估结果的明确利用。

六、效率性评估

这一评估的模式主要回答司法运作的成本—收益和成本—绩效问题。这类评估的典型问题包括:相对于付出的成本而言,改革是否产生了足够的收益?改革创造的收益是否比其他致力于相同目标的干预或服务送达系统所消耗的单位成本要低?和影响性评估一样,效率性评估最适用于成熟稳定的项目,稳定的项目具有高度组织化的项目模式。

七、理论性评估

理论性评估主要回答改革项目的概念化和设计等问题。项目的概念化和设计必须反映目标问题的基本假设,并提出有根据的、可行性的方法来解决问题。理论性评估是项目初期基本的工作,而且对于已经建立的项目而言,理论性评估也是适用的,尤其是在需要说明项目服务在何种程度上达到了他们尽量去满足的社会需求的时候。这一评估的对象通常指向司法试点改革,用来检测试点改革理论的可行性以及试点效果满足司法机关以及社会需求的有效性。如在改革推行之前,对改革依据的理论,可以用各种方法检验其合理性、可行性、道德性以及其他方面。在理论性评估中,通过运用理性和经验从而指出目标以及实现目标的方法,促使人们严格审查那些不合理的制度。通过把理性与不断变化的、经验当中得到的教训相结合运用到理论当中去,它既不断促进了政策的发展,也促进了理论的发展。同时,为使理论能够更好地指导实践,就必须不断地根据新的经验来评价和修正理论。这一规划未来、塑造未来、设计未来的思维活动应当综合多种研究方法,坚持多元视角,解决错综复杂的司法问题,在对实践的分析中展现理论的力量。

第三节　司法制度评价的标准

司法制度评价的标准不仅仅包括对现实具体系统的评价标准,还应包括对司法制度有关理论的评价标准。对理论的选择,是司法制度评价科学性、客观性的重要基础。确定司法评价的标准,需要对司法评价的有关理论进行衡量。

一、对理论的评价标准

第一，这一作为宏观命题的司法理论具有改变某一个司法存在问题的价值指向，同时必须要具有将一般的抽象思维转化为解决具体问题的规则的能力，使其真正成为司法制度规则的理论基础。

第二，这一理论应能帮助司法改革的决策者将其决策建基于来自经验的理性之上。必须以司法制度发展过程中的现实证据为检验标准，不断保证和更新其理论以支持他们作出决定。从这个意义上说，理论实际上就是一套工具箱中的一系列工具，是在使用者用来解决特殊任务时，在对习得的东西进行反思的过程中，不断形成、变化、再形成的。

第三，自我纠正的能力。为确保司法制度改革的功效，需要理论家不断根据新的经验来评价和修正他们的理论。改革决策者作出的任何决定，都要受制于当下社会的制度和价值观，进而限定于他们当时所考虑到的问题。那些没有被考虑到的问题从不形成任何决定，这是由理性的有限性决定的。为此，需要有充分的信息反馈才能使决策者意识到司法制度是如何将那些极为重要的问题排除在考虑之外的。反馈使得决策者可以发现既定目标正当性的否定因素，没有这种反馈，他们就不能再使用新的经验来评价自己的理论，而这种反馈也可以使决策者形成新的价值观，用以指导制度的构建。

第四，参与性标准。司法改革理论的"精英话语"往往在改革过程中将民众忽略。而一种真正具有现实意义的改革理论的形成需要那些在决策过程中可能受到影响的人们的参与，他们应该能够很便利地参与到讨论中来。

二、对具体制度系统的评价标准

一个有效的司法体系所需要的基本要素包括：一是可预见的、一致的争议解决和实施能力；二是不管收入高低，人们都有权利用法院来实施一些严肃的行为；三是基于合理的案件处理时间、充足的补救措施以及可接受的质量标准，能够提供有效率的司法服务。①

对司法制度的评价是实证性和应然性评价的统一，也是司法制度实现实践合理性的必然要求。对司法制度的实证评价有以下几个指标，一是司法程序规范与社会客观需要相适应的程度；二是司法运作过程的效益状况；三是司法运作的成本分析；四是司法各类数据指标的分析，包括各类案件的数量、质量、纠纷的化解率、结案率等方面的状况；五是司法运作所形成的司

---

①　[美]艾德加多·巴斯卡格利亚、威廉·赖特里夫：《发展中国家的法与经济学》，赵世勇、罗德明译，法律出版社2006年版。

法秩序的有效性程度。

制度评价不应回避价值问题，司法制度合理性的研究亦应有具体的标准予以衡量。“正义、法治和正当程序都是人们通过法律不断追求的理想，虽然它们是含糊的、不明确的，但人们在追求它们的过程中，这些理想会变得日益具体化和清晰，从而能够得到经验的检验。”①对司法功效进行评价，首先需要对司法进行价值评价，也即社会主体基于一定的需要、利益标准和主观目的要求，对司法功效的社会意义所进行的基本价值判断。具体指标是：一是司法在社会主体满足其需要所必须利用的一切手段中所占的比重；二是运用司法手段来维护自己正当权益的公民的数量；三是社会主体权利实际实现的程度；四是主体权利的保障程度即救济状况；五是公民对司法机关和相关法律规范的实际态度；六是司法在社会舆论系统中的威信水平；七是司法活动的公正性程度。②结合我国司法的实际，笔者认为司法制度评价的标准主要是独立性标准、公正与效率的价值评价标准、系统功能标准。

第一，独立性标准。法治模型的一个基本特征以及机构自治的一种保障，就是政治意志和法律裁判的分离。③随着向现代社会的转型，我国法律的自主性调节机制获得了长足进展，社会政治结构的分化日益加剧，司法的独立已成为现代法治与司法的基本要求，这是司法由传统型司法向现代型司法转变的关键，也是建构权威型司法体制的基本要求。④

从法律社会学的视角看，司法独立乃历史演进的结果，是与社会分工增加、社会生活复杂化的趋势相一致的实然命题。⑤司法独立有利于公平、效率的优化配置，有利于我们在行政化的司法运作中，摆脱局部利益的影响和控制。反之，如果司法行为带有严重的依附成分，司法功效的实现则必将受到很大影响。司法在中国一开始就有一种政治性功能，一种独立于常规司法所强调的解决纠纷与确认规则之外的功能。⑥在我国，司法的行政化表现在对地方党委、地方政府经济财政、上级法院的依附，同时也包括舆论导向的影响。这种利益上的倾向，使法官在认定事实、配置权利、适用法律时，常常

① 参见[美]P.塞尔兹尼克：《社会学和自然法》，《自然法论坛》第六卷，第84—108页；诺尼特：《法理学社会学》，《法律与社会评论》1976年版，第525—545页；朱景文：《现代西方法社会学》，法律出版社1994年版，第232页。

② 公丕祥：《法律效益的概念分析》，《南京社会科学》1993年第3期。

③ [美]P.诺内特、P.塞尔兹尼克：《转变中的法律与社会》，张志铭译，中国政法大学出版社1994年版，第63页。

④ 高志刚：《论司法公正与社会公正的关系》，《当代法学》2002年第9期。

⑤ 苏力：《法治及其本土资源》，中国政法大学出版社1996年版，第130页。

⑥ 苏力：《送法下乡》，中国政法大学出版社2002年版，第21页。

位置错乱。在法院内部，也存在着审判管理与独立审判的冲突不可调和的认识误区。这里需要明确，“法院的审判行政管理权是必要的，关键是要避免过度管理或不当管理造成的压迫性管理、压迫性监督的问题”。①因此，这也就要求我们必须正确认识党的领导与司法权及立法、行政权力的关系，有效配置审判机关内部权力，实现各种权力的合理分工和互相尊重。

第二，公正与效率的价值评判标准。审判过程的公正性与审判结果的公正性的有机统一，是科学的审判管理体制的必然要求。然而，在资源稀缺的社会环境中，如何有效配置和利用资源，是审判管理必须要解决的重要课题。在司法的制度评价过程中，有必要对司法的成本进行分析。制度伦理不允许我们为了实现正义的最大化而过度牺牲其他伦理价值。②制度伦理禁止我们不计成本地追求正义实现的最大化。任何管理体制都无一例外地体现效率价值。在权利话语盛行的今天，强调效率分析似乎是对权利维护的亵渎和侵犯。但对司法资源的滥用和司法运行的成本的增加，并不符合多数人应享有的正义的原则。司法成本可以分为错误成本和直接成本，司法机关和法律程序的最终目的是“实现错误成本和直接成本的总额最小化”。当法官作出了错误判决时，即产生了法律上的错误成本。直接成本即法律系统运作的成本，如法官的薪金、法院的房舍、陪审团等的费用。因此，权衡各因素得出的结论是，我们应当使法律程序的经济成本最小化。③

第三，系统功能标准。系统论创始人之一贝特朗菲认为，系统是“相互作用的诸要素的综合体”。④系统功能标准是司法系统内部自治的标准。它充分考虑到司法运行机制的系统特性和系统要求，旨在评估司法系统整体运作的协调程度。⑤其评估主要有以下几方面的要素：1.各要素是否具备整体性。也即司法运作是否着眼于司法体系的整体特征和功能。它不仅关注司法功效的内部结构，而且注重司法运行的社会环境，在整体上考察司法与社会整合的程度。2.相关性。司法运作是否相互协作、相互协调，以及要防止各要素间的相互冲突和抵消，实现司法运行的高效。3.动态性。司法体系应随着形势变化不断调适，在总结评估司法历史与现状的基础上，把握现代

---

① 孙海龙、高翔：《构建分权制衡机制，实现公正廉洁高效——重庆法院第三届智库专家论坛暨审判运行内部分权制衡机制研讨会综述》，《人民法院报》2010 年 12 月 1 日。

② 郑成良：《法律之内的正义》，法律出版社 2002 年版，第 92 页。

③ ［美］迈克尔·D.贝勒斯：《法律的原则——一个规范的分析》，张文显、郑成良等译，中国大百科全书出版社 1996 年版，第 25—27 页。

④ 吴世宦：《法治系统工程学》，湖南人民出版社 1988 年版，第 2 页。

⑤ 高志刚、鲁统民：《司法功效评估标准及其指标体系研究》，《山东审判》2004 年第 6 期。

司法制度的发展方向。

司法制度评价的系统功能标准,着眼点在于从司法系统内的角度,评估特定举措在整个司法系统中的地位和作用。其关注的问题主要包括:1.特定司法改革措施对整个司法系统产生了怎样的作用和影响? 2.司法系统对特定措施又产生了怎样的作用? 赋予了特定的措施什么样的新因素? 激发了特定措施哪些潜在功能? 抑制了特定措施哪些积极功能和消极功能的发挥? 3.在司法系统的整体效应中,特定改革措施占了多大比重? 这些问题并没有准确清晰、界限明确的答案,但对特定的措施在整体效应中的作用,可以通过比较来得到。

司法功效评估的系统功能标准经常是多目标的、综合的。由于其不确定因素较多,常常需要采取多次实验、反馈和逐次逼近的方法,才能提高评价的准确度,减少相对的风险性。司法系统的效度是衡量司法系统实现效益、效能、效果的程度,其作用体现在以下两个方面:一是通过对司法系统功能或效度的评价,发现系统存在的缺陷,及时进行处理,制定或修订适用于系统有效运转的必要的保证措施,这是有效度的保证作用;二是按照给出的标准、技术和有关规范,定量地评定司法系统活动的实效性,这是系统的有效度的预测、评价作用。对司法功效的系统功能的衡量,可以对整个系统进行综合评价,也可以对各个内部系统单独评价,但都应置于司法系统整体中去,结合起来进行,而不可孤立进行。司法系统的各种评价受到系统的目的、任务要求和手段方法的决定和制约。

第四节　司法制度评价的程序

司法评价程序是整个评价体系的框架和基础,科学合理、具有操作性的程序设计对评价体系的运转效果和评价结果的公正发挥着至关重要的作用。“程序是指在达致某种法律结果的过程中所使用的一整套制度、技术、方法、步骤、仪式等,程序更加关注的不是结果,而是过程。”①程序的共性包括:一是按照时间或空间进行排列的先后顺序;二是标准;三是纳入程序中的主体和客体,以及二者之间形成的关系。司法制度评价程序就是指按照一定的标准,由既定的组织对特定的对象进行有序的评估和评测的过程,包括发起、运行、终结以及反馈。该程序旨在通过建立一定的流程规则从而实

① 季卫东:《法治秩序的建构》,中国政法大学出版社 2009 年版,第 38 页。

现整个评价体系合理有序的运转。

一、确定评价主体

对评估主体的确定要视评估的范围来进行。从评估者与评估项目之间的关系上来划分，可以分为独立评估、参与性或合作性评估、授权性评估。1.独立评估（Independent evaluation）。评估者全权负责制定评估方案、实施评估以及发布评估结果。如最高人民法院的案件质量评估，由最高人民法院全权制定评估方案，并在全国法院系统指导开展评估，对评估的结果进行发布。2.参与性或合作性评估（Participatory or collaborative evaluation）。按照团队项目组织，由评估者和项目群体中的代表组成小组，合作完成评估计划、实施和评估的过程。参与性评估的一个著名方式就是巴顿（Patton，1986、1997）的“利用导向的评估”。如法治评估中的司法评估，就是一种参与性或合作性的评估。司法评估的内容只是法治评估的一个部分，司法机关与主导评估的机关合作完成评估。3.授权性评估（Empowerment evaluation）。一些评估者已经提出了一个关于评估者—项目方关系的观点，强调项目各方的主动、辩护和自我决定。Fetterman、Kaftarian and Wandersman（1996）在授权评估中，评估者与项目方的关系是参与性或合作性的。授权性评估能创造评估结果的所属权，增强评估结果的意义，减少造成对抗的潜在因素。① 根据以上分类对评估主体进行确定，是独立评估还是项目各方规划并实施评估，都会对决策、评估者的角色以及评估的关注点和评估的结果产生很大的影响。如何通过客观中立的评估主体的确立，有效地规划和实施评估，对将评估结果传播给重要的决策者至关重要。

二、评价遵循原则

司法制度评价的原则是指评估主体对司法进行评估时所应当遵循的基本准则，主要包括公正客观性原则、科学发展原则、民主公开原则和及时有效原则。

1. 公正客观性原则。客观性原则是指评估工作必须坚持实事求是，采取客观公正的态度和方法收集司法信息并作出评价；还要把被评估的司法放到当时的环境和历史背景中，结合现实状况评估司法的有效性程度。在公正客观性与针对性有机结合的基础上，动态地进行评析，力求评价科学和合理。

2. 科学发展原则。评估司法必须本着实事求是的态度，根据客观事实

---

① ［美］彼得·罗希等：《评估：方法与技术》，邱泽奇等译，重庆大学出版社2007年版，第37—38页。

得出评估结论,而不能太过主观和随意。评估对资料全面性和真实性的要求比较高,要对整个过程进行合理设计,运用科学的方法得出评估结论。同时,司法评估应具有一定的前瞻性,为司法适应政治、经济、社会的发展留有空间。

3. 民主公开原则。民主公开原则有两个方面,一是社会公众的广泛参与;二是评估程序和评估结果要面向社会公开。通过社会力量对司法评估的广泛参与,使社会对司法运作有效感知,从而形成司法与社会的良性互动;而评估程序和结果的公开,让社会民众能够真正监督司法评估的操作过程,避免评估流于形式,促进对评估结果的反馈和改进。

4. 及时有效原则。只有在评估的过程中及时发现司法运作过程中存在的问题,并及时进行反馈和修正,才能深入挖掘司法运作过程中的深层次症结所在,在此基础上进一步完善制度,修正问题,才能真正实现司法评估的目的。因此,司法评估的及时高效,是发挥司法评估效用的坚实保障和支撑。

三、选择评估方法

各种评估方法有其优点也有其弱点,如何在不同的方法中进行选择、借鉴,并根据评估内容进行调适十分重要。要确保评价的每个环节科学化、规范化、合理化。评估是一个完整的方法体系,包括评估指标、评价标准、数据收集、评估主体、数据分析、指数计算等多个环节,其中最重要的是指标体系的设计。指标体系设计是否遵循相应的原则,是否运用科学可行的设计方法,都会影响到指标的完备性与针对性、科学性与客观性,进而直接影响到量化评估的效果。在指标体系确定的基础上,依此收集相关数据资料,为评估做好准备。在数据资料的获得与整理上,更要严格监控数据源的准确性,确保数据真实可靠。上述第四章对各种评估方法做了介绍,在评估中如何确定最佳或最优的评估方法,需要根据评估的对象和问题来进行确定,以期达到评估结果的科学性、准确性。

四、评价开展程序

评价程序是关于评估主体开展评估时应当遵循的方式、步骤、顺序、时限的规定。不同的评估对象其评估程序并不完全相同,但一般都包括准备、实施和结论阶段。评估实施部门应当在准备阶段制定评估方案,明确评估目的、内容、标准和方法。在评估的实施阶段,应当全面系统地及时收集相关的数据、信息,以保证其真实性和准确性。最后,将收集到的数据信息加以分析整理和计算并形成结论,对外公布结果。

五、提出解决方案

在科学的研究方法的基础上,解释性假设问题解决的研究不能停止对解释的检验。改变失调司法行为需要重新阐述司法政策,并以新规则的形式表现出来。当然,这些规则必须要以最合算的方式,尽力解决司法工作中存在的问题。因此,制定一个解决方案需要三个步骤:1.严格审查逻辑上遵循正当解释的、具有可行性的备选措施;2.找到那些最有可能有效地解决问题的备选方案,这些方案必须与正当解释所显示出的原因相符。在备选方案方面,研究者们经常能从比较法中汲取营养,社会问题很少单一地仅在一种社会条件下产生,其他国家可能曾经试图解决过类似的问题;3.决定哪个方案看起来是最合算的。在这里可以采用法经济学的成本—效益分析方法,对制度的可能成本进行核算,评估成本与收益,避免改革成本过高而导致不能推行的情况。①

六、评估结果的传播

评估如果不能被相关的群众了解,就很容易被人忽略。首先,评估报告的初次传播。评估结束后,评估方要详细而完整地描述对评估设计、数据搜集方法、分析过程、结论、深入调查的意见,对评估过程所做数据和分析可能存在的局限予以说明,并提出相应的建议和意见。其次,评估报告的二次传播。这一传播并不要求全面翔实,可以有多种形式,将技术报告的缩略本或摘要进行发布,也可以通过备忘录等形式发布。评估是有目的的活动,评估结果如果不被使用,就没有任何意义。

七、评估的时限

评估需要在一定的时间内进行。通常是研究设计越严密、质量越高,操作评估所花费的时间就越长。决策者和项目主办者通常没有耐心指导一个项目是否可以达到预定目标,他们的时间维度常常是月而不是年。因此评估者往往迫于压力,缩短最佳方案所要求的时间来完成评估工作,发布一个初步的结果。比如,对于法院员额制试点改革的实施效果要在这一制度实施3—5年内才能显现。但在实践中给予的试点时间只有半年,而且未将评估置于其应有的位置。另外,如果项目实施方本身不具备评估的能力和技术条件,就需要委托或授权相关专业机构进行评估。但鉴于司法信息的特殊性,与启动评估相关的、在司法机关内进行的计划和程序工作,使得及时完成研究十分困难。程序往往需要通过很多方面的层层审批,结果仅仅是得到授权进行评估就需要花费大量时间,这还不包括实施和完成评估所需要的时间。为此,大规模的项目评估技术复杂,工程浩大,在追本溯源上花

---

① [美]安·塞德曼、罗伯特·塞德曼:《发展进程中的国家与法律》,冯玉军、俞飞译,法律出版社2006年版,第93页。

费的时间和资源巨大,实施上有很大难度,在这种情况下,针对新的改革项目的评估一般采取小规模随机试验的方法。

八、方案的执行与监督

在一些案例中,主办方对评估寄予厚望,认为评估结果将直接影响项目是否被继续、修改或废止。评估者以专业证人的角色和身份出现,对不同的观点和利益进行权衡和评估,以此证明项目发挥效力的程度。①在这些案例中,评估者承担着迅速提供相关信息以便进行决策的压力。而在另外一种情况下,评估者却在完成评估后发现,主办方对于评估结果反应迟钝,更有甚者,有时候项目在没有参考评估者得来不易的评估信息的情况下,就被下令继续、修改或者废止。在这种情况下,评估者往往会沮丧地感受到自己的努力不过是徒劳,但是应当看到,决策过程实际上是一个很复杂的过程,评估结果仅仅是影响决策的一个因素。最终的决策结果,往往是各种利益平衡的结果。这也是司法评估中必须面对的现实问题和困境,但这并不能成为否定司法评估现实意义的根据。

---

① [美]彼得·罗希等:《评估:方法与技术》,邱泽奇等译,重庆大学出版社2007年版,第267页。

下　篇

司法评价的制度框架和运作机制

第六章 整体评价:法治指数评估与司法功效评估

对司法制度评价的体系和机制进行探讨,可以说是一个全新的课题,在理论上的设计要注重科学性与现实可行性,同时也要尊重实践、立足实践,强调对可操作性制度的具体设计的研究。司法评估机制既有基本概念的梳理与澄清,也有实践操作现状的描述与分析,还有国外先进经验的介绍与借鉴,更多地要在实践操作的基础上提出可操作性的制度评价的体系和框架。下篇主要结合当下司法制度评价的实践,在对实践经验总结的基础上,从司法评价的制度框架和运作机制着手进行阐述,对健全改革的评价标准、评估制度和推进机制进行深入论述。

第一节 法治指数评估评析

近年来,法治指标体系的研究不断升温,成为学界和实务部门共同关注的焦点。在“依法治国”的时代背景下,法治指数更被赋予衡量一地法治水平的指标性意义。香港法治指数、余杭法治指数评估等对法治运行状况评价的实践探索逐渐推行,在一定程度上表明我国法治建设指标量化设计的建设思路。这些已有的研究和实践成果,对法治指数体系的完善和发展,具有重要的参考价值。但法治评估在功能、定位、方法上还不可避免地存在一些缺陷和不足,在反思的基础上,进一步推进法治指数及其评估方法研究,藉此推进作为法治变量的司法指标的成熟及完善,具有重要的理论和实践意义。

一、国家治理视域下的法治评估

兴起于国际社会及西方发达国家的法治评估,主要以全球治理指数与世界正义工程法治指数为代表,并在全球范围内起到了示范效应,产生了较大的国际影响,并成为不少国家或地区法治评估探索的模本。

(一) 国外法治评估的样本

1. 世界银行"全球治理指数"

为了在实践中解决治理问题,需要对各国的治理状况有准确了解,由此产生了对治理状况的测度需求。国外很多大机构投入大量人力、资金、时间,设置了治理指标。引用率较高的国家治理指标有政体指标(Polity)、透明国际的腐败感知指标(CPI)、全球治理指数(WGI)指标等。①这当中,最有代表性的是世界银行"全球治理指数"。

自1996年始,世界银行连续每年推出《全球治理指数报告》,成为衡量不同国家和地区施政水平的重要依据。"治理"的六项下位指标之一的"法治"评估是其中的重要内容。WGI的法治指标设置不同于世界正义工程法治指标,以及中国法治指标设置(这两项指标体系的测评对象相对单一和涉及领域有限,主要涉及法律运行的公共领域和权力机关),而是广泛容纳了多家代表性机构对法治的多样化理解,并据此对法治指标进行厘定。全球治理指数的指标所依据的是来自三十多个不同组织提供的调查数据,这些数据反映了公共部门、私人部门和非政府组织的官员及市民等对于治理状况的看法,但总体上,都会聚焦于法治的核心理念权力的限制和权利的保护。②

作为项目的组织者,世界银行从1996年开始的治理测量考察范围涉及二百多个国家和地区,对各国治理水平的评价具有不可忽视的影响,其法治指数已经成为测量各国法治水准较稳定和长期的重要参考。这些国际上对治理的关注和测度尝试对国内研究也产生了较大的影响。例如有关竞争力研究中政府效率方面的指标,国家人事部出台的国家行政效率指标体系等。③

这些社会治理中对法治的关注及指数的设置对于我国法治评估的展开具有很大的启发意义。2009年发布的《全球治理指数报告》显示,平均而言,全球施政质量10年来改善幅度不大,但如中国等不少发展中国家和地区,在"政府效能"方面进步明显。在法治方面,中国得分略低于印度,但远高于孟加拉国以及巴基斯坦。④

---

① 吴敬、聂丽萍:《治理测度及其在中国应用的启示:以世界银行治理指标体系为例》,《西安财经学院学报》2009年第3期。

② 参见世界银行网站:http://info.woddbank.orgi governance/wgipdf/d.pdf,访问日期:2013年9月5日。

③ 参见吴敬、聂丽萍:《治理测度及其在中国应用的启示:以世界银行治理指标体系为例》,《西安财经学院学报》2009年第3期。

④ 参见薛牧青:《世界最新〈全球治理指数报告〉出炉中国政府效能明显改善》,《青年参考》2009年7月7日。

伴随经济全球化的浪潮,在应对跨国经济活动或者国际交往中基于不同目的和需要,法治评估的部分内容已经在诸如国家风险评估、治理评估等具体实践中展开。此类研究可以为具有较强针对性的专项法治评估研讨和尝试提供相当的借鉴。2008 年 12 月 15 日,中央编译局对外公布了"中国治理评估框架"。①该框架包括公民参与、人权与公民权、党内民主等 12 个领域,共有 116 项评估重点。这是我国首次针对社会治理状况提出自己的评估标准。

2. 世界正义工程的法治指数

法治指数实践在改善全球治理水平,促进现代法治化方面发挥了评估的战略反馈作用。世界正义工程(WJP)法治指数尤其被认为是目前全球范围内专门衡量一国法治程度的最有影响的研究指数。WJP 希望提供的数据能够有助于政府和非政府主体实施关于法治的、具体的、有目标性的改革,这些指标旨在衡量在何种程度上所有的人,尤其是那些穷人或其他生活在社会边缘的人,体验和受益于法治。②

世界正义工程规范了"法治"工作的定义,强调了 4 项基本原则,并根据这 4 项基本原则开展广泛的调研与试点,总结出在世界范围内具有代表性的"法治指数"。其指数体系分为 4 组,共计 16 个一级指数和 68 个二级指数,分别强调了法治的宪法化和制度化,公开、公正和稳定的立法体系,司法过程的公开、公平与高效、独立自主、德才兼备的法律人群体。③

这些国际性评估在运行中存在着不少争议,有学者列举了世界法治指数的局限性主要有以下几个方面:第一,调查范围过于狭窄。世界法治指数在每个国家只调查三个最大城市,忽略了其他城市和农村的法治状况,这种调查不足以反映一国法治的整体状况,尤其是像中国这样一个东西部差异较大的国家。这是世界法治指数受到批评最多的问题。世界正义工程意识到只选择三个城市进行调查的局限性,计划将世界法治指数的调查范围扩大到更多的城市,并准备在适当的时候扩大到农村地区。第二,尽管评估范围十分广泛,但仍不能完全反映一国的整体法治状况。但它的调查结果必须根据某种固有的局限性进行解释,并没有为该国的法治状况提供一个完整的诊断和对症的药方。因此,"世界法治指数"需与其他法治评估报告结合起来运用,才能全面呈现世界各国的真实法治状况。第三,数据的主观性

① 俞可平:《中国治理评估框架》,《经济社会体制比较》2008 年第 6 期。

② 钱弘道等:《法治评估的实验——余杭案例》,法律出版社 2013 年版,第 39 页。

③ http://www.worldjusticeproject.org/rule-of-law-index/,访问日期:2013 年 10 月 5 日。

较强而客观性不足。世界法治指数所收集的数据主要是普通公众和专家的个人经历与感受,实质上是一种法治满意度调查,其主观性较强,容易出现偏见和错误。为了克服这个问题,世界正义工程通过对比超过60个第三方资源——包括各地和国际组织制作的数据和质量评估,交叉审查了所有48个二级指标。此外,世界正义工程还与欧盟委员会联合研究中心计量经济学和应用统计学部合作实施了对世界法治指数数据的详细分析,使所有二级指标数据的可靠区间和其他可能的衡量错误都被考虑进最后的指数评估。通过这些方法的完善,使世界法治指数的真实性和公信度得到进一步增强。①虽然这些评估有其局限性,但在以其带动的法治评估运动的影响下,法治指数逐渐开始受到执政层和学者的关注,并带动了部分国家和地区的类 WJP 法治指数的尝试和实践。

(二)我国法治指数评估的实践

1. 香港法治指数

2005 年,香港法治指数的调查研究项目开展。香港的法治评估以法律的基本要求、法律面前人人平等、依法的政府、公正地施行法律、司法公义人人可及、不许有任意权力和程序公义七个法治条件为根据。法治指数以相关的可量化的法律数据和民众的主观观感数据为基础,由评审者在没有任何政府权力干涉的情况下,最终得出 2005 年香港的法治指数分数为 74.66 分(满分为 100 分,50 分为及格)。仅从得分来看,香港已有较高的法治发展水平,但在该指数具体指标的衡量下,揭示出香港法律制度仍存在缺漏与不足。香港法治指数调查仅在 2005 年进行了一次,并没进行持续性的采集和评估。②

2. 余杭法治指数

自香港法治指数后,内地也纷纷推出了余杭法治指数、昆明法治指数、襄樊法治指数等,其中以 2008 年 6 月 15 日出台的余杭法治指数最具代表性。

余杭法治指数涉及党风廉政建设、政府行政工作、司法工作、公民权利救济、全社会法治意识程度、市场秩序规范性、对权力的监督、民主制政治的参与和满意度九个方面。通过群众满意度、专家评估、内部评估、外部评估等四个方面来收集数据。其特别强调非政府评估者的意见(占总评估意见

---

① 参见张保生、郑飞:《世界法治指数对中国法治评估的借鉴意义》,《法制与社会发展》2013 年第 6 期。

② 俞伟飞:《法治指数中国化应用的探索与思考》,《成都行政学院学报》2013 年第 6 期。

比重的 82.5%)。[1]整个评估体系概言之为“149”三个数字:“1”是指一个法治余杭指数,即用一个指数来反映余杭的法治状况;“4”是指四个评估层面,即区本级、机关部门、乡镇街道、村(社区);“9”是指面向公众的 9 种调查问卷,涉及党风廉政建设、政府行政工作、司法工作、公民权利救济、全社会法治意识程度、市场秩序规范性、对权力的监督、民主政治的参与度和满意度 9 个方面。法治指数的数据来自四个方面:一是群众满意度评估,占总指数的 35%,是权重最大的群体;二是专家组评估,占总指数的 30%;三是内部组评估,占总指数的 17.5%,成员来自地区各党政机构中直接参与法律工作的人员;四是外部组评估,占总指数的 17.5%,成员来自大学、企业、杂志社等非政府机构。为了体现余杭法治指数评估结果的权威性、公正性和客观性,余杭法治评估主体中非政府评估者的意见占总评估意见比重的82.5%。[2]余杭法治指标体系包括四个部分,分别由总指标、区级机关指标、乡镇街道评估指标以及乡村社区评估指标四级构成。

(三) 法治指数评估的贡献和局限

自我国推进法治指数评估以来,褒贬不一。有评论者从多个角度,肯定法治评估的意义与作用:就法治建设进程而言,法治评估“实现了中国法治水平量化评估标准零的突破”。在社会治理方式与法学研究范式创新方面,法治评估“实现了中国当下法治水平评估由定性评估向定量评估的嬗变”,因而应视为是“了不起的质的飞跃”。[3]毋庸置疑,这种通过量化指标作为标准,有计划、有步骤实现法治的思路和举措,对法治建设的科学化、规范化有重要意义。

但任何一种法治评估模式和方法都有局限性,也有不少学者对我国法治指数评估的实践提出质疑。有学者认为,数字或量化手段在法治指数工程中的运用,说到底不过是将数学与数字作为一种修辞手段。这种所谓的“修辞数学”,既不创造新的数学概念或解决数学难题,也不应用数学以影响世界,而是一种游戏——将数学领域之外的事物包装得像应用数学一样。[4]还有学者认为,法治指数从来都是一种反映法治现状的手段或工具,它存在的目的和价值在于为法治的进展提供一份可资参考的数据资料。现实中的很多“法治”问题显而易见,法治指数只是反映法治现状的一个静态指标,对于推进法治进程并无太大的实质意义,只有在此基础上的切实行动,才能真

①② 钱弘道:《2008 年余杭法治指数:数据、分析及建议》,《中国司法》2010 年第 3 期。

③ 钱弘道等:《法治评估的实验——余杭案例》,法律出版社 2013 年版,第 263 页。

④ 陈林林:《法治指数中的认真与戏谑》,《浙江社会科学》2013 年第 4 期。

正推进法治的进程。①

应该看到,我国开始法治指数实践以来对法治推进的贡献是显而易见的,但其局限也不容回避,主要有以下几个方面:

一是忽略地方差异性与多样性。我国幅员辽阔,人口众多,城乡差距、东西部差距较大,以一个统一的标准来对地方法治状况进行评估,其操作的现实性不强。

二是在法治指标指挥棒的驱使下,会造成唯指标主义的法治功利主义。地方政府和司法机关为了达到指标,往往会人为设计数据使其指数提升或降低,其真实性、可靠性大打折扣。

三是在不合理指标体系的误导下,与法治期望背道而驰。指标体系的设置带有较大的主观性,也往往会有较大的局限性。如果指标体系不合理,必然会导致在指标体系的指引下,与法治建设的良好愿景渐行渐远。

当前,全国法治建设状况远未达到均衡的程度,统一的标准和氛围也尚未形成,因此,大规模地在全国推进统一标准的法治指数这一建设思路,需要在审慎研究的基础上有序推进。②

二、法治评估的比较分析

季卫东教授概括了建立一套法治指数的三方面意义:第一,对不同社会体制和文化进行比较分析;第二,为改造权力结构提供更清晰的蓝图;第三,使法治建设的具体举措和绩效的评价趋于统一化。③季卫东教授所说的第一个意义是国际上法治评估的直接动因,国内的法治评估尝试适合第二、第三方面意义的追求。这些探索与实践共同构成法治评估的背景,并为法治评估提供了资源支持。当然,这些已有的研究并不能代替法治评估的独特价值。

(一)我国法治评估与国外法治评估不同之处

第一,价值指向不同。世界正义工程法治指数等国外法治评估与我国的法治评估在价值指向上有共通之处,但也存在较大的差异。在普适性的价值目标诸如独立、公正、效率等的指引下,还要充分考虑我国的国情和特色,加强对现阶段我国政治文化传统和法律文化传统的研究,在评估的过程中充分体现我国特殊的历史因素与现实境况。

---

① 志灵:《法治指数无法衡量所有法治现状》,《法制日报》2008年4月8日。

② 尹奎杰:《法治评估指标体系的"能"与"不能"——对法治概念和地方法治评估体系的理论反思》,《长白学刊》2014年第2期。

③ 参见季卫东:《以法治指数为鉴》,载季卫东:《秩序与混沌的临界》,法律出版社2008年版,第55—56页。

第二，评估目的不同。例如国家风险评估是经济导向的，服务于全球化经济的发展；治理测度目标相对多样，或者是服务于经济需求，一国制度环境与社会治理环境的状况与跨国经济活动的安全性有直接的关系；或者是服务于全球的援助计划，如联合国非洲经济委员会主持的“非洲的良好治理实施计划”（Progress Toward Good Governance in Africa），通过法治指数进行对国家政治稳定、民主发展程度的评估；余杭法治指数所进行的法治评估则直接服务于对法治状况的测度，与国外治理评估相比不具有明确的经济导向和追求，与治理测度相比在范围上更为专业，集中强调对法治运作状况的考察。

第三，评估主体不同。世界正义工程法治指数的评估主体是民间组织，在中立的立场上，通过各种渠道收集信息并进行外部评估，可以有效避免评估过程中的偏私。而我国的法治评价实践中，一般都是由官方主导，如余杭法治评估将内部评估与外部评估相结合。内部评估组吸收法院、检察院、政府机关政策法规工作人员等。外部评估组则吸收大学教授、企业界人士、新闻记者等。但统计数据的准确度是评估结论是否科学的重要依据，评估主体的不同会导致评估结论的截然不同。为此，保持评估主体的客观中立十分重要。

第四，评估区域不同。世界正义工程关于法治指数的评估，是一种水平性评估，既可能对法治国家，也可能对非法治国家进行测评。而法治评估作为对法治状况的一种发展性评估，只在法治有所发展的地区和国家才具有现实的评估基础。例如在我国法治建设初期就不适宜全面开展类似评估，余杭地区可以进行法治评估与该地区政治经济发展水平较高、公民权利受到关注、政府权力有意识地自我限制有相当大的联系。而在根本不具备法治基础的国家或地区，例如完全实施计划经济的地方或者独裁国家，实施真正意义上的法治评估就是不现实或者可能是有名无实的。

第五，评估方法不同。国外评估中有关法治评估的内容可能分散在政治风险评估、经济风险评估等各个子项中，针对法治进行的评估并不集中。而法治评估则是集中于对法治本身进行测量和评估，其下进一步的指标细化也是服务于这一目的，具有更强的专业属性。比较而言，治理的理论和实践与法治评估具有更大的相似性，但治理内涵和外延要广于法治评估。有关治理研究的学科属性更为广泛，经济学、政治学、管理学等都可以对治理进行研究，法治评估、司法评估则主要是从法学研究层面展开。

（二）国外法治评估的借鉴意义

国外有关法治评估的研究和实践对我国法治评估具有重要的借鉴价值，通过法治指数的评估可以使法制建设的具体举措和绩效的评价趋于统一化。[①]其借鉴价值主要体现在以下几个方面：

1. 法治评估价值指向的普适性

如前所述，国际法治评估存在一些争议，焦点集中在有关法治指标内容和指数制定方法两方面。指数制定方法的意见分歧主要体现在技术层面上，而法治指标则反映了长期以来对法治的认知和意识形态的分歧。

过去，学界由于更多地陷入价值意义上的法治探讨，所以诸多的法治认知分歧无法得到解决；现在，国际法治评估活动的开展又迫使单个国家被动地接受评估的结果和法治价值观的植入。我们有两种选择：或者是完全被动接受国际法治理念和评估结果，或者是在对国际社会的法治评估活动予以足够重视的前提下创设自己的法治理念和评估方法，评估自身法治发展水准和状况，甚至在国际社会拥有自身的法治评估话语权。后者无疑应该是我们当然的选择，否则我们在国际政治、经济、法律交流中会形成被动局面。司法指标体系作为法治指数指标体系中的重要组成部分，更应以现代司法制度建构为目标，体现法治要义。

2. 法治评估主体的中立性

所谓评估主体的确定，是解决一个由谁来评估的问题。以往政府绩效考核、评估大都是上级评估下级。相比而言，余杭法治指数的评估改变了这种传统模式的评估主体。余杭区委托浙江大学法学院牵头开展法治评估的研究，在其指数测定过程中，公众参与满意度调查，政府内部直接参与法律操作的工作人员组成内部评估组，政府外的企业家、律师、记者等组成外部评估组，学者、统计专家组成专家评审组。[②]这种多元评估主体模式在保证法治指数的客观性上更加前进了一步。从国外法治评估的有效经验来看，评估主体的中立性对于评估结论的公正性具有十分重要的意义。我国目前民间评估组织并不健全，尚没有全面进行法治评估的能力，但法治指数评估走向民间化将是必由之路。

3. 法治评估方法的科学性

国外法治评估的方法对于刚刚起步的国内法治评估有着较为重要的借鉴意义。在法治指标设计的选择上，我们可以将两个概念作为基点：一是法

---

① 季卫东：《以法治指数为鉴》，《财经》2007 年第 21 期。

② 钱弘道等：《法治评估的实验——余杭案例》，法律出版社 2013 年版，第 242 页。

治的共同性,二是法治的差异性。基于法治的共同性,我们选取一套标准评估所有国家法治水平,通过比较进行法治状况优劣的判断。基于法治的差异性,我们可以根据自己的国情或区情制定自己的评估标准。但是无论采取何种评估方法,都应强调社会公众的广泛参与,并要综合使用各种评估方法,努力使评价结果更加客观可信。要充分利用法社会学、法经济学的研究成果,设置指标体系,问卷调查都要删繁就简,方便可行,在得出评估结论的同时,应当对法治的薄弱环节提出有针对性的建议,形成完善的评估报告,并向社会公布。

(三) 我国法治评估的未来发展趋势

以量化的方式来测度和推进法治建设,在法治理论研究和实践上已经成为一个趋势。①在如火如荼的法治评估实践中,我国法治评估的发展有以下几个方面的特点:

1. 法治建设向量化评估方向发展

法治建设通过量化指标进行评估已经成为一种趋势,逐渐进入研究视野和实际运作。这一趋势意味着法治建设将在量化指标体系的指引下,不断实现新的发展。而这一方式也将推动法治建设的实践,成为法治发展的未来方向。

2. 指标体系呈现区域化特点

在量化法治实践中,尚未形成普适性的指标体系,各地的探索实践也呈现出区域化的态势。地方在法治评估的实践中不断创新,评估指标体系也呈现出多元性、区域化的发展趋势。评估指标体系的未来发展,既要有在更大区域内可以普遍适用的常规指标,也要有能体现地方特色的特殊指标。不同的指标体系应当根据适用的区域而有所区别,以适应不同地域和不同级别法治发展评估的需要。②

3. 法治评估与社会同步发展

法治指标体系是一个动态的体系,要随着经济和社会的发展不断进行调整,以适应法治建设的要求。指标体系的形成是一个复杂的过程,要经过广泛的调查研究,形成初步的指标体系,并在法治建设和社会发展中进行检验,通过试点进而不断修改、调整和完善。指标体系所反映的量化法治要适应经济社会的发展和变化,并在实践中不断根据实际情况进行调试,才能使

① 张志铭:《用量化的方式推进法治建设》,载钱弘道:《中国法治增长点——学者和官员畅谈录》,中国社会科学出版社2012年版,第11页。

② 戢浩飞:《量化法治的困境与反思——基于法治评估体系实施状况的视角》,《天津行政学院学报》2014年第4期。

其更加趋于合理和完善。

4. 指标体系逐步完善

法治评估在我国刚刚起步，在制度建设上尚未完善，也没有相应的立法予以规范和调整。为此，我国法治评估的发展，要通过完整的指标体系的建构，以规范公权力、维护民众权益、推进司法公正为着力点，完善相关制度。法治评估的价值，就在于它能通过一系列的评价活动，来对法律价值和法律效果的实现作出判断，从而有效制约公共权力，确保司法公正，实现社会公平，确保公民权益。所以，要以完善的指标体系指引，不断提高法治建设的科学性和规范性。

三、法治评估视域下的司法评估

法治变量包括立法、行政、司法等多个方面，司法指标在法治评估指标中占有重要地位。本部分通过对世界正义工程法治指数中的司法评价指标体系和中国浙江余杭法治指数的对比分析，阐述中外法治指数中司法指标的不同以及对我国法治指数建设的借鉴意义。

（一）世界正义工程法治指数中的司法指标

世界正义工程规范了“法治”工作的定义，强调了四项基本原则，其中第四项原则“可实现的司法正义（Access to justice）”，着重阐述了建立一支公正、负责的司法队伍以及高效、开放、有效的司法制度的必要性，明确了作为法治变量的重要组成部分的司法指标。

表1　世界正义工程法治指数中的司法评价指标体系①

指数	指　　向	具　体　要　求		
指数12	法官、检察官和其他司法工作者应当中立、负责。	1.1	司法程序和司法判决应当摒除偏见，排除公职人员或私人团体的不当影响。	
		1.2	检察官、法官和其他司法工作者应当严格遵守高标准的司法人员行为准则，如有不当行为应当受到惩戒。	
		1.3	检察官、法官和其他司法工作者的选任、晋升、派遣、薪酬、经费保障、免职、惩戒，应当符合促进司法独立、培养司法责任的目的，而且这些人员应当具有广泛的社会代表性。	

① 参见刘莘：《区域法治化评价体系与标准研究》，中国政法大学出版社2013年版，第189页；赵昕编译：《可以量化的正义：衡量法治水平的十六项“法治指数”（下）》，《人民法院报》2010年6月25日。

（续表）

指数	指　　向	具　体　要　求	
指数 13	司法制度应当高效、开放、有效。	2.1　检察官、法官和司法工作者应当德才兼备、训练有素，并且数量充足、装备精良。 2.2　不应无故延误司法程序与判决执行。 2.3　法律应当对违法行为造成的后果提供及时、有效的救济，从而进一步防止违法行为的发生。 2.4　法院应当具备良好的办公条件，并设置在交通便利、安全可靠的地区。 2.5　检察官、法官或其他司法工作者不应向寻求司法救济的当事人收取过高费用或其他不当财物。 2.6　不应对司法救济的诉求设置不当障碍。 2.7　身体或智力有残障的刑事被告人应当获得必要的法律援助、辅导服务及其他帮助，以方便其更充分地参与刑事辩护。 2.8　法庭应当为有需求的刑事被告人提供准确的翻译服务，以方便其与法庭之间能够准确地互相理解。	
指数 14	诉讼当事人应当由合格且独立的律师或代理人向其提供法律咨询或代理服务。	3.1　被控违法而可能受到刑事处罚的人有权在各个重要的诉讼阶段获得合格的律师或代理人的代理服务。法院有义务为无支付能力的被告提供合格的代理服务。 3.2　建立非营利性的或政府资助的法律服务机构，以确保全体公民无论经济或社会地位如何，在民事和刑事案件中均有权获得合格的法律咨询或代理服务。 3.3　律师或代理人独立于政府，遵守高标准的职业道德准则，如有不当行为应当受到惩戒。 3.4　律师或代理人应当德才兼备、训练有素并且数量充足。	
指数 15	替代性纠纷解决机制提供独立、中立、公平、高效的司法救济。	4.1　调解员与仲裁员应当中立、独立，不受政府控制。 4.2　调解员与仲裁员应当遵守高标准的职业道德准则并为其不当行为接受惩戒。 4.3　调解员与仲裁员应当德才兼备、训练有素并且数量充足。 4.4　替代性纠纷解决机制提供高效的司法救济。 4.5　除非当事人同意，替代性纠纷解决的结果不具有拘束力，但法律有明文规定或法院强制要求的除外。	
指数 16	传统的、社区的及宗教的纠纷解决机制均应当提供独立、公平、公正的司法救济。	5.1　传统纠纷解决机制、社区纠纷解决机制与宗教纠纷解决机制的裁判者应当独立公正、遵守高标准的职业道德准则并为其不当行为接受惩戒。 5.2　传统纠纷解决机制、社区纠纷解决机制与宗教纠纷解决机制应当尊重和保障个人的基本权利。 5.3　除非当事人同意，传统纠纷解决机制、社区纠纷解决机制与宗教纠纷解决机制的结果不具有拘束力。	

从法治专项评估的可能性来看，可以说，司法是其核心。在世界法治指数的48个二级指标中，就有14个指标涉及民事司法和刑事司法，占了29.1%的比例。“世界法治指数”把抽象的法治概念或定义具体化为9个一级指标和48个二级指标，并转化为数以百计的具体问卷问题。其关于司法评价的指标体系如下：①

指标7：民事司法

7.1 人民享有并能负担民事司法费用

7.2 民事司法不受歧视

7.3 民事司法远离腐败

7.4 民事司法不受不适当的政府干预

7.5 民事司法不受不合理的拖延

7.6 民事司法得到有效执行

7.7 纠纷的非诉讼解决机制可被享有且公正和有效

指标8：刑事司法

8.1 犯罪调查体系有效运行

8.2 刑事裁判制度及时有效

8.3 矫正制度有效减少了犯罪行为

8.4 刑事司法制度具有公正性

8.5 刑事司法制度远离腐败

8.6 刑事司法制度不受不适当的政府干预

8.7 正当程序和被告人权利

指标9：非正式司法

9.1 非正式司法及时并有效

9.2 非正式司法公正且不受不适当的干预

9.3 非正式司法尊重和保护基本权利

（二）我国法治评估实践中的司法指标

法治评估在国际上主要基于国际交往与合作的现实需要，在一国范围内则与特定的法治发展压力及后进国家建构、完善法治的自身诉求有直接的关系。我国一直以来缺乏自己的法治评估话语权，并在对待国际上涉及我国的评估时处于这样一种状态：一方面，我们常常将国际机构对我们得分较低的评估评价为“攻击”和“指责”；另一方面，我们实际上又非常在乎各项

① Agrast. M., Botero. J.Martinez. J., Ponce. A & Pratt, C.WJP Rule of Law Index 2012—2013, Washington, D.C.: The World Justice Project. p.11.

评估中我国的排名和得分,因而处于一种较为矛盾和尴尬的状态。而我国在其历史进程中逐步形成了自己独特的法治发展路径,形成了我们的特色和经验,应该在创新法治评估的模式的实践中发出自己的声音。

1. 浙江余杭法治指数总指标中的司法指标①

余杭法治指数评估总指标中,设定了 9 个总体目标,其中第三项为司法公平正义,围绕该项目标,设定了 6 项考评内容和 10 项考评标准。

表 2　浙江余杭法治指数总指标中的司法指标

具体目标	主要任务	考评内容	考评标准	标准分	考评分
维护司法权威促进司法公正	1. 司法机关依法独立开展司法活动; 2. 实现司法公正和效率目标;	1. 尊重和维护司法机关的司法判决; 2. 提高司法队伍素质,加强对司法活动的监督和保障。深化审判方式改革,依法扩大简易程序适用范围,缩短诉讼周期,方便群众诉讼,提高司法效率; 3. 健全人民陪审员和人民监督员制度,加大生效裁判的执行力度,维护司法尊严和权威; 4. 积极探索司法权力制约机制,防范司法腐败;	1. 一审后当事人服判息诉占全部审结案件的比例不低于 90%,每下降 1 个百分点扣 1 分。	15	
			2. 大学法律本科以上的法官、检察官不低于全省平均水平。每低于全省平均水平一个百分点扣 2 分。	10	
			3. 法院案件执结率达 90%以上,有效执结率达 65%以上,执行标的额到位率达到 95%以上。每少一个百分点各扣 1 分。	15	
			4. 改判、发回重审案件占当年结案数的比例不高于全省平均水平。每高于全省平均水平一个百分点扣 2 分。	10	
			5. 审判程序合法公正、公开。一审普通程序案件人民陪审员参审案件不低于 45%,完善审务、检务公开,公开庭审率 100%,当庭宣判率达 30%以上。陪审员参审案件率、公开庭审率、当庭宣判率每下降一个百分点各扣 1 分。无超审限案件、违法审判案件,每发生 1 起扣 2 分。	20	
			6. 强化对侦查、审判、执行活动的监督,监督面均达到 90%以上,纠正违法侦查、违法审判案件比率为 100%。每少一个百分点扣 2 分。	15	

① 钱弘道:《法治评估的实验——余杭案例》,法律出版社 2013 年版,第 103 页。

（续表）

<table>
<tr><th>具体目标</th><th>主要任务</th><th>考评内容</th><th>考评标准</th><th>标准分</th><th>考评分</th></tr>
<tr><td rowspan="4">维护司法权威促进司法公正</td><td rowspan="4">3. 加强司法队伍、制度建设,提升法治建设质效。</td><td rowspan="3">5. 健全侦查、公诉、诉讼监督工作机制,保障诉讼参与人合法权益。加大查办和预防职务犯罪的工作力度,努力从源头上减少和预防职务犯罪的发生;</td><td>7. 年度发生应予司法赔偿的案件兑现率达到100%。每下降一个百分点扣1分。</td><td>15</td><td></td></tr>
<tr><td>8. 信访案件办结率达到90%以上。每少一个百分点扣1分。</td><td>10</td><td></td></tr>
<tr><td>9. 司法人员徇私枉法、滥用职权,发生违纪违法案件,查处率达到100%。未能完全查处的,发生1起扣2分。</td><td>10</td><td></td></tr>
<tr><td>6. 完善司法救助制度,保障经济困难的群众平等参与诉讼。</td><td>10. 人大会议对两院工作报告满意度达70%以上,人民群众对司法机关的工作满意度达到90%以上,每少一个百分点各扣1分。</td><td>10</td><td></td></tr>
</table>

2. 区级机关指标中的司法指标①

表3　区级机关指标中的司法指标

指　　标	性质	相关性说明	权重值	分值
1. 法官当年通过司法考试比例	正指标	反映法官的业务水平、法院整体水平及法律人共同体的构建情况。	8	
2. 人均法官拥有量	正指标	反映法治人力资源的配置情况。	9	
3. 一线审判人员年度人均办结案件数	正指标	说明法院工作量,一方面说明法院的工作效率,另一方面也反映法官资源配置状况。注意在办结数的基准设置上,应参照法院内部的考核办法。	9	
4. 无超审限案件	正指标	本指标设计意为当出现超审限案件时,就是不符合程序要求,是有损法治状况的。	9	
5. 完成两月一次镇乡(街道)联系点工作,指导人民调解,且有工作记录	正指标	人民调解的重要性也是一种对秩序的维护,甚至有预防犯罪的作用。若没有按此基本要求完成指导人民调解工作,则为负指标。	7	

① 钱弘道:《法治评估的实验——余杭案例》,法律出版社2013年版,第154—156页。

（续表）

指　　标	性质	相关性说明	权重值	分值
6. 协助做好社区矫正工作，坚持每季一次回访未成年犯，每年两次去少管所或看守所等进行考察、帮教工作，且台账齐全	正指标	这是法院一种社会职能的承担，若没有按基本要求完成帮教，则为负指标。	7	
7. 年有效执结率（基准按“平安浙江”考核标准）	正指标	年执行标的实际到位率若高于规定比例则是正指标，越高越说明执行工作到位。若低于规定比例则为负指标，没有达到基本要求。	7	
8. 司法建议	正指标	反映法院主动服务工作大局的意识和能力。	7	
9. 人民陪审员制度落实情况	正指标	反映司法民主情况。如未按规定选任、使用人民陪审员的，则为负指标。	6	
10. 法院工作人员违法、违纪数	负指标	法院工作人员知法犯法严重危害社会秩序，有悖于法治余杭建设。	8	
11. 二审改判占当年审结案件总数的比例	负指标	一定程度上反映基层法院的正确率，但极其复杂，此处假定二审较一审公正。	8	
12. 年法官违法、违纪数	负指标	法官违法严重破坏了法治秩序，是有悖于法治建设的，因此是当然的负指标。	8	

3. 司法文明指数评估计划

教育部和财政部批准的“2011 计划”司法文明协同创新中心开展的“司法文明指数”（JCI）评估，旨在对全国 31 个省、自治区、直辖市司法运作的实际情况进行测量，并为全国司法文明现状提供一种量化评估工具，同时也可提高中国在世界法治指数 14 个司法指标上的排名。该任务开辟的新领域和新方法是，将司法文明的支点和一般司法原则量化，从中衍生出一套由 4 个领域、10 个一级指标和 50 个二级指标组成的司法文明指标体系，按这些指标设计调查问卷，并在全国 31 个省、自治区、直辖市进行问卷调查。①2015 年

① 参见张保生、郑飞：《世界法治指数对中国法治评估的借鉴意义》，《法治与社会发展》2013 年第 6 期。

3月2日,《中国司法文明指数报告2014》在京发布,指标体系由4个领域、10个一级指标、50个二级指标构成。[①]2015年开始,司法文明指数调查的范围逐渐扩大,覆盖全国31个省、自治区、直辖市。这一"司法文明指数体系"是在广义司法的语境下设计的,其指标体系涵盖对公安、法院、检察院、司法局包括律师活动的综合考察和评价。

四、我国法治指数评估中司法指标体系和评价标准的路径选择

在近年来国内涌现的各种法治指数方案中,以中央和地方党政部门为主导的、行政化的法治工作考核测评构成了现阶段国内法治指数的主基调。对国外法治指数的有限价值吸纳与形式模仿,以及对国内党政机关原有工作考核的"科学化"包装,是此类法治指数的技术特征。[②]相比之下,我国这一领域的研究还相对滞后,有关法治评估的价值理念、社会功能和技术手段等问题的研究探讨尚未深入。

构建中国特色法治指数评估中的司法指标体系,需要在国际视野与本国实践相结合的基础上,坚持宏观概括与微观量化相结合、静态评估与动态评价相结合、科学客观与可操作性相结合,运用法治思维进行科学谋划、顶层设计、系统构建。

第一,明晰司法指标体系构建的指导思想。党的十九大再次提出"依法治国"的宏大命题,如何以这一命题中所体现的新的论断和思想为引领,使司法指标体系的建构适应依法治国的目标、任务以及要求,需要我们坚持中国特色社会主义法治话语体系的基本立场,构建符合中国国情的司法评价指标体系。

第二,需要坚持的几项原则。构建法治评估中的司法指标体系,首先,要坚持全面与特色相结合的原则。指标体系既要能评价司法机关法治化的发展水平,又要能评价司法机关在工作中的特色和成效。其次,要坚持客观与主观相结合的原则。既能对司法工作的现状作出客观的评价,又能引导社会公众自觉参与,使司法发展状况与社会公众的主观认知能够在指标体系中得到有机统一。最后,实用性与适用性相结合。指标体系的设计应该易于适用,在评价方法、推进步骤和结果分析等方面都能够适应现实的需要。

第三,评价标准的设计。法治评估中的司法评估作为总的评价体系中的一个分支,对其评价标准的设计,既需要体现法治体系的共性,也需要体

① 蒋安杰:《〈中国司法文明指数报告2014〉在京发布》,《法制日报》2015年3月4日。

② 蒋立山:《中国法治指数的理论设计问题》,《法学家》2014年第1期。

现司法的个性。评价的标准既要有普适性的价值理念，又要体现司法性质，符合司法规律。司法指标作为二级指标需要进一步细化后再形成分值体系。

第四，评价程序的科学化与规范化。作为法治评价指标体系的一部分，对司法的评价需要在法治评价的总体框架中进行，其评价的程序也不是单独进行的。但为了更好地了解司法在法治评估中的地位及其影响，需要在法治评估的过程中，对司法指标给予适当的赋值，对作为指标体系一部分的司法指标在评估中的分值，要单独进行分析。司法机关可以根据在法治评估中的职能和满意度评估，分析自己在工作中存在的问题，以利于在后续工作中进行修正。

总之，当前的法治评估实践中，不同于国际层面相对普适的法治评估标准，单一国家或地区层面的尝试更多采取“因地制宜”的个性化制定方案，具有更强的针对性和灵活性。我国的法治评估正是当下我国基于自身独特法治发展路径而展开的。尤其是，我国一直以来缺乏自己的法治评估话语权，并在对待国际上涉及中国的评估较低时处于一种尴尬状态。在国际视野下，结合我国的法治现状，创新法治评估模式，争取法治评估的发言权，是极为重要和紧迫的，也是司法评价体系不断得到完善的重要一环。从司法评价体系的构成上来看，法治评估是在最为宏大的治理背景下进行的，其庞杂的指标体系中司法指标构成的实践和探索，为司法评价的细化和展开奠定了良好的基础。本章第二节将专题阐述司法功效评价体系的指标体系的构成与评价体制机制的完善。

第二节　司法功效评估机制研究

法治评估是在国家治理的宏大视野下进行的，其牵涉国家机关的各个层面，内容庞大，体系复杂，对司法的测度尚不够精细和准确。对司法功效的评价，一方面，可以作为法治指数评估中的一部分，而无需再在法治评估中专门对司法机关运行的功效进行测量，另一方面，也有助于对司法运行的状态进行判定，从而在功效评估的基础上推进司法制度的改革和司法运行机制的完善。本节主要讨论在整体意义上对司法运行功效进行的评价。

一个科学合理的评估体系的确立，需要建立在对现状的清晰认识和深刻反思的基础之上。司法功效评估体系的运行是一个复杂的系统工程，在科学的指标体系确定之后,需要制度的配套、人员的准备和对司法信息的准确监测,而后还需要进行复杂的测算与评估,从中再进行分析,从而找到提高司法功效的对策。如何将司法功效评估从静态的制度转为动态的机制,最有效地发挥评估机制的作用,是应当深入研究的一个重要课题。在确定了司法功效评估的基本原则、标准之后,构建司法功效评估体系的工作重点在于确定评估的指标体系。司法功效评估的范围、标准和方法的确立,是一个科学合理、切合实际的司法评价体系的基础。

一、指标体系的构建及遵循原则

司法功效评估指标体系包括司法制度结构、测度司法制度结构运行状况的指标结构以及由指标结构所形成的逻辑体系三个部分。通过指标体系的构建,确定对司法制度评价的尺度和标准,反映司法制度的发展变化的趋势,以及司法制度内部关系的紧张性以及协调程度,实现定性分析与定量分析的结合。定性分析主要从司法功效评价的目的和原则出发,考虑评价指标的充分性、可行性、稳定性、必要性以及指标与评价方法的协调性等因素,由系统分析人员和决策者主观确定指标和指标结构的过程。定量分析是指通过一系列检验,使指标体系更加完善和合理的过程。具体来说,实证分析中的量化,首先包括对研究对象的范围、规模、水平的量化描述,其次包括对事物内部不同侧面之间以及事物与外部现象之间关系的量化分析,再次还包括对研究对象的结构、模型的数学描述,最后还包括对研究对象的运动趋势的数学推断。①

构建指标体系应遵循以下原则:1.体现司法制度公正与效率的目标原则;2.全面但不笼统的原则。指标体系应该全面,但不可能涵括所有内容,有些不易定量的指标可暂不列入指标体系中;3.符合客观实际的原则。司法指标体系应从我国国情和司法制度运行的客观实际出发,在共同的价值理念的引导下,建立符合我国司法制度现实的指标体系;4.可操作性原则。司法评估体系的建构是为了通过评估司法制度运行的状况,来反馈和指导实践,促使司法机关和决策者在制定或修改制度时能够应用评价的结果,以此达致司法制度运行的优化,因此,应当具有实用性,易于操作和执行。

二、拟建指标体系

司法功效的评价是一个多属性、多层次、多变化的体系,在这里将其子系统指标分为六大部分(如图 1 所示)。

---

① 白建军:《论法律实证分析》,《中国法学》2000 年第 4 期。

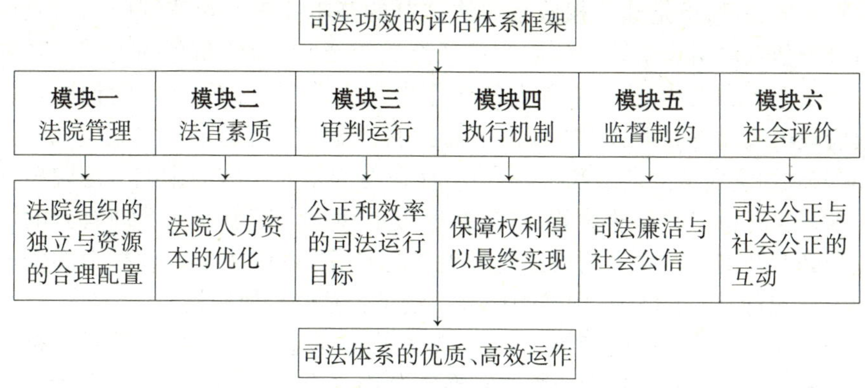

图1　司法功效评估体系图

由图1我们可以看到司法功效评估的一级指标,也即六个模块,分别指向不同的司法目标。这些司法目标的实现程度体现了司法功效的实现程度。各个模块应分别根据司法在这一部分的运行特点建立二级指标体系,要求也更加具体。司法功效的评估和指标体系的构建需要有具体的司法目标为指引,笔者试通过对以上六个一级指标的具体分析来阐述指标建立中应遵循的原则和要求。①

(一) 法院管理指标体系

主要包括审判权独立程度、司法资源的配置合理程度,以及司法支配资源的数量、司法内部机构、人员的配置等。

1. 审判权独立程度指标体系

本指标体系的建立应以权力体系的重构为基础,以是否构成权威型司法体制为标准,来衡量立法权、司法权、行政权的分工是否合理。权威型司法体制既是一种自我保护(排除外界因素对司法过程的渗透与干预),又是一种自我约束(防止司法权对其他国家权力的不当干预)。它表征这样一种事实,较之现行司法体制,它能够有效抵御外界干扰,对权利义务纠纷进行自主性判断并作出裁决,获得社会成员对该体制更为宽泛的认同和信任,提高司法体制对社会成员的理性预期作用。②随着向现代社会的转型,法律的自主性调节机制获得了长足进展,社会政治结构的分化日益加剧,司法的独立已成为现代法治与司法的基本要求,这是司法由传统型司法向现代型司

① 高志刚、鲁统民:《司法功效评估标准及其指标体系研究》,《山东审判》2004年第3期。

② 严励:《司法改革的目标定位》,载徐静琳主编:《中国入世与中国法治》,上海人民出版社2002年版,第396页。

法转变的关键,也是建构权威型司法体制的基本要求。司法部门的独立性对维护公众对司法系统的信心和信任至关重要,是司法角色的关键。独立性涉及个人和机构,法官必须有依法作出判决的自由,不受包括行政命令、政府政策或经济等不适当外来因素的影响。维护法官的审判独立应减少诸如薪金、司法职位的期限和条件、司法任命等因素对法官的影响。法院独立要求每年有稳定的财政拨款,这笔款项应足够一个谨慎而又管理有方的法院的必要开支。建立审判权独立程度指标体系,可以测量三种权力的资源和力量配置,从而在评估中准确把握司法是否独立行使职权。

在审判权独立程度指标体系中,法官向审委会汇报案件的数量也是一个重要的衡量指标。这意味着法官在审判中享有独立判断权力的程度。经统计,上海市各级法院审委会在 2011 年讨论审议各类案件 1 063 件,占该年度上海市法院结案总数的 0.25%; 2012 年为 1 122 件,占 0.24%; 2013 年为 1 026 件,占 0.21%。其中,审委会讨论审议案件数占比大幅高于平均值的法院为海事、高院、二中、一中、嘉定;占比明显低于平均值的法院为浦东、普陀、宝山、金山、闵行。

经对 14 家法院审委会讨论审议案件的类型进行初步分析,审委会讨论审议的民事、刑事、行政三类案件 2011 年共计 701 件,占三类案件结案总数的 0.3%; 2012 年为 686 件,占 0.27%; 2013 年为 756 件,占 0.28%。其中,刑事案件数及占结案数比例相对较高,2011 年为 382 件,占该年度刑事结案数的 1.67%,占审委会讨论案件总数的 36.0%; 2012 年为 362 件,占 1.19% 和 32.3%; 2013 年为 406 件,占 1.34% 和 39.6%。行政案件 2011 年为 52 件,占该年度行政结案数的 2.1%,占审委会讨论案件总数的 4.9%; 2012 年为 26 件,占 0.87% 和 2.3%; 2013 年为 40 件,占 1.19% 和 3.9%。民事案件 2011 年为 267 件,占该年度民事结案数的 0.13%,占审委会讨论案件总数的 25.1%; 2012 年为 298 件,占 0.14% 和 26.6%; 2013 年为 310 件,占 0.13% 和 30.2%(详见图 2)。

上海全市法院审委会讨论审议的典型案件范围主要集中于再审案件、抗诉案件、在法定刑以下判处刑罚的案件、宣告无罪案件和死刑案件等。其中,死刑案件占比最高,其次分别是再审案件、抗诉案件、在法定刑以下判处刑罚的案件和宣告无罪的案件。

上海市法院有关审委会讨论案件的有关数据说明,随着法官、合议庭专业能力的不断提高,审委会讨论案件的职能在一定程度上应当有所限缩,并将工作重心转移至指导审判工作、强化审判管理上。一方面,要限定审委会讨论决定案件的范围,并探索将审委会讨论案件的重心由“事实审”逐步转

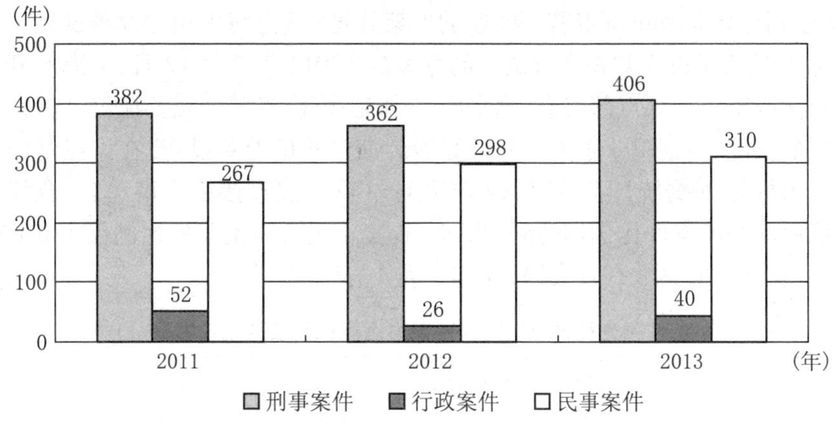

图 2　审委会审理案件的主要类型(件数)

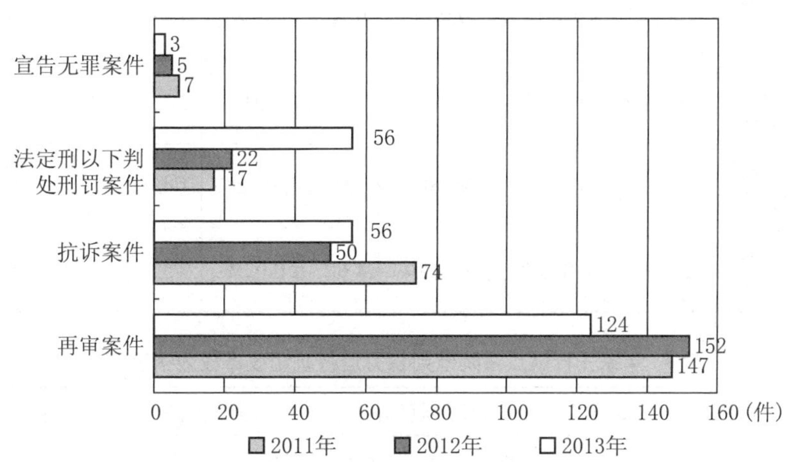

图 3　审委会审理案件的主要范围(件数)

向"法律审",即除法律规定的情形和涉及国家外交、安全和社会稳定的重大复杂案件外,审委会主要讨论案件的法律适用问题;另一方面,要强化审委会的管理职能。明确审委会的工作重心是在宏观上对审判工作的指导和审判经验的总结上,主要精力应用在研究审判工作中带有普遍性、根本性和全局性的问题,制定规范性指导意见,监督、指导案件的审理工作,提高案件审判质量。①

2014 年 6 月 6 日,中央全面深化改革领导小组第三次会议审议通过了

① 参见:《上海市第二中级人民法院工作年度报告》,《上海法治报》2015 年 5 月 6 日。

《关于司法体制改革试点若干问题的框架意见》、《上海市司法改革试点工作方案》和《关于设立知识产权法院的方案》。①2014 年 7 月 12 日，上海召开全市司法改革先行试点部署会，确定市二中院、市检察二分院及徐汇、闵行、宝山区的法院、检察院 8 家单位先行开展为期半年的改革试点，在试点基础上在全市推开。②据统计：改革后，4 家先行试点法院直接由主审法官、合议庭评议后裁判的案件比例均达到 99.9%，提交审委会讨论案件比例仅为 0.1%，院、庭长参与办案数有较大提升（详见表 4、表 5）。

表 4　4 家先行试点法院审判权力运行机制改革成效情况（1）

单　　位	审结的案件数	直接由主审法官、合议庭评议处理的案件数及占比	提交审委会的案件数及占比	院、庭长参与审理案件数及同比情况
市二中院 4—12 月	8 959 件	8 950 件，占 99.9%	9 件，占 0.1%	2 433 件，上升 18.7%
宝山法院 4—12 月	19 317 件	19 309 件，占 99.96%	8 件，占 0.04%	2 136 件，上升 16.91%
徐汇法院 7—12 月	14 839 件	14 821 件，占 99.88%	18 件，占 0.12%	1 438 件，上升 61.03%
闵行法院 7—12 月	24 862 件	24 858 件，占 99.98%	4 件，占 0.02%	3 524 件，上升 70.9%

表 5　4 家先行试点法院审判权力运行机制改革成效情况（2）

单　　位	审限内结案率	一审服判息诉率	二审改判发回率	申诉率
市二中院	95.86%（同比下降 0.02 个百分点）	78.01%（同比下降 3.6 个百分点）	3.38%（同比下降 2.99 个百分点）	11%（同比下降 2.72 个百分点）
宝山法院	99.53%（同比上升 0.01 个百分点）	91.44%（同比上升 0.12 个百分点）	9.02%（同比上升 1.18 个百分点）	0.43%（同比下降 0.08 个百分点）
徐汇法院	99.83%（同比上升 0.2 个百分点）	91.14%（同比上升 1.42 个百分点）	8.51%（同比下降 2.02 个百分点）	0.23%（同比下降 0.14 个百分点）
闵行法院	99.61%（同比上升 0.59 个百分点）	92.23%（同比上升 0.36 个百分点）	6.77%（同比下降 1.34 个百分点）	0.31%（同比下降 0.03 个百分点）

---

①　参见：《中央决定在上海等 6 省市开展司法体制改革试点》，《法制日报》2014 年 6 月 17 日。

②　参见孟伟阳、郑法玮：《上海启动司法改革试点工作，85%人力资源直接投入办案》，《法制日报》2014 年 7 月 13 日。

这些数字说明，通过改革，4 家先行试点法院提交审委会的案件占比大幅下降，长期以来存在的审判分离、权责不明、层层审批、请示汇报等行政化问题正在逐步得到缓解，“让审理者裁判、由裁判者负责”正在得到落实。

2. 法院管理指标体系

法院管理体系是审判权得以顺利运作的保障和基础，在过去，司法机关的管理、行政过程和资源配置没有与最佳的管理规范并进，表现在审判管理与行政管理相混淆、内设机构和资源配置不合理等方面，影响了审判权的独立行使。为此，法院机构设置应该优化，优化的原则是：以审判为中心，突出法官的核心地位，审（审判）政（行政）分离，阻断行政对审判的干预。

管理的基础在于有一个制度化体系。一个结构完整、设计合理、层次分明的管理体系是管理发挥出最大效能的前提。合议庭作为法院行使审判权的主要基层组织，其本身也承担一定的审判管理职责。尤其在目前，多数法院仍然实行合议庭成员固定或相对固定的审判长负责制。审判长作为相对固定合议庭的领导者，通过合理分配案件、指导法官办案等管理措施确保合议庭保质保量完成审判任务，承担重要的审判管理职权。因此，探讨法院审判管理，要重视对合议庭审判管理的探讨。创新和完善法院审判管理机制，也必须创新和完善合议庭审判管理机制，并将其纳入法院管理指标体系的考虑范围。

3. 司法成本与资源配置指标体系

司法活动是国家特定的机关和相关的参与人按照一定的程序解决纠纷以获得社会法律秩序的恢复的一项社会活动。我们用经济学的眼光来观察司法活动，便会发现司法活动同样受制于投入产出规律的控制和影响，司法活动过程中投入的人力物力和财力以及司法的产出之间的比例关系，对作为司法活动主体的司法机关十分重要，往往会对司法机关的行为有着很大的影响。

司法成本的考量应作为法院管理的一个重要评估指标。在讨论审判应有的作用时不能忽视成本问题。当前社会，民众权利意识的觉醒导致诉讼案件大幅攀升，司法机关往往疲于应对。如果忽视对成本的考量，法院必然不堪重负，法院功能作用发挥的空间将不断受到压缩。为此，有必要从社会的整体规模上计算、比较投入司法的资源和正义生产的总量，同时与其他社会任务权衡来相对地确定资源的配置、程序的设计以及正义的分配。①从棚

① ［日］棚濑孝雄：《纠纷的解决与审判制度》，王亚新译，中国政法大学出版社 1994 年版，第 265—269 页。

濑孝雄所做的一个统计中我们可以看出审判成本在不同程序中的差别。

表 6 按结案方式分类的案件处理成本①

类别	案件数(件)	平均开庭(次)	法庭时间的比例(%)	每件平均成本(万元)
对席判决	25 284	7、4	40	50
缺席判决	22 333	1、1	5	7
和解	34 521	5、8	43	39
撤诉	23 710	2、2	12	15

根据上海一中院统计,其 2009—2010 年两年间,简审案件平均审理天数为 23.1 天,较全院案件平均审理天数减少了 36.4 天,有效地节约了诉讼成本。②因此,司法功效对成本的评估是一个重要内容。这牵扯到司法资源与权力配置的优化问题以及程序、正义生产的平衡。成本政策是一种带有很强技术性的复杂体系,评估的过程应对各方面的影响因素综合考虑,探究反映公众合理选择的途径。近年来以小额审判为代表的案件分类逐渐推行,诸如此类的程序简化被看作是节约成本的重要途径。

(二) 人力资本指标体系

1. 法官职业化程度指标体系

职业化是伴随着现代化而发生的,现代法治的发展也要求国家审判权由特殊专业人员组成的国家机关行使,西方各国在法制现代化的进程中都经历了法官职业化的阶段。处在转型期的中国社会,法官职业化的程度是衡量现代司法制度的一个重要指标,也是法制现代化进程中一个不可回避的课题。而法官职业化程度指标体系将成为衡量中国法官职业化程度的重要标准。

法官职业化程度指标体系主要应包括以下几个方面:第一,职务保障指标体系,法官在任职期间非因法定原因不受降职、罢免等处分,保障法官身份人格的独立,保障法官的职业特权,保障法官履行司法裁判权执行职务不受指控和权力机关的审议、追究和罢免。第二,经费保障指标体系,通过司法预算的独立,使司法经费得到充分保障。第三,安全保障指标体系,国家要提供法官人身安全和个人财产、家庭财产安全等方面的保障。第四,薪俸

① [日]棚濑孝雄:《纠纷的解决与审判制度》,王亚新译,中国政法大学出版社 1994 年版,第 279 页。

② 参见上海一中院课题组:《我院二审民商事案件繁简分流机制的实践与完善》,上海一中院内部简报。

保障指标体系。通过高薪养廉，解除法官的后顾之忧，培养法官的尊崇感，促使其公正执法。这也是世界通例，是司法客观规律的反映。建立法官职业化程度的指标体系应充分考虑以上因素。

2. 法官专业化程度指标体系

现代社会对法官的综合素质和能力的要求是多方面的，包括深谙法律原则和司法程序，法律理论素养深厚，逻辑分析能力较强，理性化程度较高，还包括法官个人适应审判工作的特质，如诚信、独立、尊严、公平、正义感等。一个由具有共同的知识背景的法官们所组成的高度同质感的法官职业将使自身拥有一种凝聚性并同时获得一种排他性力量，从而成为保证司法独立、依法裁判的中坚力量。

法官专业化指标体系的建构主要应包括法官的任职资格、学历程度、从业经验、教育培训等方面。在指标体系中，应考虑坚持以下标准设定指标权数。第一，法官数量应逐渐减少。适用于行政部门的帕金森定律同样适用于法院，法官太多会使整个体制中的效率低下更加严重。第二，严格界分法院的审判职能与行政管理职能，对法官和系统中的行政管理人员分别适用不同的管理原则和运作机制。第三，减少法院内部权力结构的中间层次，逐步取消院、庭长审批案件的权力，同时逐渐弱化审委会职能，使审委会由管理机构成为审判咨询机构。第四，实行书记员职务终身制，建立单独的书记员职务序列。第五，为法官提供便利条件进行培训与教育。

（三）审判权运行指标体系

审判权的运行是司法功效评估体系中的重要一环，占有较高的权重。笔者认为，审判运行的指标体系应包括收结案件总数、人均结案数、案件审理周期、案件分类、繁简分流、程序的类型、纠纷解决方式、审判成本、诉讼费用、证据制度等。这一指标体系的考核和法院正在推行的案件质量评估体系的指标体系其评价内容应一致。

当前法院管理中推行绩效评估已经多年，但这种以考核为目的的管理方式，不符合现代司法理念和审判自身规律的内容，比如法院绩效考核曾将案件数量、标的额的多少和增长率的高低作为评价工作优劣的标准。再比如，对年度结案率的强调，等等。最高人民法院于2014年12月取消了考核排名，除依照法律规定保留审限内结案率等若干必要的约束性指标外，其他设定的评估指标一律作为统计分析的参考性指标，作为分析审判运行态势的数据参考，坚决杜绝以保证结案率为由，年底不受理案件的做法。

建立司法考核评价制度的过程中,一定要尊重审判规律,不能太过主观臆断。评估是管理的手段之一,其主要目的在于提高司法的功效,因此,评估结束后的改进与提高至为重要,而不是以此作为提高组织形象、评先树优的手段。

审判权运行指标体系的构建强调的应该是当事人在司法权运行过程中的自助作用。其标准主要体现在以下几个方面:

1. 诉讼机制易于启动。一是受案范围应只受形式审查的约束,只要当事人的权利义务纠纷符合法定的形式要件,法院就应受理。二是诉讼费用标准合理,在改革中,应逐步调整诉讼收费标准,进一步明确诉讼费减、缓、免的标准,使之向社会弱势群体倾斜,使当事人的诉讼利益能够得到切实维护。三是法律援助的范围,切实关注社会弱势群体,使当事人能充分获得法律的救济。如日本在司法改革的进程中,逐步完善对犯罪嫌疑人、被告人的公共辩护制度,成立专门的运作机构,用公共费用为其辩护。在少年审判程序中用公共费用为少年聘用监护人,以保证调查的公正性。同时,充分考虑对受害人的保护和救助。并进一步加强了民事法律援助的案件和受助主体范围,不断提高法院的便利性。①指标应将这些内容列入评价体系。

2. 法官职权范围是否适当。法官职权范围是否适当,应以当事人权利行使程度为参照系,只有当事人因客观原因出现权利行使障碍时才能出现。比如当事人受客观因素制约,无法收集对自己有利的证据;或当事人因诉讼能力不足,无法通过有效的举证来支持自己的诉讼主张导致面临不应有的败诉,在此情形下,法官应予以释明,以支持诉讼中的弱者。②具体量化到指标,主要体现在举证制度上,相关的数字统计可以成为指标量化的依据。

3. 审判权在审级监督和审判监督程序中是否介入适当。审判监督有两种含义,一是再审制度意义上的审判监督程序,二是作为内部监督管理的审判质量监督机制。审判监督程序长期以来已遭到学界和实务界的诟病。由于制度设计的缺陷,"无限申诉"这一中国特色的法律现象使不少早已终审审结的案件,成为拖而不决的悬案。诉讼之路,往往变得漫长而艰难。审判监督程序中"翻烧饼"的现象使许多宝贵的资源被无谓浪费,当事人也为追

① 最高人民检察院法律政策研究室编:《支撑21世纪日本的司法制度:日本司法制度改革审议会意见书》,中国检察出版社2004年版。

② 孙万胜:《挑战与回应:法院改革目标之定位》,《政法论坛》2001年第2期。

求所谓“事实上的公正”而滥用诉权,因此,从立法上对审判监督案件的范围予以明确规定,严格限制审判监督程序的适用范围和适用标准,使其成为一种例外而不是常态,以增加法院适用程序的稳定性,维护法院判决的权威,是当前法院改革的当务之急。本类指标可以审判监督案件的情况为量化依据。

上海市第一中级人民法院创新审判质量监督机制,于2011年6月9日,专门制定了《关于加强和规范审监工作建议的若干规定(试行)》,共18条,该规定对审监建议的指导原则、制作范围、发出对象、运作流程、成果转化及考核机制等方面作了规范。一是提示范围具有广泛性。2012年发出的12期《审判质量提示书》分别涉及二审改发原因点击不当、冒名诉讼防范、裁判文书差错、庭审不规范操作、季度审监案件评查分析、评议笔录检查情况分析、评议笔录复制判决书、判决书认定事实与判决理由表述矛盾、适法不统一、送达不当引发再审等十余个方面的审判质量问题,涵盖了信息录入、审判程序、案件评议、文书庭审、法律适用、证据规则等多方面内容,涉及面较广;二是所涉内容体现综合性。透过问题现象,查找产生原因,是有效解决问题的基本途径之一。针对案件检查中发现的问题,《审判质量提示书》既要从问题本身出发,寻找工作方法、工作规范上的原因,又要深入分析问题根源,从办案人员的工作作风、责任意识、工作机制等方面查找原因,确保建议内容的综合性;三是解决问题力求针对性。《审判质量提示书》紧扣审判实务中存在的审判质量问题,依据规范性文件要求,力求提出有针对性的解决方案。所提示问题不仅寻求解决本身的方法,而且举一反三,提出改进同类问题的对策,从改进方法、增强意识、培养能力、构建机制、协调配合等多角度提出建议,做到针对问题,结合实际,全面考虑,注重实效;四是建议目的突出实效性。《审判质量提示书》以保障审判质量为宗旨,力求取得实际效果,推出《审判质量提示书》后,在全院反响积极,提高了大家对于审判质量的重视程度。例如,2012年2月,检出瑕疵文书11件,其中一般差错10件,重大差错1件。后即以《审判质量提示书》向全院审判人员予以及时警示,在随后几个月的裁判文书抽检中,文书差错率有所下降,取得了一定的成效,进一步发挥了审监建议对审判质量的促进保障作用。

4. 多元诉讼纠纷解决机制的应用

随着社会的逐步转型,诉讼案件在逐年增加,使得现有法院审判组织一直处于超负荷运作状态,因此如何合理配置现有审判资源,解决效率“瓶颈”问题已经成为各级法院思考的一个大问题。

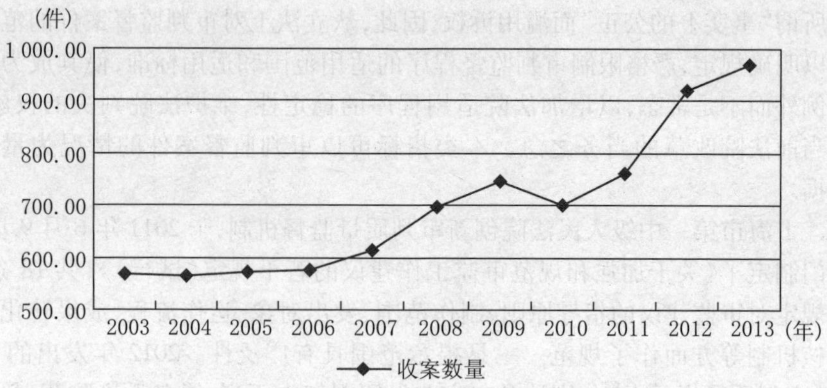

图 4 2003—2013 年全国地方各级法院刑事、民商事和行政案件收案的数量变化

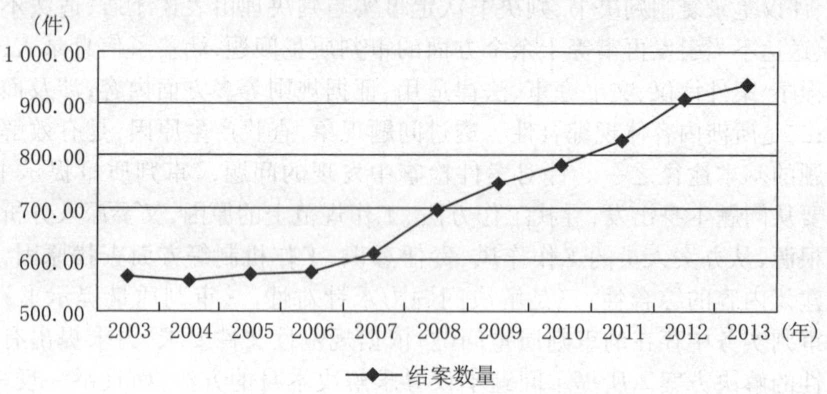

图 5 2003—2013 年全国地方各级法院刑事、民商事和行政案件结案的数量变化

案件受理数量和审结数量不断创下新高,给人民法院带来了巨大的审判压力。过去几年的人事、审判改革一直在围绕此问题展开,上海市各级法院在 21 世纪初就已经开始进行探索,推行民商事纠纷速裁机制,成立专门审理简易案件的速裁组,确立了一种有别于现行法定简易程序的"超简易程序"诉讼模式,并确定了速裁案件的范围和审理程序,较好地实现了司法效率与司法公正之平衡。2012 年的《民事诉讼法》规定:"基层人民法院和它派出的法庭审理符合本法第一百五十七条第一款规定的简单的民事案件,标的额为各省、自治区、直辖市上年度就业人员年平均工资百分之三十以下的,实行一审终审。"①小额诉讼程序在法律中的正式确立,对及时化解纠纷、

① 《民事诉讼法》第 162 条。

提高诉讼效率具有极为重要的意义,也大大减轻了当事人的负担。小额诉讼程序的推行确实有利于提高审判效率,节省审判资源,减少了当事人讼累。下图以上海和天津法院为例予以说明。

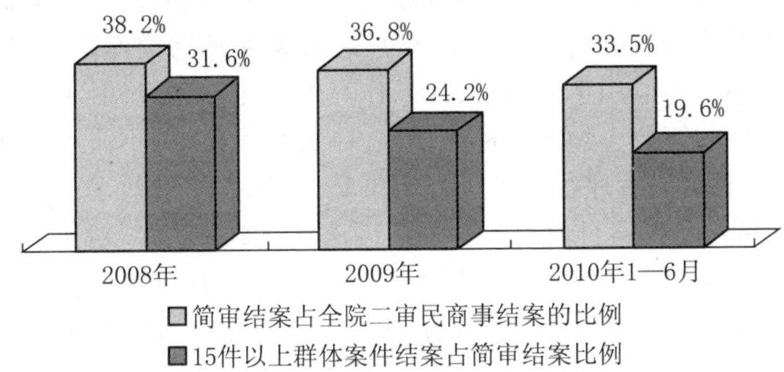

图6　上海一中院简审结案占全院二审民商事案件结案的比例示意图

上图数据说明,2008年、2009年及2010年上半年,两个简审合议庭结案分别为3 431件、3 558件、1 734件,占全院二审民商事结案比例分别为38.2%、36.8%、33.5%;15件以上群体性案件结案分别为1 085件、861件、340件,占简审结案比例分别为31.6%、24.2%、19.6%。这样的效果,一方面使得其他法官能够集中精力审理相对疑难、复杂的案件,办出质量、办出精品;另一方面,其他法官在办案数量不变的情况下,所办案件的难度、复杂度都有所上升,无形中增加了整体工作量,挖掘了办案潜能,提高了办案效率。

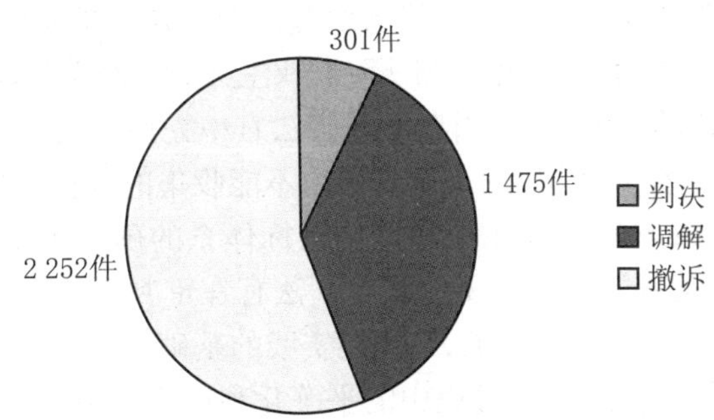

图7　天津全市法院小额诉讼案件结案方式统计图(2013年1—6月)①

① 天津市东丽区人民法院课题组:《关于民事诉讼法修改后实施情况的分析》,载高憬宏主编:《司法统计分析与审判实务》,法律出版社2014年版,第195页。

上图数据可以说明，小额诉讼程序的适用，使大多数案件通过调解或撤诉解决，仅有7.5%的案件需要通过判决处理。这一数据充分体现了小额诉讼对于提升诉讼效率的积极作用和效果。

但就推行情况看，还存在不少问题。主要表现在：1.适用小额诉讼程序案件种类不明确。我国《民事诉讼法》只是对案件标的额作出了要求，但对哪些类型的案件不适用小额诉讼，并未作具体规定。通过调研发现，有的案件虽然诉讼标的符合小额诉讼标准，但法律关系复杂，虽不属于疑难复杂案件，但适用小额诉讼程序往往难以查清事实，往往为追求效率而造成盲目下判。2.小额诉讼程序案件收费不合理。诉讼费缴纳办法中，对于简易程序案件的诉讼费用按照普通案件收费标准减半收取。小额诉讼案件的诉讼费用的收取和简易程序一样，并不十分妥当。这也会导致当事人在选择简易程序还是小额程序时，不会优先选择小额程序，影响到制度设计的初衷。3.小额诉讼程序救济措施单一。《民事诉讼法》规定小额诉讼程序实行的是一审终审制度，也就是说，案件一旦审结，不服的一方当事人就无法上诉，只能申请再审，这就可能导致再审程序的滥用以及信访数量的增加。

总之，指标体系的确立，应当体现出一种确保办案公正、有利提高效率、资源配置合理、适应市场经济发展的现代诉讼机制。

5. 规范与合理的诉讼程序与证据制度

当前应进一步深化审判方式改革，也即诉讼结构的适用。当前改革的重点是由法官主导型的审判方式向当事人主导型审判方式转变。从近代法治国家的司法权性质来看，“司法权不能积极介入市民生活”，[①]但在我国，特别是在广大农村，急于转变诉讼模式可能会引起民众对司法机制的信任危机或法律规避。[②]当事人主导的诉讼模式与法院职权主义的诉讼模式各有利弊。如前所述，在庭审方式的改革中，应当在不损害法官中立性的前提下，适当介入诉讼过程，如主动搜集一些当事人因客观原因不能收集的证据，进行一些相关的调查。审判方式改革的制度建设和评估指标体系的确立主要应遵循以下原则：第一，坚持裁判者的独立和中立地位。法官在审判中所需要的超然的、中立的、独立的地位，不能凭空想象，只能在实践的基础上，通过法律或规定达到规范化。第二，坚持程序改革过程中的平等化和民主化取向。公正的程序必然要求程序规范的内容包括民主和平等要件。因为这是审判过程中针对“特

---

① ［日］谷口安平：《程序的正义与诉讼》，王亚新、刘荣军译，中国政法大学出版社1996年版，第23页。

② 范愉：《简论马锡五审判方式：一种民事诉讼模式的形成及历史命运》，《清华法律评论》第2辑。

权思想和特权行为”的必然要求。程序的规范改革在包含了平等和民主的内容之后，才能获得审判实践的可行性，才能在程序的执行中得到当事人的遵守，才能取得人民群众的支持与理解。所以在程序规范化改革的过程中过去、现在和将来都应始终坚持平等化和民主化取向。第三，规范的程序应该是公开的程序。在审判公开的改革中应始终坚持审判的公开化和透明化，反对一切形式的“暗箱操作”。结合程序规范化改革的要求，利用这一契机，对审判委员会作出改革，提高审判委员会审判案件过程的公开化与透明化。

科学的审判程序和合理的审判程序是案件有效审判的有力保障，不合理的程序或规范将会增加行为成本和降低效率。证据的收集和利用是司法程序的实质内容。我国的证据制度应当以保证当事人诉权为中心，调整过去以法院行使审判权为中心的证据规范，代之以当事人及其诉讼代理人的权利本位的证据制度。在证据规则的建立过程中，应强调传闻证据规则和非法证据排除规则的适用，要求证人出庭作证，排除公权力机关不按程序搜集的证据，这对人权的保障有着重要的意义。应借鉴国外先进做法，建立证据开示和证据交换制度，做到公平的诉讼竞争。我国的证据随时提出主义存在很多弊端，容易产生诉讼拖延、证据突袭、反复开庭等弊端，因此，应设立举证时限制度对其予以限制。

（四）执行机制指标体系

执行工作作为诉讼最后的一个环节，关乎当事人权益是否得到实现，法律是否切实得到实施，性质特殊，地位重要。受复杂的社会内外环境以及立法司法和法院管理体制方面的影响，执行难、执行乱仍然对法院工作形成较大困扰。执行改革只有融入司法改革的整体，才能避免盲目和偏失，步入有序的轨道。执行机制指标体系的制定，应体现以下几个方面的内容：

1. 执行实体公正指标

从实体公正上看，审判的实体公正通常体现在事实的查明和法律的正确适用上；而执行的实体公正则主要体现在对生效法律文书确定的权利义务的实现程度上。审判实体公正的实现，因原始事实无法恢复，因而不可避免地具有其局限性。而执行实体公正受牵制的因素更多，实现的难度更大。影响其的因素包括：（1）裁判的公正性因素；（2）裁判所确定义务的内容因素；（3）被执行主体的责任能力因素；（4）社会客观条件因素，如协助执行环境、财产变现条件等。

2. 执行效率指标

从执行工作的性质来分析，其在许多方面带有明显的行政属性。而行政活动虽然亦以公正为其本质，但工作中奉行的是效率优先的原则。因此，司法效率应是执行工作最为重要的价值目标之一，相比起来，执行中对司法效率的追求要更高于审判活动。整个诉讼过程中，影响司法效率的因素很多，尤其是协助、配合执行的社会环境对执行效率的影响很大。而从法院执行工作内部分析，效率的体现则主要表现在以下几个方面：(1)执行周期。执行周期的长短，直接关系到包括执行机构在内的各个主体在执行中人力价值、物质财产的耗费大小。因此，适当地缩短执行周期对于执行中效率的提高有其积极的意义。当然，执行周期也不能一味求短，其规定应考虑一般执行案件各阶段的行为实施期间，并包含某些特殊情况下的变通因素。(2)执行程序的繁简程度。影响执行程序繁简程度的因素包括法院执行与当事人权利义务实施的相对集中程度（即双方行使行为是否相对集中于同一程序之内）、同类执行情况的相对集中程度、特殊案件或情况的处理操作方式、审查批准程序、书面程序、书面行为的适用量等。(3)执行权的职能分配和调整。在现代社会，司法的触角延伸到了社会的各个层面，执行的业务领域也大大超越了以往的范畴。执行人员在知识结构和办案精力方面面临着越来越大的压力。改变执行职能的单一和全能，对执行权进行必要的分配和调整对执行效率的影响程度日渐增大。具体如准审判职能、调查取证职能、协助执行义务的督促办理职能、专项案件的执行，委托相关中介机构的职能分配等。(4)管理手段的运用。先进的管理手段是当前执行工作所亟需解决的效率因素，目前管理的问题主要集中在案件管理和信息管理两方面。计算机技术的应用是提高执行管理水平的必然趋势，但计算机管理能否取得良好的工作效率和管理效果，很大程度上取决于执行程序本身的规范化程度。程序规范是高效管理的前提和基础。(5)执行人员素质。执行人员的专业素质、业务能力以及敬业精神等都会对执行案件的效率产生显著影响。

3. 执行效益指标

强调执行中的效益分析和体现是由执行工作广泛的社会性和实际的经济利害关系决定的。从经济效益上分析，执行是最直接、最实际的体现；而从伦理效益上分析，法院在执行中所产生的伦理效益不仅本身影响广泛，而且还会在很大程度上提高或降低审判工作乃至整个法院工作所产生的效益。在特定的前提条件下，法院的执行效益可以用以下一些因素来衡量：(1)执行周期。从执行效益角度看执行周期，一方面它关系到各主体在执行过程中的实际耗费。在一般情况下，执行周期的长短可以直接用于表现执行经济成本耗费的高低，这其中当然也包括执行法院的耗费在内。另一方面，执行周期对于法院的社会影响有着重要的意义，它可以间接地反映出法院实现当事人合法权益、维护社会稳定的能力。缩短执行周期，有利于提高执行的权威,增加社会对法院执行的信心。(2)执行费用水平。执行费用是在量上直接体现执行经济成本,进而影响执行经济效益的因素。执行费用水平对当事人来说是必须考虑的,而对于法院来说,执行中的实际支出费用一般均由当事人负担,作为效益因素影响不大。1999 年 10 月起,法院系统对申请执行的案件开始收取执行费,申请人执行成本的提高必然要求所得利益的相应提高,人民法院在将执行费用作为一项经济效益的同时,不应忽视其在伦理方面的效益作用。在可执行财产状况不变的情况下,人民法院应该考虑根据申请人的状况、执行结果的不同,通过执行费的减免及退还方式对总体效益加以平衡。(3)执行标的到位率。案件申请标的的执行到位率是最为重要的执行效益。全额执行到位或到位率高是实现效益的最好体现。但如前文所指出的,执行中当事人实体权益的维护因种种因素往往难以实现。尤其是那些法定义务自纠纷开始即大大超越了责任能力的案件,要求全额执行或有很高的到位率显然是不合理的。执行到位率是衡量执行效益的主要因素,是执行的工作重点,但也需要将其与其他实际因素综合起来加以评价。(4)执行中的程序适用和程序权利的维护。如果将经济学中关于最优化行为原理的"帕累托最适"、"帕累托最优"及"边际替代率递减法则"引入到对司法效益乃至执行效益的分析中来,可以认为,执行中各主体的成本与效益之间,以及经济成本、效益与非经济成本和效益之间实现互补是完全可能的。因此,要提高综合效益,还应注重对具体执行程序和手段的科学适用及对当事人程序权利的维护。在申请执行人经济效益降低的情况下,人民法院有必要加强正当程序对于获取伦理效益的价值认识。

(五)监督制约机制指标体系

1. 内部监督机制指标

一个规范有效的监督制约机制对司法权力的正当行使有着重要的意义,为此,应以责任为核心对审判权进行合理的限制与约束,以形成一个以强化内部监督机制建设为保障的专门的、主动的、经常的、有效的监督机制。因此,在指标体系的建构中,有必要体现监督机构的责任,通过建立一种权威性的、主动性的监督机构对审判权运行的各个环节进行全面的监督,以保证审判责任的落实。

建立责任型监督制约机制,应当在指标体系中体现责任与审判权配置的比例关系。首先,要尊重审判权的运行特性。要按照审判程序,遵循形式主义的要求,在当事人的推动下,居中独立作出基于形式真实的事实判断。审判责任也必须以此为逻辑起点,才能使其自身符合审判权运行的内在规律。其次,客观性,亦即归责原则客观化,以行为的客观违法性而不是以主观上的故意或过失作为归责原则，避免因责任认定的主观性而导致责任大于权力，束缚法官的自主判断。①法院改革应提高司法的统一性、透明度以及责任性。最高人民法院建立的案件质量综合评估体系中，如收结案总数、判决率、调解率、撤诉率、上诉率、改判发回率、申诉率、进入再审率、再审改判率、案件差错率、裁判文书差错率等多项指标，都是内部监督量化的体现。

2. 外部监督制约机制指标

外部监督机制指标主要表现在上级法院的审级监督、人民检察院的法律监督、权力机关对法院的监督、社会公众以及新闻媒体的监督。人大的监督是国家权力机关的属性使然，也是人民民主的内在要求，人大的监督活动具体应通过对违纪违法行为的监督任免法院的院长、庭长、审判员等形式进行。但在人大是否享有对具体案件的监督权，理论界和实务界都存在着纷争。马克思有言，“法官审判除了法律，没有别的上司”。因此，法官审判要求职务上的独立，来自人大的个案监督，政治组织的个案监督，政府、社会的非制度性干预均应杜绝。人大直接介入具体案件超越了立法机关的固有职能，很容易变成直接或间接代行审判权。上级法院的监督应当只限于案件的上诉与申诉，而检察机关对法院案件的全面监督值得商榷。调整平等主体之间民事、经济关系的主体是法院，而民事诉讼主体的权利日益突出，当事人在民事、经济、行政案件中均可以通过充分的诉讼救济渠道获得救济，检察机关代表国家干预是对当事人意思自治原则的否定，造成了主体资格和诉讼能力失衡，也是不必要的。而且就检察机关的力量和监督情况来看，其可行性值得怀疑。②本指标的量化是个复杂的过程，需要在分析监督正当性与合理性的基础上对不同的监督进行专门的监测和数据的统计处理。这一指标中，对司法公开权重的增加，是功效评估的重要内容。

（六）社会评价指标体系

公众评价是公民对司法功效状况的直接感受和综合反映，也反映了司法功效的动态平衡状况。司法面目的转变应赋予和保障公民主体性地位，阐发服务公民的理念。在司法制度的构建与运作中，充分尊重公民意愿，便利公民接近司法。③因此，社会评价是考察和评价司法功效的重要指标，主要测评：第一，司法公正与否；第二，对自身权利司法救济状况是否满意；第三，

① 孙万胜：《挑战与回应：法院改革目标之定位》，《政法论坛》2001 年第 2 期。

② 张智辉：《法律监督机关的设置与改革》，载信春鹰、李林主编：《依法治国与司法改革》，中国法制出版社 1999 年版，第 476 页。

③ 左为民：《在权利话语和权力技术之间——中国司法的新思考》，法律出版社 2002 年版，第 4 页。

司法机关能否提供优质高效的司法服务。社会评价指标体系的确立,属于社会学实证研究的范畴,其包括的内容较为繁杂。可以在指标体系中细化为以下几个方面:1.公众对司法机关性质与地位的判断;2.公众对司法判决公正与否的评价;3.公众对自身权利司法救济状态的感觉;4.公众对司法机关提供优质高效司法状况的评价;5.是否为人们提供进入法院的便利;6.诉讼过程的快捷、优质和高效,诉讼时限是否符合社会要求;7.审判过程体现平等、公正;8.保持司法独立审判,对公众负责;9.诉讼费用的标准是否合理。

对以上指标的测量很难量化,主要是通过问卷、访谈、座谈等方式调查社会公众的主观感受来进行评价。

问卷法是现代社会调查中最流行的资料搜集方法,被美国社会学家巴比称为“社会调查的根本性手段”。①其通过书面提问的方式了解社会对司法的认知和评价,测知社会公众对司法运行的态度,其关键在于问卷的科学设计。首先,应确定评估的框架,列出需要评估的指标;其次需要根据指标编制直接或间接的问题。在对需要测度的评估指标问题化后,对问题进行排序、组合,然后对问卷进行编码,完善问卷的引言、注释。与访谈法和参与式调查法相比,其具有避免偏见、减少调查误差的优点。

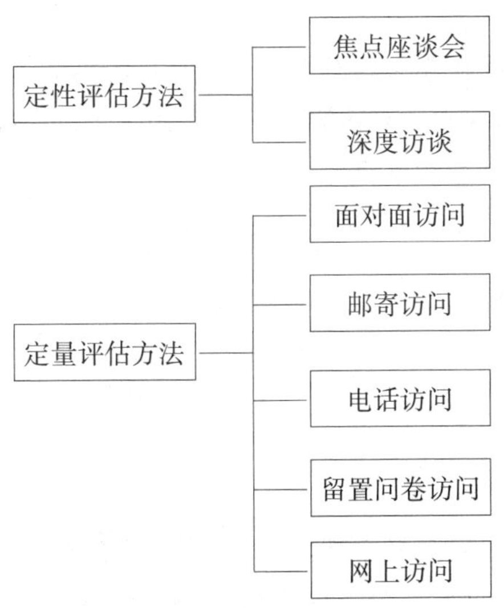

图8　社会评价方法示例图

① Eael Babbie, 1995. The Practice of Social Research, Seventh Edition. Wadeworth Publishing Company.

对于司法功效的社会评价部分，问卷调查具有十分重要的作用。而问卷设计的质量将会直接影响到调查结果是不是公正客观。现有关于司法功效的调查问卷中，大部分都是采用表格式的简单问卷形式，既缺乏科学的理论指导，也很少从被调查者角度出发，而且很多的评估问卷设计的语言专业化倾向表现突出，加大了被调查者的难度，超出了被调查者的经验范围，难以与被调查者进行有效的沟通。

问卷设计步骤如下所示：确定评估目标、资源和限制因素→确定数据收集方法→确定问题的回答形式→决定问题的措辞→确定问卷流程和编排→评估问卷→获得各方认可→准备最终的问卷文本→预先测试和修订→实施调研。

三、司法功效评估主体的选择

在司法改革推进和深化的过程中，对司法功效的评估和司法改革的推进，需要一个能够得到法律授权并能从宏观上设计和推动法院体制改革的设计师，以明确改革的宏观理念，能够协调各部门间的关系，同时超然于各部门的利益之外。这样一个独立的司法改革领导机构可以通过科学的监测和评估实现对司法功效的准确把握，从而将司法改革推向深入。司法功效的科学评估应在统一的司法改革领导机构的领导下进行，以摒弃评估和改革进程中的非理性色彩。

司法评估的主体在实践操作层面，范围有所不同。如上篇第四章中所论及，在我国法律法规尚未对司法评估主体作统一规范的情况下，司法评估主体模式的探索提供了丰富而又宝贵的实践经验。综观各种评估主体的实际运作，作为国家权力机关和法律监督机关的人大在司法制度评估体系中还应担负起不同于一般主体的特殊职责，由人大来主导开展司法功效的评估具有其实践合理性。人大及其常委会具有监督司法机关和任免司法人员的重要职权，通过组织、控制、引导、监督司法功效评估，规范司法行为，促进司法公正，一方面能从更高层面上把握评估工作的发展方向，引导评估工作科学发展，另一方面，其作为国家权力机关的权威性，能够保证评估过程更加公正，评估结论更加客观。

鉴于人大现阶段尚不具备评估司法功效的技术能力和组织架构，实施检测组织评估尚有困难。因此，也可以由人大委托社会中介机构进行信息监测。法院自身实施监测和评估往往基于自身利益的考量，其结果往往会有失片面。而最终组织评估的过程则应由权力机关进行。来自改革的外部评估是很重要的，在美国的试点法院的评估中，研究者发现当试点法院内部的报告认为成功地缩短了案件积压期限的同时，其他外部的独立报告认为没有什么重大变化。①

司法功效评估主体的确定是进行科学评估的基础。评估工作的专业性较强,需要依靠本领域内的专家作出。但专家的研究领域也应该是多元的,要涵盖法学、经济学、管理学、社会学等多个方面,对于不同的评估要点,专家组的专家结构也应有所不同,以全面保证评估的科学、客观和公正。

四、司法功效评估信息的监测

司法功效评估需要有准确信息的获得,因而信息途径十分重要。建立一个汇报、传播关于执行标准的信息机制十分重要,这些信息允许文明社会拥有司法责任,而且能够帮助发展明确的执行标准,通过这种执行标准去评价司法改革的进展。信息经济学的基本内容是信息不对称,不独经济领域,已是人类社会的普遍状况。从社会学角度分析,信息不对称至少有三种情形,第一种是 *A* 与 *B* 所处位置不同,*A* 给 *B* 的信息是不完整的。第二种是 *A* 给 *B* 的信息是完全虚假的。第三种是 *A* 发出的信息基本正确,但 *B* 对信息缺乏很好的分析和判断能力,不理解信息的含义。在一个大的系统里,这三种情况都会存在并可能时常发生,司法功效评估的信息获得也不例外。信息扭曲会影响到信息的监测与决策部门的决策,因此,应使司法功效评估信息获得的过程更加规范与科学。

从操作的角度来看,现有的司法信息虽然卷帙浩繁,但并不能直接拿来适用。为此,对信息进行筛选和处理,需要大量的工作。只有对原始的司法信息进行标准化处理,才能进而实施定量分析。所谓标准化处理,就是将不可比的信息转化为可比的信息,使之可能进行相应的数学运算。在社会科学研究中,非变量的类型化和使之向变量转换,普通变量的探索以及发现或创作新变量,是最基本的作业。②对司法信息进行标准化处理,是进行司法功效评估的重要前提,可以使司法现象的范围、规模、水平,不同现象的关系变得清晰可见,使有关信息具有可比性,从而使司法功效的测量与计算变得比较准确。

五、司法功效评估的过程

在按一定的原则确定了指标体系后,可以对司法功效予以评估。其主要有以下几个方面:第一,确定评价对象系统;第二,根据评价对象确定评价内容、属性和目的;第三,通过监测、专家评判,明确评价的标值,确定自变量和应变量及其数值;第四,选择评价的方式或方法进行单项评估或综合评

---

① 孙谦、郑成良主编:《司法改革报告——有关国家司法改革的理念与经验》,法律出版社2002年版,第19页。

② 季卫东:《法治秩序的建构》,中国政法大学出版社1999年版,第352页。

估;第五,分析评估结果,写出评估报告。①图 9 可以说明对司法功效进行评估的过程。

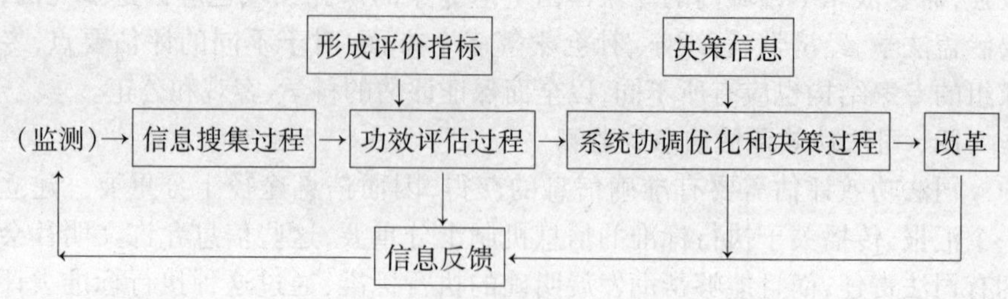

图 9　司法功效的管理和控制模型

在图 9 中,可以看到司法功效是如何在信息的形成与反馈的过程中影响到司法的决策和运行的。司法改革基于这样的功效评估体系之上将避免其盲目性,大大减少试错成本。

在评估过程中,函数公式的确立十分重要。司法功效定量分析中的函数关系是一个数学等式,等式一边是司法功效这个应变量,另一边是影响司法功效的各种因素这些自变量,要在它们之间建立等式关系,必须寻找它们之间的函数规律。寻找此规律的过程不能单靠数学的方法,主要依靠理论上的设计,加权之和可以作为其函数规律的思路。建立函数关系,需要把计算机技术应用到司法功效的研究中,以提供科学研究的速度和质量,通过对函数关系的分析,可以找到提高司法功效的对策。②以 H 区法院为例,评估的基本流程如下:

1. 确定权数值

为了便于计算,总的权数确定为 100%。再根据各指标在评价指标体系中的重要性,确定各级指标。

2. 设定应变量即司法功效的数量值

3. 自变量即各级指标的数值

4. 建立自变量和应变量间的函数关系

首先应确定各自变量的权数, a_1 = 法院管理 = 20, a_2 = 法官素质 = 15, a_3 = 审判运行 = 20, a_4 = 执行机制 = 15, a_5 = 监督制约 = 15, a_6 = 社会评价 = 15;

---

① 高志刚、鲁统民:《司法功效评估标准及其指标体系研究》,《山东审判》2004 年第 3 期。

② 参见张根大:《法律效力论》,法律出版社 1999 年版。

然后确定应变量和各自变量的数学符号和函数关系的数学符号。

设：

司法功效的数量值为 y，x_1 = 法院管理，x_2 = 法官素质，x_3 = 审判运行，x_4 = 执行机制，x_5 = 监督制约，x_6 = 社会评价。f 为表示加权之和的函数规律；则司法功效与相关要素的函数关系为：

$$y = f(x_1, x_2, x_3, x_4, x_5, x_6)$$

$$Y = \frac{(a_1x_1 + a_2x_2 + a_3x_3 + a_4x_4 + a_5x_5 + a_6x_6)}{6}$$

$$\sum a_i$$

$$(i = 1)$$

$a_i(i = 1, 2, 3, 4, 5, 6)$为常数

x_i 为自变量，其定义域$(0, 1)$，y 为应变量，其值域为$(0, 1)$。

5. 进行数值评估

同理，一级指标的数值通过二级指标的加权之和求出。根据在 H 区法院调查搜集的数据，笔者粗略计算如下：

x_1=法院管理，H 区法院数字显示，其改革逐步实现审判权的内部独立，并初步实现了审判资源的合理配置，但受制于体制环境，其外部独立远未实现。综合各种因素，可以得出其数值为 0.65；

x_2=法官素质，H 区法院经过机构改革和人员精简，使法官整体素质得以提高，其学历水平、教育培训等都走在全国前列，但法官的经验值较低，综合各种因素，得出数值为 0.75；

x_3=审判运行，H 区法院通过审判流程管理、审判方式改革、案件分类、繁简分流、证据制度等改革，使审判权运行呈现优质高效状态，故得分 0.80；

x_4=执行机制，H 区法院数字显示，执行终结率较高，异议率较低，执行机制运转良好，得分 0.78；

x_5=监督制约，近年来，H 区法院未出现违法犯罪情形，这基于监督制约机制的完善，但亦存在个别违纪状况，得分 0.85；

x_6=社会评价，根据对 H 区法院社会评价的问卷调查的统计，社会对 H 区法院呈现较高评价，得分 0.82。

将以上数值代入函数公式，我们可以得到：

$$\begin{aligned} y &= (20 \times 0.65 + 15 \times 0.75 + 20 \times 0.80 + 15 \times 0.78 + 15 \times 0.85 + 15 \times 0.82) \div (20 + 15 + 20 + 15 + 15 + 15) \\ &= (13 + 11.25 + 16 + 11.7 + 12.75 + 12.3) \div 100 \\ &= 0.77 \end{aligned}$$

故而H区法院司法功效的数量值计算结果为77%。这个数字表明,H区法院的整体运行良好,其建构现代司法制度的改革是卓有成效的,但受制于各种客观因素以及认识的局限性,还存在着很多不足,其改革还需要深入论证和研究分析。

六、司法功效评估的回应和反馈机制

(一)面向内部的回应

在评估的报告反馈上,既要对功效评估的过程和结果进行总结,让司法机关知道自身目前所处的状态和水平,同时又要在评估报告中,结合评估的指标体系,对司法机关在各个环节存在的问题,提出整改的建议,促使司法机关针对反馈作出深度的思考和讨论,然后再进一步制定更加细致的行动方案或改革纲要,以达到真正促进司法功效提升的目的。在评估结果公布后,要将评估的情况在各级法院之间进行工作交流、沟通信息,并开展专题培训,共同推进司法机关有的放矢改进工作,推动司法改革的进程。

(二)面向外部的回应

司法功效评估的开展,需要社会公众的参与并作出评价。但在评价结果出来之后,需要进行积极的反馈,才能进一步激发社会公众参与司法评价的积极性。因此,最有效的方式,就是在评估结束后,将评估结果向社会公布。通过这种互动与沟通,可以很好地改善司法机关与民众的关系,提高社会对司法机关的整体形象的认知度和美誉度。

(三)司法功效的连续评估

转型期司法需要不断改革创新,才能适应发展的形势和需要。司法功效的单次评估不可避免存在很多缺陷,需要通过连续评估,达到提升司法功效的目的。司法功效的评估是一个动态的过程,采取连续评估更能从动态的角度来了解司法机关的表现及其改进的效果。通过连续跟踪评估,可以对历年司法功效的水平进行对比,也可以帮助司法机关了解公众对历年来司法机关工作的评价、建议,可以通过评估获得司法功效的平均水平,从而为提升司法功效提供可参照的标准。

第七章　局部评价：司法改革试点评估运作机制分析

党的十八届三中全会以来，中央关于司法体制改革作出的若干决定，进一步明确了各项改革任务的路线图和时间表。①上海等6个省市的先行试点，表明司法改革正在提速，已经引起了全国范围内的强烈关注。②这一试点的推进，寄托着全社会对通过司法改革更好地维护法律尊严、实现司法公正的强烈期待，有可能更大限度激发制度活力，推进法治进程和司法制度的科学发展。然而，在对试点这一制度改革方式高度重视的同时，却并未对同样重要的试点效果给予足够关注。如何在评估的基础上有序推进试点工作，评估的主体、客体、工作程序、指标体系的建立等核心内容，最新出台的试点框架意见和工作方案并没有进行明确表述，试点改革的评价体制机制并不完善。在改革试点推进的过程中，我们要追问的是：如何确定当前司法体制改革最迫切、最需要、最合时宜的主要任务？这些主要任务也即司法制度变革的目标性构想应通过怎样的方式进行评估和运作，以在合理性和可行性论证充分的基础上，转变成为一种相对可行的实践行动方案？通过何种方式来对试点的效果进行评价才是科学的，应该由谁来主导试点工作的评价，对试点工作中存在的问题如何进行纠偏，公众又应当如何参与对试点效果的评价？毋庸置疑，对以上问题的回答应该是以改革决策者对目前改革需要的实际评价为基础，而不是以对未来存在的可能的最终状态的想象为基础。本章将从这些问题出发，兼以当前上海市正在推行的试点改革方案中的员额制改革为分析样本，通过对司法改革试点项目的梳理和反思，揭示改

---

① 2014年6月6日，中央全面深化改革领导小组第三次会议审议通过了《关于司法体制改革试点若干问题的框架意见》、《上海市司法改革试点工作方案》和《关于设立知识产权法院的方案》。参见：《中央决定在上海等6省市开展司法体制改革试点》，《法制日报》2014年6月17日。

② 2014年7月12日，上海召开全市司法改革先行试点部署会，确定市二中院、市检察二分院及徐汇、闵行、宝山区的法院、检察院8家单位先行开展为期半年改革试点，在试点基础上在全市推开。参见孟伟阳、郑法玮：《上海启动司法改革试点工作，85%人力资源直接投入办案》，《法制日报》2014年7月13日。

革试点评估的可能路径,并对以上问题做一个初步的回答。①

第一节　司法改革试点评估现状及问题

通过试点推进司法体制改革,反映了一种立足改革实践推动理论创新的思想认识过程,具有重要的理论和实践意义。“在某种意义上可以说,法律试行是通过在法律体系内部设置租界的战略实现法律秩序的多元化、开放化。让法律制度把异质物吸入体内的做法是极为大胆而危险的,但对于带有根本性的制度变革来说也许是一种捷径。”②而试点评估机制的确立,对司法理论发展的贡献巨大。

(一) 改革试点评估的演进

制度的价值冲突需要以注重实效的实用主义态度来进行取舍,根据试点来说明问题,通过试点结果来影响立法的价值选择。③通过试点评估推进改革,秉持从方案设计—实践推广—总结完善—进一步推广的实证研究和改革方式,表现出制度调整与变迁的演进过程。试点评估通过预设的标准,对试点改革的空间、原则作出限定,明确了司法改革的法律限度,从而有效解决司法改革的创新性与合法性的矛盾。

南京国民政府从 1941 年就开始了实验法院的探索。1942 年 5 月 1 日,四川璧山地方法院正式改组为璧山实验地方法院,由司法行政部直接监督指挥,开始简化诉讼程序的地方实验,并注重对实验成效进行总结。1944 年 7 月 1 日,司法行政部又将四川重庆地方法院改组为重庆实验地方法院,并根据实验效果,对诉讼法进行了修订。④美国的维拉司法研究所在通过试点推进改革半个多世纪以来,积累了很多“令人惊叹”的创新与改革经验。⑤维拉司法研究所策划、实施和评估试点项目,总结了一套行之有效的实证研究方法论,用来检测确定司法制度中的主要问题。成功的试点可能被推广,进

① 本章参见高志刚:《司法体制改革试点评估运作机制研究——兼以法院员额制试点改革为样本》,《北方法学》2017 年第 1 期。

② 季卫东:《论法律试行的反思机制》,《社会学研究》1989 年第 5 期。

③ 田璐:《试点改革的空间有多少? ——以人民监督员制度试点项目为例》,《云南大学学报(法学版)》2008 年第 2 期。

④ 刘昕杰:《实验法院:近代中国司法改革的一次地方试点》,《中国法学》2015 年第 5 期。

⑤ [美]吉姆·帕森斯、梅根·戈尔登、郭志媛等:《试点与改革:完善司法制度的实证研究方法》,郭志媛译,北京大学出版社 2006 年版。

行整个系统的改革，并且可能导致形成新的机构。其研究和实践主要集中在刑事司法改革的有关领域，受维拉方法论的影响，我国的一些司法决策者和研究者表现出对其研究方法的浓烈兴趣，已经能够理性对待实证研究，并与其他研究方法综合运用。维拉司法研究所也和中国学者在多个领域开展合作进行试点评估，评估方法和评估体系的科学性、合理性不断提升，包括最初制订项目计划，收集基准数据，执行、研究分析以及汇报项目成果。①最高人民法院近年来也开展了多项试点，在部分中级人民法院开展设立独立建制的未成年人案件综合审判庭试点工作、普通程序简便审理的试点、小额法庭的试点、量刑改革试点、深化司法公开和审判权运行机制改革试点、多元纠纷解决机制试点、在部分地区开展刑事案件速裁程序试点工作等。其中部分试点项目在实施过程中进行了评估。②这些试点评估探索有效地推动了司法改革的进展，对司法改革作出了贡献。研究型的试点一般由法学院校和司法机关共同进行，大多以解决司法运作过程中存在的突出问题为出发点，通过试验、观测和评估获取实证研究数据，以便验证某种理论或进行制度推广，向立法机关提供立法建议。围绕刑事诉讼程序正当化与无争议案件刑事诉讼程序简易化等，中国的学术机构也积极参与试点项目，进行试点改革，并在试点评估领域也取得了一些成果。③

（二）司法改革试点评估的主要问题

由于试点改革缺乏立法上的支撑，试点评估的结果并不能反馈且对立法施加应有的影响，因此司法机关的试点并未得到广泛推行，试点评估在理论基础和实践操作中不可避免还存在着不少薄弱环节，试点工作中存在的诸多问题也往往导致改革陷入困境。主要表现在以下几个方面：

1. 缺乏科学的改革方法论的指导。我国司法改革目前成效不高的一个重要原因就是没有运用科学的方法进行试点、评估和改革。在自上而下推进司法试点改革的过程中，方法论与问题的断裂问题凸显。当前的司法改革，偏重于由上而下、系统推进，是一种整体性、大规模的改革，推行的成本

---

① ［美］吉姆·帕森斯、梅根·戈尔登、郭志媛等：《试点与改革：完善司法制度的实证研究方法》，郭志媛译，北京大学出版社2006年版，第9页。

② 柏松、姜红：《最高法院在清镇对多元纠纷解决机制改革试点工作进行终期评估》，《人民日报》2014年4月10日。

③ 如2009年5月，中国政法大学诉讼法学研究院与江苏省盐城市中级人民法院及所辖基层法院确定合作开展“非法证据排除规则试点项目”。参见郭志媛：《中国经验——以刑事司法改革试点项目为蓝本的考察》，北京大学出版社2011年版，第7页。刘辉汇总了20世纪90年代以来刑事司法改革的15个试点样本。参见刘辉：《刑事司法改革试点研究》，中国检察出版社2013年版，第18—20页。

很高,面临着来自各个层面的阻力,效果也不尽如人意。尤其是一方面强调推行改革的决心,另一方面却缺少在科学评估机制基础上的对改革效果的直接检验。改革试点缺少对改革项目动态复杂性的分析,也没有建立起外部冲击下司法体制的稳定性和变革环境下司法的适应性等多种评估标准,从而难以在不同的维度下对司法制度评价进行优化分析。

2. 试点评估机制不完善。在我国已经进行的司法改革试点项目中,评估机制并不完善,评估环节还比较薄弱,数据的采集方面也还面临困难,试点时间一般不够长,试点成功影响立法的例子也还比较少。过去的评价,是一种法院内部旨在推动试点项目进程的形成性评价,以及类似试点项目鉴定的总结活动。对试点效果的评价往往只是从个别访谈、座谈会、研讨会的形式进行,多为主观感受和评价,缺乏对数据的收集、统计和分析。作为当前司法体制改革试点主导和推进机关的中央政法委,①未有建立起专门收集改革试点有关信息的机制,主要依靠各试点单位提供试点的数据和信息。在组织架构中,没有成立试点改革评估工作的领导小组,也没有就改革试点建立起完整的评估指标体系和实施方案。这种试点机制虽然就试点改革可能出现的变量进行监控和测量,但试点效果的评价往往只是一种建立在被试点对象官方数据基础上的价值评判,其实施方案的科学性、可行性都需要进一步深入论证。

3. 试点评估缺乏各层面的广泛参与。当前我国的司法改革是由中央国家机关主导、设计和推行的,在顶层设计的过程中,对各方意见调研与吸纳不足,容易招致各界对改革效果的诟病。首先,基层司法机关和司法人员参与不够。作为司法制度的具体实施者,基层部门及其工作人员能最准确地体验司法运行中的突出问题及症结所在。其次,学者在推进试点改革中发挥的作用有限。司法改革过程中,需要法学、社会学、经济学等不同学科背景的学者介入,才能有效整合各个领域对司法改革的指导作用,摸索法学研究和制度改革共生共进的有效路径。最后,民间机构发挥作用不够。民间机构对推进司法试点评估和司法改革是一股极具潜力的重要力量,国外如美国维拉司法研究所,其对所在地的司法改革进程产生了重大影响。中国司法改革要在立足中国国情的基础上,充分借鉴其他国家和地区在试点评估中的优秀经验。

4. 试点评估效果缺乏有效检验和校正。“对发展中国家司法改革的评估,往往并没有集中在新的举措所产生的影响,而是放在了项目是否被完

① 此次司法体制改革试点工作总体上由政法委牵头推动。如上海市改革试点工作方案中,明确了司法人员分类的总体方案、员额制改革的管理办法等均由市委政法委牵头,高院、市检察院、市委组织部、公务员局等作为责任单位。

成，资金如何被利用上。”[①]实务部门启动的试点，其动机往往有三个方面，一是受现代司法理念的影响，如以法官精英化、职业化为目标的法院员额制改革；二是处于缓解压力的需要，如小额法庭的试点；三是为了应付绩效考核或业务考评。有的试点出现了“盆景化”，只注重应时、应景、有看点，吸引上级和媒体关注，但缺乏制度内涵，忽视制度发展的规律性，既无启发性，也无推广价值。[②]有的制度虽然称作试点，但实际上是以试点的名义广泛推行。以与法官员额制同样探索人员分类管理的法官助理制度试点为例，早在1999年就开始施行。[③]但法官助理制度试行多年来，遭遇了很多批评和难题。在没有完整和系统地分析评估法官助理制度试点的情况的基础上，在《四五改革纲要》中明确建立法官员额制，[④]并在这次司法体制改革中进行试点，却没有对以往实践中存在的利弊做出全面总结，在理论层面上对其合理性和可行性进行论证，其反思性无疑没有得到明确的体现。

司法试点评估方法论和评估体系的完善，对有效推动我国司法体制改革将起到十分明显的作用。由此，需要在推进改革试点的基础上，明晰司法改革试点评估的适格主体，探索形成一套验证完善、契合实际、导向明确的司法试点评估指标体系，形成一套行之有效、符合中国特色的评估工作管理体系和相关的制度机制，形成一套目标清晰、过程规范、结果客观、效果显著的司法试点改革评估的规范方式和程序，进一步推动司法改革向健康、有序、高效的方向发展，为决策层出台相关政策提供基层经验。

第二节　司法改革试点评估的主体、原则和方法

彻底的持续的评估是完成一个成功的试点项目的重要方面，尤其是大

---

① 孙谦、郑成良：《司法改革报告——有关国家司法改革的理念和经验》，法律出版社2002年版，第19页。

② 李乐平：《创新创优不能过度“盆景化”》，《检察日报》2012年2月28日。

③ 最高人民法院早在1999年发布的《人民法院五年改革纲要》（一五纲要）第33条规定，高级人民法院可以对法官配备法官助理和取消助理审判员工作进行试点，摸索经验。2002年最高人民法院《关于加强法官队伍职业化建设的若干意见》第29条再次明确提出“试行法官助理制度”。2004年9月，经会商中组部同意，最高人民法院正式确定在海南高院、深圳中院、北京海淀区法院等18家法院进行法官助理试点。2007年12月，最高人民法院召开的西部基层人民法院法官助理试点工作会议，决定从2008年开始在西部12省（直辖市、自治区）800余个基层法院试行法官助理工作。

④ 《人民法院四五改革纲要》中规定“建立法官员额制，对法官在编制限额内实行员额管理，确保法官主要集中在审判一线，高素质人才能够充实到审判一线”。

规模的试点工作，在全面推行之前，更需要通过科学的设计、调研、监控、分析和测算才能对试点的效果作出相对完整和系统的评价。而通过对项目每一个措施的评价，改革者们就能更好地判断它是否适合被另一个地区甚至是另一个国家所采用。①为建立规范的司法改革试点评估体系，需要对评估主体、原则和方法进行深入探究。

(一) 试点评估适格主体的建构

试点评估主体是组织、实施、参与试点实施效果评估的个人、团体或组织。各国司法改革的领导机构和职能不同，这些委员会的性质并不是立法机构，而是一种"过滤性装置"，其有利于司法改革的整体性推进，便于统筹兼顾、协调发展。②我国司法改革的领导机构主要是中央司法体制改革领导小组。③在我国2014年推行的司法体制试点改革中，中央政法委起到了主导作用。但无论是中央政法委、中央司法体制改革领导小组，都没有专门机构担负起引导和评估试点改革的职能，对试点改革的评价也基本上都是由试点单位自行作出。这种状况的发生，一方面是由于试点评估的制度、机制尚未确立，也没有独立的第三方评估机构或组织；另一方面，基于其专业性、权威性的要求，司法机关往往在自己内部进行评估的制度设计，排斥社会各界及相关利益群体的参加。这种试点执行者的"自我评估"难免带有主观倾向性，说服力较弱。

在推进司法改革这一综合性系统工程的过程中，应当有一个权威性的司法改革工作机构，直接领导、规范、协调并对试点工作进行数据监控、测量、评估和分析。在对试点工作的评估中，应建立起由人大主导、各方共同参与的评估工作小组，由人大、公检法司、组织、人事、财政等机构共同派员组成的同时，还应吸纳学者代表、协会代表参加。有学者认为，应当在全国人民代表大会设立一个专门委员会——司法改革委员会，同其他专门委员会一样受全国人大领导。④这一方案实质上是在全国人大另设了一个与其他

① 宋英辉、向燕：《关于司法改革实验项目中开展有效比较的思考》，《国家检察官学院学报》2011年第1期。

② 如英国设在议会的法律委员会，日本设在内阁的司法制度改革审议会，澳大利亚的法律改革委员会。参见陈卫东：《司法改革十年检讨》，载《改革司法——中国司法改革的回顾与前瞻》，社会科学文献出版社2005年版，第25—27页。

③ 2003年4月，中央政法委向中央提出了《关于进一步推进司法体制改革的建议的请示》，同年5月，中央决定成立中央司法体制改革领导小组，由中央政法委、全国人大内务司法委员会、政法各部门、国务院法制办公室以及中央机构编制委员会办公室的负责人组成，全面领导司法体制改革工作。

④ 钱卫清：《建立司法改革委员会的构想》，《中国律师》2001年第9期。

法律委员会平行的立法审议机构，需要进行体制的突破，可能更不容易处理的是司法改革委员会与其他委员会之间职责范围的交叉问题。但从权力结构、评估权威性、评估可操作性等角度来讲，作为国家权力机关的人大来行使试点评估的主导权无疑具有其他部门不能比拟的优势。主要体现在：1.权威性更强。作为国家权力机关的人大本身就有宪法赋予的监督司法的权力，可以通过评估更有效地行使对司法机关的监督权，有利于对评估对象形成全面的、完整的、真实的认识和评价，可以保证信息的全面性和真实性。更重要的是，人大作为立法机关，可以在试点效果评估的基础上，修订完善相应的立法，促进司法制度更加科学完善；2.目标更加明确。人大可以充分利用代议机关的优势，通过利益相关群体及各界代表的广泛参与、公开的听证会、公众知情与官方反馈等方式，进一步明确评价的目标和标准，使评估工作有据可依；3.结果回应性更强。通过人大主导，充分挖掘与试点有关的特别是民众评价的信息，以在权衡各方利益的基础上作出易于被不同主体接受的决策，客观评价试点工作的效果，增加评估结果的回应性。

2018年3月，根据中共中央印发的《深化党和国家机构改革方案》，全国人大内务司法委员会更名为全国人大监察和司法委员会。2018年3月13日，第十三届全国人大一次会议第四次全体会议表决通过设立全国人民代表大会监察和司法委员会。①全国人大监察和司法委员会在原有工作职责基础上，增加配合深化国家监察体制改革、完善国家监察制度体系、推动实现党内监督和国家机关监督有机统一方面的职责。这一委员会的职责和监督的范围以及监督的方式是否能够在原有内务司法委员会的基础上实现拓展，能否赋予其对司法改革试点进行效果评估的职能，还需要进一步设计、论证和推动。

1999年我国台湾地区成立了“刑事诉讼改革成效评估委员会”，成员由学者、法官、检察官、律师组成。评估的内容从改革的理念到刑事程序改革的具体制度，如法庭三方关系调整的效果。评估委员会在评估的基础上提出对需要完善的改革内容进行修正的报告。②上海市人大针对司法试点改革通过专题调研的方式进行监督，主要聚焦司法人员分类管理中员额制落实情况、司法权力运行机制改革中司法责任制落实情况两项重点内容，通过座谈会，问卷调查，常委会听取审议高院院长、市检察院检察长《关于司法改革试点工作情况的报告》等方式开展专项监督，市人大内司委也向常委会提交了《关于司法改革试点工作情况的调研报告》。这种专项调研和监督具有对

---

① 《中共中央印发〈深化党和国家机构改革方案〉》，《人民日报》2018年3月22日。

② 刘辉：《刑事司法改革试点研究》，中国检察出版社2013年版，第167—168页。

试点工作进行评估的性质。[①]考虑到试点评估的专业性、复杂性、多阶段性，笔者认为，可以在人大的内司委或"司法改革委员会"之下成立专门的"司法改革成效评估委员会"，主导并专门负责各项改革评估的组织协调工作。鉴于评估工作的专业性较强，也可委托外部评估主体如高校、科研机构、学术团体、非营利组织或者专门的评估中介机构对试点评估的指标体系进行构建。[②]

（二）规划试点评估的原则

在推进司法体制改革试点的过程中，应坚持以下几个原则：

1. 目的性原则。评估是对试点效果的检验，所以评估要围绕试点所预先确定的目标展开。评估者要从各种繁杂的司法信息和统计数据中尽可能寻找到与试点目的相关联的部分，然后进行归类整合分析，找到这些信息背后所隐藏的规律，以及对验证试点效果所能起到的证明作用，即所谓的目的性原则。贯彻目的性原则的关键点和难点是评估指标的设定。评估指标的选取一般应从定性和定量两个方面考虑，包括结果评估和过程评估。具体来说，包括满意度评估、成本评估等。满意度评估主要是针对试点制度所适用的对象进行的。在法官员额制试点评估中，不可避免要对改革效果满意度进行调查和评估，而这一改革牵涉不同的利益群体，需要在改革试点结束时，针对不同对象进行测评，保证其代表性和客观性，防止片面和偏颇。

"正义的第二种意义，简单地讲，就是效益。"[③]成本评估也是试点评估的一项重要内容。以员额制改革为例，其推广必然会有人力、物力以及机会成本的支出，如果要说服决策机关认可一项新制度，则应当有基于科学评估基础上的成本支出、诉讼效率的说明，以便于决策者作出可行性的判断。法官总量的减少，从表面上看，提高了结案的效率，但这是建立在多名法官助理服务于同一名法官的基础之上的，这一结果是否能够代表审判效率的实质性提升？同样，法官独立决策的做法，是否与合议庭对案件合议的基础上进行决策的普遍做法相一致，经济成本能否支撑？这些问题都需要在评估的基础上进一步分析和思考。再比如，在员额固定的基础上，为了缓解办案压力，无原则增加法官助理，无疑会额外增加人员、机构、时间等方面的支出。

① 刘金鹏：《人大监督助力司法改革试点工作——市人大对本市法院、检察院司法改革试点工作情况开展专项监督》，《上海人大》2015 年第 12 期。

② 我国独立第三方评估机构正在孕育之中，但主要集中在政府绩效评价的领域。如兰州大学成立中国地方政府绩效评价中心，首次由第三方组织、系统化地对甘肃省 14 个市州政府及 39 个省直部门绩效进行了评价。民间研究机构零点研究咨询集团从 1994 年开始就进行有关投资环境的评估。

③ ［美］理查德·A.波斯纳：《法律的经济分析》，苏力译，中国大百科全书出版社 1997 年版，第 1 页。

应当如何从效率角度加以改进法官制度的改革，涉及一些重要的理论问题，应当在深化改革时深入研究。

2. 真实性原则。试点评估要求所采集数据和资料要真实可靠，评估者不能出于主观目的编造、篡改试点信息。对于一组数据中，不符合研究者预先设想的信息，也绝不能随便剔除。真实性原则要求我们在规划试点评估时，事先确定要收集的数据范围。这实际上就是要求事先确定试点工作要检验的具体问题和事项，并相应设计能够反映试点工作进程和效果的数据系统。比如在设计法官员额制试点方案时，确定的检验重点就是通过员额制的实施对于审判公正与效率的效果的检验，因此，试点工作数据就应该按照这一改革目标设计。坚持真实性原则要注意以下几点：

首先，要注意收集有关试点过程和结果的信息。在项目的早期阶段就注意过程尤为重要。①其次，要收集相关人员是否支持改革的信息。当前的司法改革机制，让利益相关者都能平等、充分地参与讨论的社会机制尚未形成。各方利益主体出于不同的原因而支持或反对改革，试点是一次向各方展示改革方案有效性的好机会。为使评估更有针对性，应当在规划评估时就注意收集那些相关人员是否支持改革的信息。法官员额制的改革，牵涉或可能损害到各类群体尤其是年轻法官的切身利益，需要对他们的真实想法进行统计和分析，防止改革走向有失偏颇。

3. 项目主导机关与试点单位的适度合作原则。作为评估的主导机关，无论是现实中的政法委还是理论设计上的人大，都应当在明确的指标体系的指引下，设计收集数据的工具，并在此基础上对评估的结果进行分析。如何通过合作抓住试点后不断变化的重点和目标，是主导试点机关的当务之急。

（三）试点改革及评估的方法

现有司法改革方法论研究的缺失使试点评估缺乏应有的理论基础。在坚持方法论研究的本体论立场的基础上，要坚持问题意识和后果意识，遵循问题具有方法论研究的逻辑先在性这一立场，通过问题是否得到解决来检验方法论的有限性和有效性。选择科学的试点评估方法，首先要建立在科学的试点改革方法的基础上。

1. 试点改革的方法。司法改革的先后顺序和时空安排要符合国情和客观规律，遵循从易到难、由表及里、循序渐进、从局部到整体、从问题导向到系统改革、创造条件不断深化的制度变革路径。在改革的起始阶段，首先在

① ［美］吉姆·帕森斯、梅根·戈尔登、郭志媛等：《试点与改革：完善司法制度的实证研究方法》，郭志媛译，北京大学出版社2006年版，第113页。

总体任务领域内选择成本低、风险小、收益高、可控性强的改革任务作为着力点,同时把握好改革的步骤和时机。先易后难,总结前期经验和教训,逐步推进难度大、风险高的改革。这一时序安排和结构布局,形成了不同地域、法律和政治等的良性互动、相互促进和协调发展,有利于司法向现代化的顺利转型。以法官员额制改革为例,主导改革的机构确定试点改革思路的具体操作步骤是:

(1) 以理想性的司法制度和价值理念为目标,找出当前法官管理制度存在的主要问题,以及法官制度在未来发展的主导趋势或次要趋势;

(2) 在确定改革项目前,应通过数据统计或问卷调查等量化分析方法或调研访谈等,来具体确定法官制度改革的目标因素与相关因素,以及这一改革在未来若干时间区域内的变化趋势与可能的关系;

(3) 通过在开放的政策组合区域里寻找最具理性的改革方案,通过与以往法官制度的比较,提出可供选择的改革行动策略;

(4) 通过后期研究不断修正相关内容,或推翻重建,最终确定改革方案的全面推行。

2. 试点评估的方法。试点思路正确并不意味着评估方法也正确,方法科学是评估的前提和保障。方法科学指的是在收集到的数据范围内采用最具说服力的方式来分析数据,但这并不意味着存在一种可套用于所有试点评估的公式。根据试点评估的内容和阶段,可以分为立项评估、过程评估和验收评估。评估的范围包括决策、立项、执行情况、改革结果、效果评价和推广机制等,需要探索一套行之有效的评估方法流程。解决试点问题的途径在于,从国家层面建立试点评估指标体系和审核机制。一项改革是否成功,其评价标准不能由试点部门自己来制定。法院内部推行的某一单项司法运行机制改革试点的评估标准,可以由最高人民法院来制定;但涉及全国范围内的司法体制改革的试点,如法官员额制改革这样对法官切身利益有重大影响的改革,其评估标准应该由全国人大主导来进行制定。虽然中央机关制定的评估指标体系不一定比试点部门制定的更加合理,但其权威性更强,标准更统一,有利于在统一的标准上对司法改革试点的效果进行衡量。在评估实施的过程中:

首先,要获取有效信息。在试点评估过程中,获取评估信息的方法是多样的,包括文献调研、座谈、访谈、实地查勘、典型项目抽查、抽样调查等,评估的主导机关要在综合运用各种方法的基础上,确保评估结论的可靠性、全面性、客观性。要在针对研究对象文献综述的基础上,坚持问题导向,科学拟定评估指标。以法官员额制改革试点评估为例,应将注意力集中在以下几个方面:法官选任的标准;法官员额比例确定的科学性;法官在具体程序运作中的独立性；法官之外司法人员的积极性。

其次，要综合运用各种研究方法。项目实际情况不同，研究方法也要相应调整。对定性指标，可采用分档打分法和列举法；对定量指标，根据指标数据取值范围确定量化标准，再进行无量纲化处理。评估者必须对各种数据进行反复、认真的分析和比对，探究和验证各数据之间可能存在的潜在联系，并通过科学的方法揭露和证实这一联系。其中，最常用的一种方法是比较。如果试点执行机构主张试点达到了预期目的，取得了比原有制度更好的效果或解决了司法实务中的问题，则必须有相应的试点数据和信息予以支持。这时，非试点的情境对比就是必不可少的。除了试点前后的比较，根据试点的具体情况，开展比较的基本方法还可以有试验组与对比组的比较、试点数据与公共数据的比较等。比如，对某一试点的考察，可以进行横向比较、纵向比较、不同单位相同时期或不同时期的横纵向考察。这样就可以最大限度地展示制度试验的效果。①在试行改革半年后，上海法院对四家法院改革试点作了一个总结：四家先行试点法院直接由主审法官、合议庭评议后裁判的案件比例均达到99.9%，提交审委会讨论案件比例仅为0.1%，直接由主审法官、合议庭评议处理的案件数及占比，院、庭长参与办案数都有较大提升。就这一指标而言，取得的成效是明显的。

最后，要选择适当的实证研究方法。实践中主要有抽样调查、座谈、访谈、实地查勘、抽查等几种实证方法。如对法院试点改革的相关利益群体采取抽样调查的方法，如在法官员额项目中，可以针对不同群体进行问卷调查方法。但这一调查对样本数量和完成质量都有较高要求；也可以在遴选深度访谈对象的基础上，以座谈会的形式进行深度访谈；或者到法院实地查勘调取相关统计资料和信息，在第一手资料的基础上，进行分析研究并提出解决问题的建议。

第三节　司法改革试点评估的运作机制

一项被引入的制度或者变革后的制度必须与旧的制度系统具有兼容性，并与旧的制度系统协调，否则，将产生强烈的异质排斥。相对于前期的审判方式、法官等级改革等，法官员额制改革涉及的利益关系更加复杂，其推行的难度和变形几率都会更大。为此，需要我们在实践中健全试点改革

① 宋英辉等：《法律实证研究本土化探索》，北京大学出版社2012年版，第180—199页。

的评价机制,根据对试点效果的测量和评估的结论在改革中逐渐调适,避免陷入改革的误区。

（一）试点评估指标体系的构建原则

我国目前试点评估主要以定性的理论研究和价值判断为主,应该遵循由理论定性层面逐渐向定量层面过渡的原则。在试点评估中,除了关注其价值评判标准是否合乎要求,注意哲学、意识形态等对司法制度建设的影响,还应充分关注成本、效益等物质因素的考量。在评估指标体系的设计过程中,应该着重考虑如下因素:

1. 效度。即评估指标选择的正确性程度。法官的职业化程度的衡量指标对法官的要求是多方面的,既包括法官履行职责的职业意识和必备的职业技能,也包括法官区别于其他行业的职业道德以及相对尊荣的职业地位。①这也是法官职业化建设的目标。上海法院员额制试点改革过程中,对四个试点法院审限内结案率、一审服判息诉率、二审改判发回率、申诉率等指标作了对比统计。但仅仅这些指标尚不能满足指标体系效度的要求,在设计指标体系的过程中,还需要根据法官选任的专业化程度、司法决策的民主化程度等几个方面来进行,以有效体现指标测量的效度。

2. 可理解性。指标表述的通俗易懂是评估指标设计的基本原则,以使改革决策者、政策执行者能够完全理解试点改革所需要通过指标达到的目标。司法考试制度改革、法官遴选制度改革、量刑规范化改革、调解制度改革等,都可以通过指标体系的合理设计体现出来,并通过具体的指标进行量化。

3. 完备性。评估者所设立的评估指标是一个完整的系统,通过多个指标并设置不同的权重来对评估对象进行全面衡量,而不是通过一个指标来界定评估标准。比如,司法效果的公认化,其二级指标应包括多个维度的测量,包括法院内部不同群体、律师、当事人、社会公正等。

4. 信息资料的搜集成本。试点评估需要大量收集改革的相关信息,以对改革效果进行评析。但在设计指标的过程中,要充分考量可能付出的成本,以及是否相对容易获得。指标也并不需要十分完美和准确。

（二）司法改革试点评估的期限和步骤

维拉司法研究所认为比较理想的改革试点项目应该至少持续3年。②根据当前我国法院员额制改革的具体情况,因为牵涉多数法官的利益,其效果

① [美]理查德·A.波斯纳:《超越法律》,苏力译,中国政法大学出版社2001年版,第44页。

② 龚珊:《司法改革方法的本土化探索——以人民监督员实证研究项目为例》,《云南大学学报(法学版)》2008年第2期。

可能要在一段时间后才能显现出来,因此时间不能太短,应在连续监控的基础上进行评价。面对错综复杂的利益斗争与盘根错节的利益链条,必须充分论证,在确定改革项目和目标计划的基础上策划试点评估,制定出一套程序科学、方法得当的顶层设计方案和行动方案。司法改革试点评估的步骤主要包括以下几个方面:制定评估方案、资料收集、现场调查、资料整理、编制评估报告等。

1. 制定评估方案。设计调查提纲及调查问卷、座谈方案等,明确评估方法、手段和内容,并组织专家对指标设计进行研讨、修改和完善。

2. 资料收集。收集开展试点所产生的各种数据、信息、文件、资料等。在此过程中,要注意掌握持续的反馈信息,对试点过程中发生的情况有全面清楚的认识。

3. 现场调查。评估人员在试点区域开展实地调查,进行监测评估,获取第一手资料。通过督促管理体系不断完善,及时发现问题和偏差,并预测潜在的薄弱环节,将结果及时反馈给评估主导方。

4. 资料整理。对收集到的资料进行审查、整理、录入、汇总、计算、分析等。

5. 分析比较。通过对建立样本法院的抽查和试点项目进度、资金、案件质量、审判管理的检查,分析比较试点实施前后法院运行变化的情况,总结试点的经验教训,了解试点目标的实现程度以及试点的政治、法律和社会效果。

6. 编制评估报告。综合采用各种评估方法,包括统计分析、综合评价、参与式评价、对比分析等,在综合考量各类数据和权衡各种因素的基础上客观评价试点项目的效果,认真编制评估报告。

(三) 司法改革试点评估的结果运用

评估总结报告编制完成后,并不意味着评估进入结束阶段。相反,大量与评估结果有关的反馈、修正、调整、制度推广机制才刚刚开始。

1. 分析总结试点评估情况。评估时,要在定性分析和定量分析相结合的基础上,对试点评估发现的问题进行综合分析。难点在于在设计评估方案的具体过程中,由于立场的不同,难免与试点法院、不同级别的法官等产生意见分歧。比如,这次司法体制改革试点中确定的法院省级直管管理的规模与幅度到底有多大?法官遴选委员会组成是否合理?法官分类管理改革中各种关系的处理和资源的整合问题?如何从现有体制顺利过渡到省级人财物直管体制,以及需要进行哪些配套的改革?如何有效规避"省级直管"带来的各种风险?这一系列问题的讨论,对于试点司法改革的顺利推进无疑起着重要的作用。如何更好地为法院制度提供坚实的实践支撑,亟需理论研究和制度设计作出回答。

2. 评估再试点工作。目前,我国司法改革试点的再试点工作基本没有得到有效推行,也没有建立起有效的制度和机制予以保障。根据我国司法改革的具体情形,一般可以在制度试点结束后进行第一次评估,根据项目的实施情况及改进状况,决定是否需要再次试点。在对试点方案进行调整的基础上,研究分析改革试点中出现的突出问题,以为全面推进改革做好准备。

3. 制度的全面推广。小规模试点的成效并不意味着改革措施的普遍有效,必须谨慎制定具体策划,由专门的机构协调。①在区域差异巨大的我国,全面开展改革的试错成本是十分巨大的。如何通过试点的推行,从知识层面上把握司法改革与社会多种因素之间的协调关系,这种尝试的意义是巨大的。但制度的全面推广,需要一个漫长的知识传递的过程,尽管从司法独立与职业尊荣的角度看,司法人员分类管理的法官、检察官员额制度具有存在的正当性,但其合理性需要通过试点评估进一步论证,以更好地使司法人员的资源配置与司法活动的基本规律相契合,这是需要我们直面的现实命题。

(四) 结语

按照渐进改革所应该遵循的"社会风险小于或等于社会风险的承受能力"的基本逻辑,在转型的高风险期,应该避免出台高风险的法律改革方案,以期降低转型风险,用相对低风险的改革项目化解转型风险。②在风险高发的社会转型期,应重点考虑如何从更为宏观、更为整体、更为历史和更为现实的角度去发展和塑造司法制度的具体路径和操作模式,在推进试点评估的基础上大胆地思考和探索。在日益沉重的案件压力之下,法院及其人员的效率化需求构成了司法试点改革的动力机制,近年来确定的多项司法体制改革试点项目,从理论上讲具备实践的意义和价值,但关键是要通过科学的机制予以推行,并充分关注和平衡改革推进过程中各方实际利益的得失。在这一探索的推进过程中,需要有科学完善的评估机制作为保障,才能使司法制度的改革在试错的过程中,以建构现代化司法制度为战略突破口,遵循由司法机制改革到司法结构改革再到司法体制改革的时序特征和结构布局渐进拓展,不断修正存在的问题,推进司法制度的良性进化和科学发展。

---

① 龚珊:《司法改革方法的本土化探索——以人民监督员实证研究项目为例》,《云南大学学报(法学版)》2008 年第 2 期。

② 蒋立山:《法治改革的方法论问题》,《法制与社会发展》2011 年第 4 期。

第八章 管理评价:司法绩效考核与案件质量评估

第一节 基于行政管理的司法绩效考核

一、司法绩效考核概述

(一)司法绩效考核的历史演进

国民政府时期,司法官的考核办法主要是根据司法行政部1932年9月1日公布的《司法官叙补及审查资格成绩办法》,司法行政部设有司法官成绩审查委员会,对全国的司法官进行成绩和分数评定,作为今后司法官进退迁转的标准。①这些考核办法,有利于司法行政部凭借各种资料来掌握基本的司法运作情况,同时也有利于促进司法机关的制度化和规范化。但这套考核监督机制需要的许多辅助条件和支撑在现实中并不完全具备,因此往往难以发挥出应有的作用。表册造报不及时、不真实,其原因除了下级司法机关因循怠惰或刻意粉饰外,与制度的理念和具体设计也有极大的关系。质言之,就是表册泛滥,徒耗人力物力。考核最大的问题是缺乏责任落实机制,与奖惩脱节。

司法行政部对法院审理案件的总的要求是"妥"与"速"二字。"妥"是指案件的审理事实清楚,适用法律准确,情与理各得其平。"速"则是指案件审理必须依照规定的审限,尽速结案,减少案件积压。由于片面追求办案的数量,往往又导致一些负面的效果,"草率了案,专重考成,调查未周,手续未备,一经指摘,牵涉尤多"。有学者将法官分为社会化之法官和法律化之法官。社会化之法官:在办案中注重情理法交融和案件处理后续效果。法律化之法官:只注重法律条文和程序,不问社会效果。就办理案件而言,社会化之法官注重追求纠纷的真正解决,必然耗费更多的时间和心力,然就结案

① 参见蒋秋明:《南京国民政府审判制度研究》,光明日报出版社2011年版,第313页。蒋秋明:《略论南京国民政府时期的司法行政监督》,《学海》2009年第6期。

成绩而言,实较法律化之法官为劣。①

改革开放以来,司法评估的实践源于最初作为法院队伍管理手段的岗位目标考核责任制。在构建和谐社会、建设人民满意法院、司法为民等理念的指引下,司法绩效评估体系在多层面同步推进,其内涵和外延也都在拓展。目前,在"以考核促管理,向管理要效率"的目标指引下,各级法院都推行了司法绩效考核,内容包括审判、执行、立案、文秘、后勤管理、调研宣传、司法统计、人事管理、思想政治等,涵盖了法院工作的方方面面。"案件质量评估"是最高人民法院主导,对全国法院开展,而绩效考核主要是上级法院针对下级法院以及部门内部之间的业绩考核。在目标设置上,质量评估立场相对中立,侧重对"事"的管理,目的在于判断案件质量状况,以从宏观上改善案件质量,而绩效考核基于考核,侧重对"人"的管理,主要是为内部激励和奖惩提供依据。②根据《公务员法》的有关规定,法官要按照《公务员法》规定的内容进行考核。此项考核是由同级组织人事部门按照公务员管理权限和考核方式,每年年终对法官德、能、勤、绩、廉五个方面和业务知识进行年度考核。人民法院的《法官法》对法官考核也作了相应规定。③

(二) 司法绩效评估的概念界定

在分析司法绩效评估之前,首先要在司法特质的基础上,剖析有关涉及司法绩效评估的概念的内涵和外延。

绩效评估是"测量达到既定目标的情况的效率、产出的质量、结果及其在达成计划目标的过程中组织运作的效率的一个过程"。④日本的伊山吹太郎认为:"绩效评估是对雇员与职务有关的业绩、能力、业务态度、性格、业务适应性等诸方面进行评定与记录的过程。"⑤在经济学的意义上,绩效主要表示经济活动所取得的成绩和成效,以财富理论为其核心度量尺度,以投入产出比为代表的模式,与生产力、结果、效率等相联系。

法律绩效也就是运用法律的评价功能去对一个事实或行为作出合法

① 李浩儒:《司法制度的过去和将来》,《平等杂志》1931 年第 3 期,载何勤华、李秀清主编:《民国法学论文精粹》第五卷诉讼法律篇,法律出版社 2004 年版。

② 孙启福、吴美来:《案件质量精细化管理的局限及其克服——以最高人民法院"关于开展案件质量评估工作的指导意见"为中心》,《法律适用》2012 年第 6 期。

③ 人民法院的《法官法》对法官考核也作了相应规定,第八章第 21 条规定,对法官的考核,由所在人民法院组织实施。第 23 条规定,对法官的考核内容包括:审判工作实绩、思想品德、审判业务和法学理论水平、工作态度和审判作风,重点考核审判工作实绩。

④ 胡税根:《公共部门绩效管理——迎接效能革命的挑战》,浙江大学出版社 2005 年版,第 6—7 页。

⑤ 吴国存:《企业职业管理与雇员发展》,经济管理出版社 1996 年版,第 250 页。

与否以及是否有效力的判断。法律绩效接近等同于立法绩效,是关乎法律制度合法性与合理性的评估,包括当事人对自己以及相对方的行为进行评价,也包括法院或仲裁者以第三方身份来对当事人的行为进行评价和判断。

当前我国关于司法绩效的界定,多是从内部考核的意义上展开的。各地法院在司法评估上的用语不尽一致,如"案件质量评估"相近的表述有"审判质效评估"(《人民法院第二个五年改革纲要》称之为"审判质量和效率评估体系")、"审判绩效评估"、"审判绩效考核"等。参考最高人民法院文件和一般用语习惯,一般将各地法院针对本法院或下级法院进行的业绩考核称之为"司法绩效考核",将最高人民法院正在全国法院推行的评价案件质量和效率总体状况的司法评估称之为"案件质量评估"。

司法制度的特殊性决定了我们在评价司法制度时应该抛开单一的经济学意义上的效率评价标准,而选择其他的评价进路。司法绩效应区别于政府绩效、经济绩效。司法制度的评价标准必须在立法所确定的法价值前提下,从事实的维度考察司法制度在实际运行中的效果,采取法社会学的研究进路。我们要评价的是司法制度在实际运作中的效果,而不是单纯以效率为基本标准进行评价。

二、司法绩效考核存在的突出问题

以司法绩效考核为主线的审判管理模式,与司法规律存在着尖锐的矛盾和冲突。科层级行政管理结构体制掌控下的绩效排名、节点监控和案件评查等审判管理方式,同样可能异化为行政干预审判的新筹码和新层级。[①]在"以考核促管理,向管理要效率"的目标指引下,各级法院都推行了司法绩效考核,内容包括审判、执行、立案、文秘、后勤管理、调研宣传、司法统计、人事管理、思想政治等,涵盖了法院工作的方方面面。当前司法绩效考核中存在四大问题:理念错位、指标功利化、方法误用和反馈缺失。

(一)理念错位:考核功能单一化

我们在对绩效概念的认知上,存在狭隘化的认识误区。认为绩效考核就是对案件审判结果进行考核。事实上,绩效的考核包括过程和结果两个方面,司法运作过程的合理性程度是实现绩效结果的必要条件。另外是考核目的简单化。将法院和法官都纳入一种等级化的行政管理模式中,考核结果不仅是法院绩效的可靠依据,更应成为法院发展的指导标杆。在等级化管理的模式下,不少法院为迎合上级考核,或者基于激励和奖惩,把绩效

① 杨凯:《审判管理理论体系的法理构架与体制机制创新》,《中国法学》2014年第3期。

考核的目的和用途简单化,从而逐渐演变为功利化追求低发改率,使用"非程序性的审判工作监督",或者二审一般不改变一审裁判,营造了"一审案件质量好"的虚假和谐图景。

（二）指标功利化:考核导向偏离发展目标

建立和完善考核指标体系成为整个考核方案的重心工作,考核方案的设计最后都聚焦在指标体系的构建。指标设置往往会偏离司法制度的发展目标,对司法制度的公信力造成了恶劣的影响。比如,上诉案件发回重审改判率(简称上诉发改率)是司法绩效考核也是案件质量评估中的重要指标,但在审判实践中,新证据、新事实、自由裁量事项以及其他各种不可归咎于一审法院的原因等,都可能导致二审发回重审或改判。这一指标如果不能科学测度对审判运行的影响,必然会导致考核偏离目标。①

近年来,对现代司法制度的研究取得了不少成果,但却没有有效指引司法制度评价于实践之中。以绩效考核指标排名为导向的审判管理成绩通报被法院内外戏称为"皇帝的新装"。②中基层法院的院庭长和一线审判法官整日为绩效考核指标排名所累而苦不堪言。诸多指标如开庭率指标、结案均衡度指标、调解率和撤诉率指标等,虽然在理论上有其正当性,但其对司法权中立性、判断性本质重视不够,对尊重和保护当事人诉权的正当行使这一司法制度的目标体现不够,偏离了司法实践合理性的要求。

（三）方法误用:考核结果应用错位

在当下扭曲的司法发展语境之中,在司法发展的许多重大问题上,我们并没有想清楚答案,而且即使想清楚了,也未必全能讲出来,这就是事情的真相。我们要对绩效考核的实践效果进行检讨,还要重新在学术规范上对过去的研究成果进行全面审视。虽然长期以来我们试图把对司法的期望转化为评估的指标体系并进行测量,但在"人民满意法院"、"司法为民"等理念的指引下,往往陷入片面的主观构造。审判综合绩效考核指标设置的理论基础要依据法院审判职能发挥及司法规律的客观要求,在科学的程序规定下展开。但当下的司法评估不是有计划按程序展开,没有张扬司法评估的价值理性。一方面,部分研究者根本没有详细阐述设计指标体系的基本技术;另一方面,在所建构的体系中,次级指标往往不能与上级指标形成一致的逻辑,而且,研究者与实务部门之间对指标的认同度非常低。如果我们很难期待有系统性、逻

① 杨飞、张俊文:《案件质量评估语境下的审判管理改革——基于上诉发改率指标管理的实证分析》,《河南大学学报(社会科学版)》2012 年第 2 期。

② 杨凯:《审判管理理论体系的法理构架与体制机制创新》,《中国法学》2014 年第 3 期。

辑性的评估体系指导实践，那么，从中观和微观入手，实实在在地做好评估与分析方法的论证、完善信息处理技术，就显得更为迫切和更有价值。

（四）反馈缺失：考核激励作用弱化

在实践中，对绩效考核的结果运用盲目随意。有的司法机关对绩效评估结果没有予以应有的重视，没有根据评估结果来检验司法制度的运行是否达到了预定目标；没有根据评估结果来诊断司法运行中存在的问题及问题存在的主要原因，没有科学总结经验并予以推广；没有利用评估结果来推进司法制度的改革和优化司法资源的配置。司法绩效考核没有发挥其应有的激励功能，反而引起中低层级法院工作人员的剧烈反弹和抵触。①绩效考核反馈环节的缺失使得考核过程有始无终，长此以往，必将导致大家对考核要么漠不关心，要么敷衍了事，要么斤斤计较，要么得过且过。如果评估的结论对司法运行机制的改善，对司法制度的发展没有任何意义，那么这种评估又有什么存在意义？

司法评估主要应着眼于评价，而不是仅仅着眼于管理或激励。在推行审判管理改革的实践中，许多法院逐步认识到绩效考核数据主要的作用是参考性，各种排名比较并不符合审判运行的规律。重庆市高级人民法院于2013年年底取消了中基层人民法院工作目标考核排名，2014年年初正式取消了目标考核，并制定了《重庆市中基层人民法院工作评估办法》，对中基层人民法院工作完成情况实施工作评估，而且不再对评估结果进行排名通报。②最高人民法院党组于2014年12月23日研究决定，取消对全国各高级人民法院的考核排名；除依照法律规定保留审限内结案率等若干必要的约束性指标外，其他设定的评估指标一律作为统计分析的参考性指标，作为分析审判运行态势的数据参考；坚决杜绝以保证结案率为由，年底不受理案件的做法。最高人民法院并要求各高级人民法院取消本地区不合理的考核指标。

三、司法绩效考核的功能定位和发展方向

在司法改革的热潮下，当前我国法院努力探索和创新，各种考评指标体系和改革方案也层出不穷。③作为审判管理的重要内容，通过绩效考核的指挥棒，对法院日常的实际运作具体进行管理和掌控，并通过这一指标体系对

---

① 2013年5月11日，湖北建始县法院官店口法庭审判员黄志佳向有关部门书面建议，建议废止目前全国法院系统通行的以案件质量评估体系为依据的审判绩效考核制度。参见王和岩：《湖北基层法官建议改善审判考核制度》，财新网，http://www.caixin.com，访问日期：2013年5月14日。

② 陈小康等：《重庆中基层人民法院全面取消考核排名》，《人民法院报》2014年4月9日。

③ 参见渠敬东、周飞舟、应星：《从总体支配到技术治理——基于中国30年改革经验的社会学分析》，《中国社会科学》2009年第6期。

本院法官进行激励和奖惩，是作为“一把手”的各个法院院长的职责。①

（一）绩效考核的功能定位——基于激励的法院行政管理

1. 绩效考核是法院行政管理的重要手段

审判绩效考核作为管理手段与案件质量评估差异较大。案件质量评估属于法院审判管理，审判绩效考核属于法院行政管理，二者在管理对象、功能侧重以及管理强度上有较大差别。一是管理对象不同。前者的管理对象是案件质量，通过案件质量评估对案件质量进行评价；后者则是直接对法院或法官进行管理，其要评价的是被考核主体的绩效如何。二是功能各有侧重。前者的功能侧重于评价，是由案到案，通过发现案件质量存在的问题进而改善案件质量；后者则侧重于激励或奖惩，是由人到案，通过激励下级的工作积极性和创造力来优化审判绩效。三是管理强度有别。前者在管理的强度上较弱，其侧重于宏观意义上的司法运作状况的考察，而后者管理的强度较强，会对被考核者带来积极或消极的考核后果，与法院及法官个人利益密切相关。从法院内部实施组织管理、完成组织目标的层面上来讲，司法绩效考核有其存在的合理性和重要性。

2. 绩效考核侧重于通过对个体的激励完成组织目标

随着人们对人类自身进步的追求和认识的深化，以问题为导向和具有环境依赖的管理理论和方法应当介入到基于不同社会分工和目标追求、且又是社会发展所迫切需要的其他领域，比如政府部门和法院。近些年来公共管理中的人力资源管理已经引进了学者和实践者们在企业发展中所研究总结出来的管理理念和管理方法，在对政府公务人员激励管理的理论和实践上，取得了很多的突破和成果。现实是，激励理论和成果不仅在经济领域得到了广泛的应用，而且随着研究的成熟和深入已逐渐拓展到政治领域和社会生活中来。这些研究成果对人的激励问题是具有普适性的，其作为方法和手段，运用到司法领域中，完全可以发挥其特有的作用，同样适用于对司法者的激励研究和应用。经济学有关激励的研究成果应当为司法者激励的制度前提、组织保障和人文环境提供支持，而管理学意义的激励理论和成果则可以转化为对受法律支配的司法者的一种动态权变的日常性激励手段或机制，这也是管理科学发展所需要的。

（二）绩效考核的发展方向

从与案件质量评估的对比和审判绩效考核开展的实际看，应当从以下

---

① 王亚新：《司法成本与司法效率——中国法院的财政保障与法官激励》，《法学家》2010年第4期。

两个方面来把握审判绩效考核。

1. 要充分考虑司法工作的特殊性慎重推进

激励理论是一门不断发展的复杂的交叉科学,非营利组织的管理问题只是在德鲁克 20 世纪 90 年代提出后才受到学术界注意的。作为管理研究中的激励问题毕竟是出自和偏重于企业,在把现有的激励理论和方法跨部门应用到本研究所涉及的法院和司法者管理时应当特别慎重。①相对经营者等其他激励对象来说,司法者的工作性质具有特殊性:

首先,司法者的工作主要是运用法定程序判断和决策,其工作的直接成果是软性的、无形的,很难及时准确地用简单的考核指标来衡量。

其次,司法者的间接劳动成果,即为社会实现正义的程度和公信力,同样具有非常复杂的背景和归因。其可考察变量:从外部来说,如公共政策价值取向、社会评价和认可度、裁判对社会福利的影响、实现公平正义的程度、所体现的效率、当事人权利与义务的改变;从内部来说,如案件增长速度、司法产出量(结案数)、审判成本、审判技术进步、不服裁判的上诉或申诉数量、被上诉审改判和指令重审的数量、单位时间内审结案件的数量等。为此,需要平衡各方面的因素,并进行恰到好处的激励。

最后,司法者对案件的裁判,蕴含着非常复杂的背景因素,还受到诸多法院或法官所不能控制因素的影响,需要在保证审判独立和中立的基础上,从外部进行适当干预。因此,对于司法者的激励约束日益成为实现司法公正的前提和保障。②

2. 由绩效评估向工作评估发展

当前司法绩效考核工作的开展缺乏系统性,形成的积弊影响了司法在评估基础上的改革和发展。最高人民法院取消考核排名这一举措,体现了尊重司法工作规律的理念。司法工作具有很强的专业性,有其自身的规律性,法官从实体上、程序上严格适用法律,运用法律和智慧行使审判权,应充分得到尊重。取消脱离实际的考核指标,就是对司法工作规律的尊重。但同时,要看到法律规定的审限内结案率等指标的重要性和意义,对这些促使法院在法律规定的时限内履行审判权力的指标应当保留。在此基础上,建立更加科学的司法数据平台,为司法管理和决策提供充分、客观的依据。③取消考核排名不能矫枉过正,不能对合理的指标和数据置之不理。要通过各种可能的技术手段,充

---

① 参见李怀祖:《管理研究方法论》,西安交通大学出版社 2000 年版。

② 王雷:《基于司法公正的司法者管理激励》,法律出版社 2010 年版,第 74—75 页。

③ 赵翔:《取消考核排名,树立科学的政绩观》,《人民法院报》2014 年 12 月 28 日。

分利用信息化的成果，提高司法统计的水平，形成司法审判的大数据平台，最大限度地反映出客观真实的审判工作运行态势，便于司法管理者和改革决策者及时全面准确掌握审判信息数据，逐步改善法院管理，深入推进司法改革。

第二节　基于审判管理的案件质量评估

以审判管理为核心的“案件质量评估”在最高人民法院的主导下试行，并于2011年全面推行。随着这一审判管理改革重要探索的全面实施，由岗位目标责任制的行政管理手段演化为以审判管理为核心的案件质量评估，对提升司法公正的水平产生了一定效果。在这一改革举措推行的过程中，民众对司法评价的内涵及其管理工作有了新的认识，提出了新的要求。

管理的基础在于有一个制度化体系。一个结构完整、设计合理、层次分明的管理体系是管理发挥出最大效能的前提。审判管理亦是如此。①“审判管理是一个相对完整的独立系统，是一个包括审判信息处理、审判宏观决策、审判程序控制、审判质量控制、法官行为激励在内的综合性管理系统。”②目前，全国各地法院在审判管理方面均进行着积极的探索与实践，且大多成立了专门性的审判管理机构。但该管理机构的管理职能与管理模式却不尽相同，有的以审判委员会工作为主，有的以案件评查工作为主，有的以流程管理、司法统计工作为主，等等。本节拟从法院审判管理实践中普遍推行的审判质量效率指标管理的视角，对法院案件质量评估的历史演进、存在问题和指标体系的构建作一分析。

一、案件质量评估概述

所谓案件质量评估，就是按照人民法院的审判工作目的、功能、特点，设计若干反映审判公正、效率和效果的评估指标，利用各种司法统计资料，运用多指标综合评价技术，建立案件质量评估的量化模型，计算案件质量综合指数，对法院案件质量进行整体评判与分析。③

为建立全面衡量案件质量和效率的科学体系，2001年最高人民法院开展

---

①　参见沈维嘉、张能：《综合性审判管理体系的探索与实践——以审判质量效率指标管理为视角》，上海一中院内部调研文章。

②　公丕祥：《审判管理的职能定位》，载公丕祥主编：《审判管理理论与实务》，法律出版社2010年版。

③　详见张军、最高人民法院研究室主编：《人民法院案件质量评估体系理解与适用》，人民法院出版社2011年版。

了构建案件质量评估体系的课题研究。江苏、四川、福建、上海等地法院十余年前即开始了案件质量评估的探索，建立了审判业绩评估指标体系。最高人民法院高度重视地方法院探索的经验，《人民法院第二个五年改革纲要》确定的一项重要改革措施是“建立科学、统一的审判质量和效率评估体系。在确保法官依法独立判案的前提下，确立科学的评估标准，完善评估机制”。2008年年初，最高人民法院印发了《关于开展案件质量评估工作的指导意见（试行）》，首次出台了全国法院统一参考适用的“案件质量评估指标体系”。2011年3月，最高人民法院正式出台《关于开展案件质量评估工作的指导意见》，对“案件质量评估指标体系”进行了较大幅度修订，确立了人民法院案件质量评估公正、效率、效果共31项3级指标，通过建立案件质量评估量化模型进行案件质量综合评估。①我国法院自上而下、由外而内的多层级、多手段的案件质量管理制度框架已经建成。②2013年6月21日，最高人民法院印发《人民法院案件质量评估指数编制办法（试行）》，用以指导各级人民法院加强人民法院案件质量评估工作，这是第一个关于人民法院评估工作的操作性文件。

案件质量评估依据“指标体系”所确定的指标和权数，利用司法统计资料，运用功效系数综合评价法，以省级地域为单位，对各个省级单位进行评估，计算案件质量综合指数。评估结果以“全国法院案件质量评估分析报告”的形式通过《人民司法》正式向社会公开。自2010年以来共发布了五次案件质量评估分析报告。但这一报告的局限性也非常明显，内容过于简略，对指标和指数变化的情况分析并不透彻，对提升案件质量的建议也缺乏明确的策略和引导。不少法院将这一评估体系称之为“审判质效评估体系”，而最高人民法院确定的案件质量评估体系中，包括对案件的质量、效率以及效果三个维度的考量，为统一表述，下文均称之为“案件质量评估体系”。

二、案件质量评估体系的功能和作用

从管理学原理的角度，案件质量评估体系的重要性和必要性可归纳为以下四个方面：

（一）案件质量评估的功能定位

第一，案件质量评估的工具价值。这一评估为测度和评价案件质量提供了科学标尺，也是案件质量评估在法院管理中工具价值的直接体现。在相应指标体系的基础上，对法院审判案件的质量作出定量的分析，从而真实

---

① 详见张军、最高人民法院研究室主编：《人民法院案件质量评估体系理解与适用》，人民法院出版社2011年版，第70—77页。

② 孙启福、吴美来：《案件质量精细化管理的局限及其克服——以最高人民法院“关于开展案件质量评估工作的指导意见”为中心》，《法律适用》2012年第6期。

地反映案件审判中存在的突出问题。第二,决策参考价值。作为审判管理的重要工具,其通过对法院案件质量的数据分析,能够有效地影响法院管理的决策,对于司法改革的推进也起到重要的参考作用。当然,这一作用的发挥必须建立在客观真实的数据分析的基础之上。通过评估结果总结案件质量存在的突出问题,分析影响案件质量的各种因素,为法院审判管理决策提供参考依据,这是对案件质量评估结果的中立运用,并不适宜直接根据评估结果对评估对象作出积极或消极评价。①第三,引导作用。案件质量评估的管理功能并不突出,其不注重工作的考核和激励,而重点在于通过评估,既可以对辖区法院的案件质量情况进行纵横对比,也可以由法院自身通过案件质量评估进行纵向对比,从而实现引导被管理者尽力改善指标状况的主观意图。

(二)案件质量评估体系的作用

1. 审判管理系统的基本构成要素

从管理系统的角度看,案件质量评估体系是审判管理体系的基本构成要素和有机联系的介质。作为审判管理客体的审判工作,它与审判管理主体之间的管理和被管理关系,表现为信息的输出、输入和反馈的关系。而管理条件,实际上是案件质量指标的运行状态,即审判管理主体在审判质效指标处于异常运行状态时,对审判工作施加影响和进行控制。因此,主要表现为各种审判质效信息交换关系的审判质效指标管理体系必然要对审判管理体系产生影响,从而构成审判管理体系的基本要素,并成为其各要素有机结合和相互作用的介质。

2. 审判管理过程的预期目标

在整个审判管理过程中,预测指标信息是审判决策的前提。通过案件质量评估指标体系,法院决策层作出决策时,可以依据预测的信息确定管理的计划和目标,并将这些信息发送到审判管理部门。审判管理部门可以根据这些指标体系反映出来的信息,有针对性地开展审判管理活动,并收集相关数据和信息,及时向审判业务部门进行反馈,从而能够及时发现和纠正审判过程中存在的突出问题,在信息的传递中实现多次反馈,保证审判活动的有序推进。在审判管理的各个环节中,科学的指标体系和及时的信息反馈,对于审判管理活动实现预期目标十分重要。

3. 审判管理组织的桥梁纽带

案件质量评估为审判各管理部门、业务部门提供了沟通联系的信息和

① 孙启福、吴美来:《案件质量精细化管理的局限及其克服——以最高人民法院"关于开展案件质量评估工作的指导意见"为中心》,《法律适用》2012 年第 6 期。

数据,起到十分重要的桥梁和纽带作用。在评估指标体系为介质的沟通联络中,审判管理的主体之间以及法院管理者与法官之间进行了有效的信息交换,把各方的行为整合和统一在指标体系的统领之下,目标性和指向性十分明确。当前,各法院成立的审判管理机构,其对信息的传递和交换,为有效贯彻管理的目标起到十分重要的作用。

4. 审判管理效益提高的重要途径

统一的案件质量评估指标管理体系对于提高审判管理的效益起到了不可或缺的作用,也借此实现了审判管理机构与审判业务部门的有机联系。审判管理实践证明,案件质量指标体系的有效建立,需要建立在指标信息的及时获取和传递上,信息的真实性、及时性都将直接影响到管理的预见性和科学性,从而也直接影响审判管理目的的实现。因此,从这个意义上说,案件质量指标信息比审判管理物质成本更为重要、更为关键,对审判管理效益的提升尤为重要。

三、当前案件质量评估存在的突出问题

(一) 案件质量评估定位不明

我国法院以审判质效评估体系为主线的综合式管理模式,与司法规律存在着矛盾和冲突。从评价的角度来看,司法评估是具有认知能力的社会成员或组织对司法的内部结构和外在功能、特征理解和把握的感受和评价。感受有好坏,评价有高低,这种感受和评价部分反映了司法运行的状态。司法评估价值和政策的选择有其鲜明的参与者特性,在研究和辩论相关立场的时候,随着新信息的出现,这些价值和政策选择不断变化。当案件质量评估演化为司法绩效考核时,作为制度的设计者并没有意识到,考核没有发挥其应有的激励功能,反而引起中低层级法院工作人员的剧烈反弹和抵触。案件质量评估主要应着眼于评价,而不是仅仅着眼于管理或激励。

(二) 案件质量评估标准不合理

在案件质量评估的指标体系中,虽然其主要体现对案件质量状况的评价,而不是奖惩或激励,但其指标导向仍然还存在不少弊端和问题。如长期一直适用的年结案率、改判率等指标,导致法院在工作中为了追求数据上的好看,违背审判工作规律,采取数字游戏的对策,也导致无法真实地反映审判工作的真实状况。①司法实践中各法院对指标体系的简单套用成为案件质量评估最为常见的做法。以调解率为例,如将发达地区法院与偏远地区法

---

① 陈忠、吴美来:《案件质量评估与审判绩效考核衔接机制研究——以重庆法院实践为样本》,《法律适用》2014年第3期。

院以同一标准进行评估,偏远地区的调解率会远高于发达地区,但发达地区的调解案件数却可能远多于偏远地区。在案件数量、类型、难易度均存在较大差异的情况下,这样的评估结果几乎没有可比性,无法得出哪一法院在调解工作上相对优秀的结论。如果要提高案件评估的实用价值,势必要考虑评估对象之间的可比性,比如对各地法院采取类别化评估。

(三) 对外部评价的采纳不够

长期以来,法院在绩效评估中对审判工作的评价基本是“闭门操作”,案件质量评估的指标体系中对外部评价的权重加大,但基本上还是依靠自身统计得出评价结论。外部评价以旁观者的姿态对司法作出评判,其立场的中立性和评价的独立性,会使评价结果更加客观。忽视外部评价或者只是形同虚设的外部评价,会使评估结果的真实性和权威性大打折扣,评价结论的客观性和准确性也令人怀疑。2011 年最高人民法院出台的指标意见虽然在效果指标下增加了“公众满意度”,但具体的调查方法尚在进一步研究当中,未形成官方定论。下级法院在适用指标时,一方面对“公众满意度”未有相应的重视,对案件质量评估的认识仍停留在层级监管工具的认识上;另一方面具体操作难度也颇大,需要尝试与社会第三方调查机构合作。此外,各法院的案件质效综合指数完全无法反映社会公众重点关注的个案。由于缺少对重点个案的指数涉及,众多普通案件对司法公信力的正面影响足以抵消部分重点个案所产生的负面影响,这成为蕴藏于司法公信力议题中的吊诡现象。①故而要解决司法公信力的问题,司法用户及社会公众的满意度必须成为司法质量评估的重点内容。

(四) 指标体系有待完善

人民法院案件质量评估的指标体系经历了几次修改,但仍然不尽合理,在实施中存在的问题需要引起重视,指标体系还需要进一步完善。比如评估办法确立了再审审查考评体系,将再审审查率定位为重点指标,用以表征被考评法院案件审判质量的效果,同时又新设了再审审查案件程序合格率,用以评估再审审查程序的合法性。再审审查率指标的设立目的旨在鼓励各级法院通过对申请再审案件进行审查,检验生效案件是否存在事实认定、程序合法等方面的瑕疵或错误,在拓宽司法救济途径,保障当事人的程序性权利,促进缠诉、闹访案件的审查,实现案结事了等方面发挥着重要作用。但以申请再审审查率高低作为判断案件公正与否的指标,从而得出案件绩效

---

① 施鹏鹏、王晨辰:《论司法质量的优化与评估——兼论中国案件质量评估体系的改革》,《法制与社会发展》2015 年第 1 期。

考核指标高低的结论有失偏颇。再审审查率指标的设置能否承担起衡量审判效果的作用，需要我们结合实践情况进一步深入论证和研究。

四、案件质量评估指标体系的构建和实施

（一）案件质量评估体系的环节

案件质量评估指标体系，既包括对单项指标的管理，也包括对一系列指标的综合评估管理，需要建立和把握以下四个环节：

1. 建立有内在联系的审判质量效率指标管理体系。案件质量指标由指标名称和指标信息数据两部分构成。其中，指标名称反映指标功能和指标监控范围，指标信息数据是应用一定的计算方法所得的计算结果，表明指标的状态。要想进行全面的审判管理，就必须把一系列互为联系、互为因果的指标进行系统的整合，而这一系列有内在紧密联系、相互制约、相互补充的指标，也就形成了审判质量指标体系。构建案件质量指标体系，应当掌握以下原则：

一是系统性原则。要根据不同指标间的内在联系，进行有序的衔接和组合，使其成为一个完整的指标体系。同时，还要注意指标之间的协调一致，不能过分强调某项指标的意义，忽视其他指标的作用。

二是实用性原则。指标要简明、涵义要确定，符合审判工作实际，并具有可评估性；指标要尽可能地与司法统计、法官业绩考评、目标管理考核的统计口径相一致，以便能充分地运用到司法统计、法官业绩考评和目标管理考核中去；指标须涵盖最高法院、高院指标体系，以便在本院管理时统筹兼顾；指标不宜多变，应保持相对稳定性。

三是制度化原则。案件质量指标管理体系一旦建立，经实践检验效果良好，就应以制度形式将其确定下来，这有利于增强指标体系的约束力，增加案件质量评估的对比性，提高评估结论的历史价值，使其成为对整个法院或某个审判业务部门进行评估的重要历史依据。

2. 建立案件质量指标信息收集子系统。及时、真实、完整地收集案件原始信息，是保证指标信息管理系统其他环节工作质量的重要基础。因此，根据审判管理的需要，在设立科学的指标同时，应当开发一套指标信息数据自动生成软件，这是审判管理的基础性工作。同时，指标信息收集要符合以下基本要求：

一要全面。既要重视对指标数据信息的直接收集，也要善于通过各种间接方式对各类案件通报、审判动态资料等信息的收集。

二要真实可靠。在收集过程中要随时注意审核，剔除不真实的信息资料。对于一些暂时弄不清的信息，一般可不急于统计和分析。

三要动态全程监测和收集信息。通过对信息的系统、连续收集,基本反映审判运作某一指标在一定时期内的概况和发展变化的总体趋势。

四要尽可能收集涉及案件质量内容的含量大、价值高的指标信息。

3. 建立案件质量指标信息处理子系统,规范指标信息加工、存贮和输出等审判管理的重要环节。案件质量指标信息处理是指根据审判管理目标的需要,对信息进行统计、分析、反馈、预测、评估的过程,是指标管理体系的核心环节。对指标信息的处理没有一个固定模式,一般而言,包括:

一是分类。按指标功能、收集时间或管理需要等,对原始信息进行分门别类和排列。如上海一中院对指标所进行的审判质量、效率、效果、延伸等四大部分的分类。这在综合评估管理中非常必要。

二是比较。与管理目标相比较,从指标数据中分析案件质量发展变化趋势及特征。该类方法比较常用,无论是对单项指标的日常管理,还是对所有指标的综合评估管理均适用。

三是计算。按照指标计算公式对数据信息进行加工计算,既包括对指标实际值的计算,也包括通过一定计算反映出该指标与其管理目标的偏离程度。

四是研究。如对一段时期某个审判业务部门的审限内结案率呈现下降趋势的原因进行分析,提出审判管理建议等。通常较多的是对单项指标的研究分析,也可以对一系列相互关联指标进行综合研究分析。

五是评估。即对全院或某个审判业务部门的审判质效运行状态的评估。这里主要是指通过对每项指标设置一定的权重(即反映指标的重要程度),加权计算后所进行的综合性评估。

六是反馈。将经过处理的案件质量评价信息进行反馈。在实践中,可以根据具体情况,采用集中式反馈或连续性反馈、单向性反馈或双向性反馈、系统内反馈或系统外反馈等形式,及时、准确地将信息提供给各审判业务部门。

4. 建立案件质量评价子系统,客观评价审判工作绩效和审判管理职能履行情况遵循审判管理的目标,审判管理工作评价方式一般可分为三种:日常评价。当审判管理工作进展到一定程度和时期时所进行的评价,以便及时发现偏差,纠正偏差,确保管理目标的实现;定期评价。例如每月或每季度所进行的分析讲评;半年或全年总评价。

针对所评价的内容,在对审判管理工作进行评价时,要重点把握好以下两个方面:

一是对审判管理实绩的评价。首先,要考察审判管理工作所取得的真正实效。这个实效就是眼前实效与长远实效、微观实效与宏观实效、法律实效与社会实效的统一，以获取最大可能的实效，它是审判管理的根本目的和最终归宿，是一切审判管理活动所追求的核心内容。其次，要考察审判管理目标的实现程度。审判管理目标的实现程度如何，将及时、准确地反映审判管理实效的真实状况。

二是对审判管理职责履行状态的评价。一般而言，主要有以下六个方面：(1)决策。主要是看其是否能够设置科学的指标；是否在指标信息的基础上科学预测指标的运行态势。(2)计划。主要是看其是否能具体落实指标。(3)指挥。主要是考察其能否发掘各个管理层面的潜能；是否充分利用各个层面的管理资源；制定的工作规范是否健全、完善。(4)协调。主要是考察其能否调整审判管理人员在审判管理活动中的各种关系，实现有效配置。(5)监督。主要是检查核实执行是否有偏差并督促审判业务部门纠正偏差。(6)激励。主要是看其是否发挥了审判管理组织内各种人员的作用。

目前法院"案多人少"的矛盾日益突出，人民群众对司法需求越来越高与司法权威相对不足之间的矛盾也愈发明显。要解决这些问题，实现司法公正与效率，加强对审判工作的管理是首要之举。从审判质效指标管理的角度，对综合性审判管理体系的探索与实践，是司法改革的有益探索，取得了较好的成效。通过对案件质量指标管理体系的科学构建，真正建立起对审判管理存在问题的发现、反馈、分析、协调和纠正、改进的科学、合理、有序的法院内部综合性审判管理体系，以实现法院的科学管理与司法的"公正与效率"的良性互动。

(二) 案件质量评估指标权重设计的基本原则①

1. 指标权重应体现各指标的相对重要程度，且每个指标的权重一般应掌握在一定比例之内。指标权重体现了案件质量评价的原则、标准和导向，权重越高，说明其是评估中强调的重点，权重越低，则说明指标居于并不重要的地位。一般情况下，每个指标的权重一般应在5%至30%之间。如果过高，则可能会使被评估人员仅关心这一个指标而忽视其他指标；如果过低，则该指标可能被忽视而失去评估的价值。

2. 指标权重应与指标之间的独立程度相适应，当某些指标之间相关联时，应综合考虑这组关联指标的权重。实践中指标之间完全独立常常很难做到，一方面是因为许多指标所测度的事项本身就是相关的，如案件的上诉率与息诉服判率。另一方面，构成指标体系的个体指标也是有机联系的，是

① 参见张能：《刍议评估指标权重的设计原则和方法》，上海一中院内部调研文章。

包含在一个系统内的有机整体。为此,应当综合予以考虑。

3. 指标权重应与各指标的区分度相适应,对于区分度较低、应用效果不够理想的指标,赋予较低权重。在评估中,由于指标的区分度不同,在权重赋值时应当有所区分,比如最高人民法院指标体系中的公众满意度、裁判文书评分等,评分容易趋于大众化,指标区分度不高,或评分准确度不高;再如立案变更率、执行终结率等,指标评分个性化较强,难以集中。为此,对于区分度较低、应用效果不够理想的指标,要赋予较低权重。

4. 指标权重应与各指标的信息可靠性相适应,对于信息可靠性较低和利用价值较低的指标,赋予较低权重。实践中往往对那些信息可靠性较低的指标赋予较低权重,如通过审判管理系统难以采集计算或因信息输入不完整可能导致采集计算不准确的指标。

5. 部分指标需要通过事前验算和模拟试验,探索比较合理和满意的权重。在正式开始评估前,应对部分指标通过事前验算和模拟试验,探索比较合理和满意的权重。可以人工设置一些模拟数据进行验算,考察不同的权重分配对于评估总分的影响,据此逐步调整完善各指标权重。

审判管理实践中,往往需要在事后对评估数据和结果进行系统分析,及时总结经验和不足,然后逐步调整完善权重。需要引以重视的是,要密切关注综合平衡相关评估活动的科学性和稳定性,不能因片面追求科学性,而频繁地、大幅度地修改"游戏规则",导致评估工作的"大幅度震荡"。

（三）案件质量评估指标权重的常用计算方法

1. 专家咨询法(Delphi 法)。Delphi 法将收回的调查问卷进行汇总、统计分析,然后将统计分析的结果反馈给评价者,由他们进行第二次评价,第二次评价时评价者可能会根据第一次总的结果而对自己的判断进行一些调整。然后再将第二次的结果回收后进行统计分析,如此往复,最后就会使专家们的意见趋于一致。据了解,四川成都中院即采用了该方法确定评估指标权重。

2. 层次分析法(AHP 法)。是美国匹兹堡大学教授于 1971 年提出的。它的核心思想是对指标及其要素的重要性程度作两两比较来代替直接赋权。AHP 法在理论上已日臻完善,已被广泛地用于经济、政治、军事等领域,其特点:一是能对具有多项评判标准的多方案进行重要程度或优先度的综合评判;二是能对非量化因素进行定量化分析。其缺点在于计算过程较为复杂,通常需要通过矩阵计算予以实现。

3. 指标序号法。即在调查表中不要求被调查的专家填写出各指标应占的百分比,而改为按各指标的重要程度排序,填写序号。计算时,只要将各指标的序号汇总统计到一张"权重"计算表上,然后根据非参数统计的原理即可算出每一个指标的“权重”。该方法系对 Delphi 法与 AHP 法的综合应用，并对其计算方式予以完善。

4. 小结。结合法院的审判质量效率和效果的评估工作，上述三种对指标权重的计算方法中最为合适的应为指标序号法，该方法系综合了 Delphi 法与 AHP 法的优点，既避免了调查问卷回收统计的复杂性，又确保了各项指标权重的可靠性和可接受性，因为评估体系中所有指标及其权重一定程度上可以说是由被调查者自己确定的。

（四）结合实例说明指标序号法的应用

下面就以上海一中院民一庭案件质量评估中，使用指标序号法调查和计算“权重”为例介绍其具体方法和计算步骤（为便于介绍，相关调查数据为虚构）。

首先，向专家咨询的调查表（见表 1）。

表 1　民一庭各指标重要程度调查表

<table>
<tr><th></th><th>指　　标</th><th>重要程度序号</th></tr>
<tr><td rowspan="5">质量</td><td>上诉率</td><td></td></tr>
<tr><td>申诉率</td><td></td></tr>
<tr><td>二审改发瑕疵率</td><td></td></tr>
<tr><td>再审改发率</td><td></td></tr>
<tr><td>服判息诉率</td><td></td></tr>
<tr><td rowspan="3">效率</td><td>结案率</td><td></td></tr>
<tr><td>结案均衡度</td><td></td></tr>
<tr><td>……</td><td></td></tr>
<tr><td>效果</td><td>……</td><td></td></tr>
</table>

表 2　民一庭质量类各指标“权重”计算表

	1	1	3	4	5	F	%
上诉率	29	3	4	1	0	171	29.6
申诉率	0	6	2	13	16	72	12.5
二审改发瑕疵率	3	4	13	8	9	95	16.5
再审改发率	5	9	8	8	7	108	18.7
服判息诉率	7	15	8	5	2	131	22.7
合　　计	44	37	35	35	34	577	100.0

其次,回收调查表,进行统计计算。

先要逐行计算 F,公式: $F = \sum [(n + 1 - i) fi]$

其中:n 为指标数,i 为序号,fi 为序号 i 内的频数。

本例共 5 个指标,即 n = 5, 则:

“上诉率”的 $F = 29 \times 5 + 3 \times 4 + 4 \times 3 + 1 \times 2 + 0 \times 1 = 171$

“申诉率”的 $F = 0 \times 5 + 6 \times 4 + 2 \times 3 + 13 \times 2 + 16 \times 1 = 72$

……

各指标的 F 值都计算完后,F 值的大小,就是指标的“权重”大小。把 F 值归一,变换成百分比时,先将各指标的 F 值求和。即:

$\sum_F = 171 + 72 + 95 + 108 + 131 = 577$

然后,171/577 = 0.296,72/577 = 0.125……很快就可算出各指标的“权重”为:“上诉率”29.6%,“申诉率”12.5%,“二审改发瑕疵率”16.5%,“再审改发率”18.7%,“服判息诉率”22.7%。

上例可以看出,指标序号法简便而可靠。不仅可以用于计算“权重”,还可以用于筛选指标。也可以对一批指标通过调查,从而确定各项指标的重要程度。

(五)指标权重设计中应注意的问题及建议

在指标权重设计中,经常出现两个方面的问题,一是指标权重设计不够合理,导致评估结果不够合理。二是评估中单纯利用总分进行排序,未充分认识到总分的局限性,未充分利用评估活动中的其他信息。这两种情况都表明,在对各项指标进行综合评估时,如果只会单纯地利用总分,则将限制评估活动的效率和水平。因此,在设计指标权重时,各指标在理论上的重要程度是其权重的基础,同时还应结合各指标的特点,在实际评估中的局限以及评估的效果,来对权重做出合理配置,使评估活动更加合理、科学、有效。在综合评估时,要认识到总分的局限性,将某些单项信息或过程信息与总分结合运用,对总分信息进行补充或校正,提高评估活动的效率和水平。

第三节 司法绩效考核与案件质量评估体系的整合

案件质量评估与审判绩效考核都属于管理学的范畴,但分别侧重于对案件质量的评价和对工作绩效的激励和管理,在对二者功能、定位的认识上还是在操作实践中的评估方法、评估程序等方面都存在诸多差异。在现有条件下，司法绩效评估和案件质量评估制度都无法实现司法改革顶层设计者的主观意图，制度设计与指标治理的困境阻碍了制度预期的“指挥棒”功能的发挥。一方面，司法绩效考核无法实现原有的激励、监督、评价的功能，另一方面，案件质量评估制度也没有能力满足社会对司法评价的功能需求，司法绩效评估和案件质量评估制度都受到结构的牵制而失去了功能自主，反而产生强化司法行政化的隐性功能。为此，如何在评价实践中实现案件质量评估与审判绩效考核的有效衔接，使其达成功能上的互补，提升审判管理和行政管理的科学化水平，值得我们深入探讨。

一、案件质量评估与审判绩效考核衔接的实践

以重庆法院为例，2005 年，重庆市高级人民法院开始对基层法院进行工作目标考核，2008 年又将中级人民法院纳入考核范畴。此前，各中基层人民法院的工作目标考核结果，都是评比表彰“优秀基层人民法院”和“优秀中级人民法院”的直接依据。2012 年 3 月 8 日，重庆市高级人民法院出台《中基层人民法院案件质量评估实施办法（试行）》，明确对全市法院开展案件质量评估工作。同年 3 月 24 日印发的《2012 年度工作目标考核办法》对审判绩效的考核方法作了根本修订，审判绩效（审判执行工作）在年度考核 100 分满分中占 60 分，其中审判质效 42 分，其他审执工作 12 分，质效管理 6 分。审判质效的分值直接由案件质量评估指数按 100∶42 的比例进行折算，使案件的质量评估与审判绩效考核不再各自独立，而是直接关联。重庆法院的做法结束了案件质量评估与审判绩效考核各自为政的局面，把案件质量评估指数直接转换成审判绩效考核成绩，降低了管理成本，但同时也导致了二者的功能混同，各自都暴露出一定的负面效应，可以说二者实现了“紧密衔接”，但尚难言“有机衔接”。

陈忠、吴美来在《案件质量评估与审判绩效考核衔接机制研究——以重庆法院实践为样本》一文中，结合重庆法院的实践，对案件质量评估和审判绩效考核衔接的必要性与可能性做了一个论证。文章认为，一方面，案件质量评估能为审判绩效考核提供方法论的借鉴；另一方面，审判绩效考核能为强化案件质量评估的功能提供制度保障。正如江苏法院指出的，“案件质量评估工作必须与审判绩效岗位目标考核有机结合。归根到底，对审判工作的决策部署必须通过对部门和个人的有效管理才能真正落到实处。其间的桥梁和纽带就是审判绩效岗位目标考核”。因此，案件质量评估与审判绩效考核应当衔接已不成问题，问题只在于究竟如何衔接。①

---

① 参见陈忠、吴美来：《案件质量评估与审判绩效考核衔接机制研究——以重庆法院实践为样本》，《法律适用》2014 年第 3 期。

二、案件质量评估与审判绩效考核衔接存在的突出问题

案件质量评估与审判绩效考核从独立并行到相互衔接后，案件质量评估指数直接折算成审判绩效考核分值，绩效考核的指标体系与案件质量评估指标体系的关系是包含与被包含的关系。陈忠、吴美来将这种模式定义为案件质量评估与审判绩效考核的“简单衔接模式”，①并认为该模式存在以下三个方面的缺陷和不足：

（一）案件质量评估与审判绩效考核功能定位混同

将案件质量评估指数直接作为评价法院和法官审判绩效的依据，对审判绩效考核作了简单化的处理，使二者的独立价值都因此受到损害。

（二）质量评估与绩效考核简单机械衔接

正如最高人民法院《2012年全国法院案件质量评估分析报告》（以下简称《2012质量评估报告》）指出的，个别法院“夸大评估的功能唯数据论、唯指标论，将评估指标的客观评价功能简单地套用成主观考评依据”。②案件质量评估与审判绩效的简单机械衔接，颠倒了审判管理的逻辑顺序。

（三）案件质量评估的数据异化与失真

一是违背司法规律刻意追求高指标。实践中有一种对案件质量指标越高越好的片面理解，在开展案件质量评估时把指标比如对“一审案件陪审率”、“当庭裁判率”、“二审开庭率”等指标的刻意追求。二是审判数据由于人为追求高满意值而变形失真。从数据上片面追求“实际执行率”、“执行标的到位率”。③这些数据异化的现象直接导致司法政绩观的异化，对法院审判管理决策将产生长期的误导作用。

三、案件质量评估与审判绩效考核衔接机制的完善

对司法绩效评估和案件质量评估制度的分析与检讨，首先应该从制度功能开始，即该制度具有何种功能及能否承载预期的制度功能，其次才是具体设计是否合理、是否符合制度功能的预期以及发挥制度功能的途径问题。

（一）厘清案件质量评估与审判绩效考核的功能定位

2014年4月4日，重庆市高级人民法院发布《重庆市中基层人民法院工作评估办法》（以下简称《评估办法》）及评估指标体系。根据《评估办法》，重庆市高级人民法院将不再对中基层人民法院进行工作目标考核，对法院工作只评估不排名。④这一做法说明重庆法院充分认识到了在评估中误把评

---

① 参见陈忠、吴美来：《案件质量评估与审判绩效考核衔接机制研究——以重庆法院实践为样本》，《法律适用》2014年第3期。

②③ 严戈、袁春湘：《2012年全国法院案件质量评估分析报告》，《人民司法》2013年第13期。

④ 陈小康、刘洋：《重庆中基层法院全面取消考核排名》，《人民法院报》2014年4月9日。

估体系当作“成绩单”的问题所在。在质量评估中不加选择、不加区别地将一些考核指标简单“移植”，直接作为审判业绩考核指标，导致工作出现偏差。

最高人民法院于2014年12月23日决定取消对全国各高级人民法院考核排名。除依照法律规定保留审限内结案率等若干必要的约束性指标外，其他设定的评估指标一律作为统计分析的参考性指标，作为分析审判运行态势的数据参考，坚决杜绝以保证结案率为由，年底不受理案件的做法。最高人民法院并要求各高级人民法院取消本地区不合理的考核指标。①这一决定对评估的定位进一步明确，避免了对案件质量评估的误用和夸大。

（二）合理确定评估主体

评估方法上的流弊一方面与最高人民法院对如何评估没有确定统一的详细规范有关，另一方面主要是因为评估主体的单一化及封闭化。评估分析工作通常由各级法院的审判管理办公室负责，不能保证评估分析的中立性，且评估人员的专业性也无法保证。因此，改革应致力于评估分析主体的中立化及多元化，委托专业的第三方调查机构进行分析，并由法官、法学教授、律师及对司法工作有所了解的社会人士共同参与。

（三）科学设置指标体系

案件质量评估的指标体系为全国法院开展这一评估确定了基本的准则和评估的方法，在实践中具备指导意义。但要根据案件质量评估和绩效考核评估的区别，在符合审判权性质及运作规律的基础上，按照实事求是的原则，设置相应的指标体系，不宜为片面追求某一目标，而在指标体系中带有明显的倾向性。但同时，一味偏重定量分析、忽略定性分析的做法必须改革，至少应该达到定量评估与定性评估并重。

（四）加强司法统计的数据管理和开发共享

要使案件质量评估与审判绩效考核实现有机衔接，提升审判管理的水平，还需要加大对数据的开发利用和共享的力度。一是法院要充分利用大数据平台，提高信息化工作水平，利用好司法统计数据，科学管理和决策。二是要在掌握司法统计资料并加以分析的基础上，加强评估结果的反馈，激发法院和法官的工作热情。三是要基于客观立场，将案件质量评估的数据利用到法官的审判绩效考核中来，有效避免数据异化和片面追求高指标的情况。

---

① 刘勋：《取消考核，让监督更加高效精准》，《人民法院报》2015年1月1日。

第九章　专项评价：针对司法若干领域的评估

第一节　法院重大案件社会稳定风险评估①

作为社会管理创新的重大举措，我国在行政管理、立法活动、重大事项决策等方面都开始广泛适用社会稳定风险评估，建立了社会稳定风险评估的指标体系。②为避免在重大或敏感案件中的舆情危机和被动局面，社会稳定风险评估在司法系统逐渐得到推行。③最高人民法院明确提出要“完善问题的发现、反馈、分析和解决机制；在全国各级法院建立重大敏感案件风险评估制度”。④近年来，各级法院开始建立重大敏感案件风险评估制度，针对具体案件进行社会稳定风险评估，学界也开始针对这一制度进行探讨。⑤

社会稳定风险评估主要是考虑社会稳定和民众拥护方面的风险。尤其是重大项目社会稳定风险评估，对与民生密切相关的重大决策、重大项目等，在出台或审批前，对可能影响社会稳定的因素进行科学、系统的预测，分析和评估，制定风险应对策略和预案，以有效地规避、预防、降低、控制和应

---

①　本节参见高志刚：《法院重大敏感案件风险评估机制探析》，《法学》2014 年第 5 期。

②　我国“十二五”规划纲要提出，要“建立重大工程项目建设和重大政策制定的社会稳定风险评估机制”。参见《中华人民共和国国民经济和社会发展第十二个五年规划纲要》单行本，人民出版社 2011 年版。

③　近年来，重大敏感案件风险评估制度在包括公安、检察院、法院在内的政法系统得到全面推行，鉴于司法权力的中立性、判断性、终局性等特点，本书仅就法院适用社会风险评估的正当性及发展路径进行反思和分析。

④　参见最高人民法院：《关于新形势下进一步加强人民法院基层基础建设的若干意见》，法发〔2011〕4 号。

⑤　相关研究的文献以司法系统学者为主，但尚未全面系统地对社会风险评估的理论基础及发展路径进行反思和深入论述。参见朱昆：《论法院建立敏感案件风险评估制度的必要性》，《法律适用》2012 年第 11 期；彭浩：《社会风险评估纳入司法决策机制的路径选择》，载万鄂湘主编：《全国法院第 23 届学术讨论会获奖论文集（上）》，人民法院出版社 2011 年版；方工：《司法活动需要评估社会风险吗》，《检察日报》2011 年 3 月 17 日。

对可能产生的威胁社会稳定的风险。在当前社会转型期复杂的利益关系和形势面前，在相关领域推进和完善社会风险评估，无疑有着重要意义。但人民法院案件社会稳定风险评估这一“主动维稳”、“制度维稳”的实践探索内容非常原则，理论基础仍比较薄弱，在试行中也做法不一，存在诸多争议。

作为司法改革的具体举措，案件风险评估这一新制度的创设蕴含着特定的价值目标和理念选择，也蕴含着一个法社会学的理论命题。这一制度出台的主要原因是为了避免因审判活动导致社会冲突发生传递、扩散与演变。但在适用风险评估之前，需要我们明确，法院审判活动的风险源是什么？是如何造成的？如何通过源头治理来识别风险源？这一评估机制是否能补强审判的正当性，增强司法的公信力？这一对司法的运行可能产生深远影响的机制，是否可以为依法治国方略的实施提供可持续的制度支持？这种实践关注蕴含着深刻的理论期待和需求，既是实践问题又是学术问题，亟须正本清源。如果得不到理论界充分有力的理论阐释和理论合理性的论证支持，改革尽管可以收到一时之效，但在整体上却缺乏持久的理论耐力和应有的理论自觉。为此，需要我们对司法机关社会稳定风险评估机制的可行性和法理限度以及发展路径作一冷静的反思和审视。

一、法院案件风险评估的现状

重大敏感案件风险评估制度的建立，旨在督促各级法院建立案件风险意识和责任意识，在立案、审理和执行各诉讼阶段要注意进行风险评估，以便及时发现敏感案件，积极制定应对预案，通过对重大敏感复杂疑难案件司法资源的合理配置，最终实现案结事了，息讼罢访，以期从源头上化解社会矛盾。但在实践中，法院重大敏感案件风险评估往往体现在适用实体和程序法律上的区别性，其适用范围扩大化、目的异化等造成了一系列危害，亟须引起我们的重视和反思。

（一）案件社会风险评估的适用范围——扩大化

随着经济社会高速发展，牵涉的利益也日益广泛，一些密切关系社会稳定、群体利益的案件的矛盾尖锐化、白热化，成为敏感案件风险评估的重点。敏感性案件并非法律上的概念和界定，最高人民法院将事关民生和群体利益、需要政府和相关部门配合的案件，可能影响社会和谐稳定的群体性案件、集团诉讼案件、破产案件，民间债务、婚姻家庭继承等民事纠纷案件，案情复杂、难以形成证据优势的案件，当事人之间情绪严重对立的案件，相关法律法规没有规定或者规定不明确、适用法律有一定困难的案件，判决后难以执行的案件，社会普遍关注的案件以及当事人情绪激烈、矛盾激化的再审案件、信访案件等列举为敏感性案件，并作为法院风险评估的重点。浙江舟山市中级人民法院《关于对重大案件进行社会稳定风险评估的规定》规定，当地党委政府或群众极为关注、法院处理结果可能对当地社会、经济产生明显导向性作用或涉及重大利益重新分配的；标的额500万元以上，法院裁决、执行可能对当地企业生产、经营产生重大影响的等七类案件应当实施社会稳定风险评估。①不少法院将社会风险评估扩大化，已不仅限于重大敏感案件，而是全面开展风险评估。如遵义市中级人民法院“自2008年开始全面在个案审理中开展风险评估，试图通过对各类案件的评估发现敏感源头，以有针对性地全面预测、防范、应对案件裁判风险。”②

（二）案件社会风险评估的适用环节——全流程

在立案、审理、执行的三个阶段，法院把案件裁判风险评估渗透各办案环节，对案件裁判的效果风险评估贯穿始终，形成全流程风险预测、评估、预警、应对机制。“诉前保全、立案受理和管辖权异议等程序裁决，风险评估由立案庭负责；正在审理、审查和执行的案件，风险评估由相关审判庭和执行局负责。评估笔录列入案件卷宗，评估审核表紧跟办案流程，院党组严格要求，谁办案、谁评估、谁负责，将风险评估规定贯穿于立案、审理、执行的各个办案环节。”③在立案阶段，对利益冲突严重，矛盾十分尖锐的土地征收、房屋拆迁、环境污染等群体性案件，法院严把立案关，通过法官填写《敏感案件风险评估表》进行评估，试图通过社会风险评估将敏感案件拒之门外，以期做到防患于未然。如法院规定“受理新类型、敏感、疑难案件必须树立大局意识，提高立案审判工作的敏感性、前瞻性，避免因立案不当，陷入司法困境”。④“在征地拆迁等社会焦点的处置上，从严把握案件准入条件。”⑤有的法院明确要求，承办法官在阅卷、开庭、接待、调解、合议、汇报、宣判各个阶段，必须将案件裁判法律效果、社会效果和政治效果作全面预测和考量。⑥在审判过程中，法院力图将开展裁判案件风险评估形成办案的惯性思维，进而发展为每名法官在案件审理过程中应当秉持的方法和态度。

（三）案件社会风险评估的适用目标——重维稳

在发展是第一要务、维稳是第一责任的大背景下，法院将案件社会稳定

---

①　参见徐显锋：《编织一张风险评估网——舟山法院实施重大案件社会稳定风险评估机制纪实》，《人民法院报》2011年2月10日。

②⑤⑥　参见赵传灵等：《贵州省遵义市中院关于开展案件裁判风险评估的调研报告》，《人民法院报》2011年9月1日。

③　参见潘从武：《实施案件社会稳定风险评估　乌市中院有效遏制涉诉信访》，《法制日报》2011年11月23日。

④　参见：《山东省高级人民法院新类型、敏感、疑难案件受理意见（试行）》，鲁高法发〔2006〕3号。

风险分析评估定位为人民法院事先防范社会不稳定因素的一项重要举措、制定和完善司法决策的一个重要环节、出台或实施重要司法决策的前置程序。为维护稳定，法院明确要求在审判工作中“牢固树立符合科学发展的稳定观、发展观、法治观、和谐观，确保案件审理实现公正与效率相统一，实体公正与程序公正相统一、法律效果与社会效果相统一、司法资源与司法效益相统一”。①为贯彻这一理念，不同阶段的案件承办人要根据案件涉及的人数、当事人情绪状态、案件的社会影响等因素分别对案件进行风险等级评估。通过对案件进行风险预警，以便法院在办案过程中及时掌握案件可能存在的不稳定因素，提前主动采取风险应对措施，将不稳定隐患消除在萌芽状态。在实践中，多数法院把社会风险评估作为一种办案风险的预警，强化了诉讼外的方法，强调寻求情、理、法的平衡，以及通过与党委政府及相关部门的“联调联动”，依靠综合治理的方法进行防控化解。如遵义市中级人民法院在某敏感案件的处理上，“充分以社会效果和政治效果为考量因素，切实做好重点案件风险评估，紧紧依靠党委领导、政府支持和人大监督，与市委、市政府相应的处置机构保持一致，严格按照相关要求进行‘三暂缓’，积极配合处置机构工作进程，促进处置工作的整体推进和有序进行”。②作为一项具有中国特色的制度，这一定位与做法是偏重维稳的社会管理模式在司法体制中的体现，使司法职能挣脱了现有制度的藩篱而发生了异化，存在比较严重的隐忧，应当引起高度重视。

二、社会稳定风险评估的理论基础和实践困境

当前，不少法院关于社会风险评估已经形成了一套完整的体系，并已付诸实施。从内部看，“风险评估”理论作为一种审判管理的规范体系，从表面上看基本能实现逻辑的自洽，这也为法院推行社会稳定风险评估提供了一定的理论支撑。但法院对于社会风险的理论认知匮乏，尚简单停留在减少案件负面影响发生的范围或者频率的阶段，在指向上仅仅将社会稳定和法院秩序作为追求目标，在实际操作中没有在科学的意义上展开，存在很多误区和问题。

（一）社会风险评估的理论基础

首先，何谓社会风险？目前理论界对此共识尚未形成，定义尚未规范。德国社会学家乌尔里希·贝克认为，当前现代性正从古典工业社会的轮廓

---

① 参见董有生：《上饶：风险评估全过程监控案件风险》，《人民法院报》2010年7月28日。

② 参见赵传灵等：《贵州省遵义市中院关于开展案件裁判风险评估的调研报告》，《人民法院报》2011年9月1日。

中脱颖而出，正在形成一种崭新的形式——“风险社会”（risk society）。①此后，“风险”逐渐成为一个热门话题，不同学科领域对风险的研究越来越多。在统计学上，风险是某个事件造成破坏或伤害的可能性或概率；而在人类学、文化学上，风险则是一个群体对危险的认知，它的作用就是辨别群体所处环境的危险性。②综观学术界对于风险的研究，基本上可以分为三种范式。第一种范式是心理学范式，偏重于个体的心理以及风险感知的研究；第二种范式是文化范式，偏重于研究具有相同文化背景或地处同一区域的群体；第三种范式是社会范式，偏重研究的是整个社会。西方学者所讲的“风险社会”中的“风险”，是一种混合了现代政治、伦理、媒体、科技、文化以及人们的特别感知而形成的，针对现代文明制度、科技发展所带来的社会、生态风险而展开的风险。从目前我国学者有关司法机关社会稳定风险对策的讨论来看，对于风险社会中“风险”的理解异化为司法机关自身利益和秩序的“稳定风险”，存在一些误解泛化、夸大其词以及过激的倾向，往往会误读社会风险，滥用逻辑推导。

其次，社会稳定的风险源为何？现代性风险并不完全是物质存在，相当程度是由社会定义和建构的。由于“风险社会”理论非常关注人的实践活动对既有的社会组织结构、形态、制度等的冲击，因此，其给现代社会关于公共治理政策的制定提供了新的视角。“风险评估”理论的某些主张无论是对立法者、执法者还是对司法者来说都具有极大的吸引力。在近年来，由于社会矛盾日益尖锐，群体性事件多发，风险研究以社会范式为基础，逐渐向立法、行政等领域拓展，也逐渐成为司法领域的热词，在理论和实践中均受到重视和关注。但在进行评估之前，需要我们追问，社会稳定的风险源到底为何？

有学者指出，社会稳定风险源于传统意识形态和社会控制机制的失效以及新的社会控制机制如法治尚未真正建立。这种失效是两个方面合力作用的结果：一是旧的正义标准的失效所导致的原有制度设置的问题化和非正当化，二是改革开放之后产生的新问题在原有制度设置下得不到解决。这两个方面相互加强，一方面的问题化也会导致另一方面的问题化。③从风险来源的角度上讲，司法领域的社会稳定风险主要分为两种情形，一种是由于案件本身所具有的特殊因素从而导致的社会稳定风险，而另一种则是由

① 参见［德］乌尔里希·贝克：《风险社会》，何博闻译，译林出版社2004年版，第8页。

② 参见杨雪冬：《全球化、风险社会与复合治理》，《马克思主义与现实》2004年第4期。

③ 参见徐亚文、伍德志：《论社会稳定风险评估机制的局限性及其建构》，《政治与法律》2012年第1期。

于司法行为不当或者司法决策不当所引发的社会稳定风险。就法院重大敏感案件社会稳定风险评估而言,社会风险首先来自利益相关者对“重大敏感案件”的心理感知。“当利益相关者期望的目标不能达到时,目标与现实之间的落差就是损失,容易转化为风险。”①当这种风险在司法公开不够、诉求的表达渠道不畅、群体心理逆反、司法舆论环境不够透明、个人对损失的承受能力脆弱等因素的影响下,其交互效应的方式会加强当事人对风险的感知并诱导风险行为,进而衍生出新的“次生风险”和更高阶的风险事件,从而形成一个往复循环的风险放大过程。

最后,社会稳定风险评估能否消除风险?风险是反事实性的(counter-factual),②但能产生事实性的严重后果。即使法院能够根据事实消除自身的风险意识,也无法消除民众由于个人的感知以及网络传媒的发达产生的风险意识。对于法院而言,风险意识会催生巨大的维稳动力,促使法院快速作出应急措施,调整相关司法决策或判决。对于民众而言,风险意识同样也能催生巨大的动力,引发对司法的高度关注,甚至会形成重大的舆情危机和事件。法院完全有可能被反事实性的风险所主导,从而作出不符合法律要求的决策或决定,这从根本上违背了“以事实为根据、以法律为准绳”的原则。案件风险评估可以成为缓解司法机关焦虑的良药,却不能从根本上治愈沉疴、消除风险,只能进一步助长无序的行为表达,使当事人为达到诉讼目的不惜采用非常规手段,迫使司法判决向对其有利的方向转变。法院舍本逐末以案件风险评估作为理论预设和行动指南,不可避免将面临制度利益和当事人利益以及社会利益的失衡。

在断裂、失衡的社会关系面前,法院推行社会稳定风险评估,以规避由于审判活动导致的社会风险,具有其理论上的重要性和必要性,但在现有的司法体制下,远远不能从根本上解决问题。案件社会风险评估并非一种必需的法律机制,仅仅是为避免法院工作的被动而进行的,充满功利色彩和利益的计算,我国将社会风险评估纳入具体案件,在欧美国家是找不到范例的。在西方成熟的自治型法治中,法官无需为案件判决可能会产生的舆情危机而去评估给社会稳定带来的风险。

(二)社会稳定风险评估的实践困境

如何进行社会稳定风险评估是一个涉及政治学、社会学、法学、经济学、

① Greatorex M., Mitchell V.W. Developing the perceived risk conception. Davies M., et al. Emerging issues in marketing, Proceedings of Market-ing Education Group Conference. Cardiff: Cardiff University, 1993.

② 参见[英]安东尼·吉登斯:《现代性的后果》,田禾译,译林出版社2000年版,第109页。

心理学等的综合指涉。为此,在评估中确立一个什么样的目标和采用何种方法无疑是一项非常困难的工作。我国法院目前的社会风险评估机制,存在着评估主体的信息局限性、评估内容的局限性、评估方法与程序作为合法化机制的局限性。

首先,评估主体的信息局限性。在信息不对称的情况下,民众对于可能有暗箱操作的司法行为会产生不信任与风险意识。司法机关和民众缺乏互信就是"不明真相"的群体性事件的真正原因。司法机关进行风险评估,仅仅预防了社会稳定风险的现实性一面,而对社会稳定风险非现实性的一面,如各种社会舆论特别是网络媒体对案件审判过程及结果的质疑、不满和批判,以及社会舆论对于个人风险认知的影响,这些评估方法是很难对此作出准确预测的。以法院获得社会信息和风险感知的能力,承担不可能的社会稳定风险预防任务,有些勉为其难。评估在某种程度上可以适当地降低社会稳定风险发生的几率,但无法从根本上消除整个司法体制不能切合社会需求所产生的社会稳定风险。

其次,评估内容的局限性。由于风险行为造成的是不确定范围的法益损害,无论在客观上或主观上对于法益侵害的内容和范围都难以控制和认定,致使法益的内涵漫无边际,具有高度的不确定性。不同研究者的目标函数、指标体系不同,从而得出的风险评估结论也不同。影响风险感知的因素有很多,主要有个体的人口统计学特征,如年龄、性别等;个体的心理特征,如认知、动机特点等;风险事件的特征,如风险事件是否确定、是否可控等。另外,信息的传媒因素也是影响公众风险感知的重要因素。在风险评估工作中,有些因子是不可控甚至是不确定的,其工作价值也应该在跟踪研究中进行检验。法院作为评估主体可以评定当事人曾经和当前的生理、心理、行为,但却无法预测社会环境本身和可能发生的随机状况。就目前的状况而言,这种方法只可作为参考,将其上升为制度并指导司法实践虽具备理论上的可能性,但很难通过实际操作达到预期效果。

最后,评估方法和程序的局限性。法院案件社会稳定风险评估的目的是通过评估,发现其可能对社会稳定存在的隐患,进而通过预案在审判人员配置、案件讨论研究机制的建立上下功夫,以避免矛盾激化,造成对司法的冲击和不良影响。但目前,法院适用重大敏感案件风险评估指标体系不一,合理化程度不高,科学性、系统性、有效性以及实际操作的可行性等均有待提高。针对个案的评估过程操作简单,民意表达渠道相对不畅,对利益相关群体的利益诉求了解不够,评估结果往往难以具有可预测性与权威性。这一评估机制的推行,功利化色彩比较浓厚,对庭审活动形成一定的制约和影响。其出发点缺乏理论上的正当性，很难保证措施实行的妥当性和合理性。

三、法院案件风险评估机制的法理限度

风险政治的逻辑就是对未来的恐惧决定了现在的政治决策，哪怕这种未来是不现实的、虚拟的。这导致了孙立平等学者称之为“体制性防卫过当”的现象：政府在判断社会矛盾和社会冲突的严重性时出现事实偏差，政府在各种社会冲突的处理上缺乏自信，以至于担心极小的问题会引发巨大的社会动荡，因此显得过于敏感和脆弱，并且试图将各种矛盾都消灭在萌芽状态，政府因此陷入了不切实际的“不稳定幻想”当中。①在重大敏感案件中引入社会稳定风险评估，也是法院长期面对巨大的压力产生的“不稳定幻想”，在试图消弭由此带来的恐惧和担忧中，寄望于风险评估的预警，将潜在的矛盾和冲突提前化解。这种评估违背了司法权力的中立性和公正性，在过于敏感的调适和迎合中往往迷失司法权的原义，走向更大的误区和恶性的循环。具体而言，我国司法引入风险评估理论存在以下四方面隐忧：

（一）对司法权性质的悖反

司法权作为一种判断权，其运行特征在于：一是认知活动与评价活动的统一；二是形式推理与辩证推理的统一；三是交涉性判断与自主性判断的统一。司法权的本质和运行特征决定司法权具有这样一种功能，即通过法官对案件事实问题和法律问题的判断，排除法律运行中的障碍，以维护法律的价值。②风险社会理论对司法的最大影响，就是将司法的目的从消极中立的审判转变为积极的有倾向性的预警，将司法判决形成的过程前移，甚至以风险评估结果决定司法判决的结果。司法机关通过风险评估和预警，大量采用风险干涉普遍化和司法判决提前化的做法，无疑有悖于司法权的中立性特征和根本性质。这一机制引入司法，使程序的正当化功能受到抑制，无疑是对正当程序理念的一种冲击，是一种价值观上的倒退，也是违背审判权的性质的。

（二）增加了侵犯当事人合法权益的风险

在稳定压倒一切的政治氛围下，法院的维稳和顾全大局获得了政治上的高度认可，当事人也往往会因此尽快获得“实质正义”，或者因为民意倾向获得维稳带来的利益或责罚，社会对这一评估的积极作用也乐见其成。但是，从制度理性的角度，需要我们深刻地反思和追问，法院针对重大敏感案

① 参见清华大学社会学系社会发展研究课题组：《以利益表达制度化实现长治久安》，《学习月刊》2010 年第 23 期。

② 参见孙万胜：《司法权的法理之维》，法律出版社 2002 年版，第 8 页。

件适用社会风险评估的这一举措是否有足够的法理和规范的依据?

风险评估并不考虑过程的公正性,仅仅将案件是否可能引发舆情危机和社会不安定因素作为主要的衡量标准,这容易使法院为侵犯当事人合法权益提供借口。当事人的诉权是宪法和法律赋予的一项重要的基本权利,但在立案阶段,法院出于狭隘的自身利益考量,通过风险评估规避敏感案件拒绝立案消极作为推诿了事,使当事人权利无从救济,因风险评估而不被立案的纠纷当事人"接近司法"之路受到限制,悖离"司法是社会正义的最后一道防线"的法治理念,使当事人合法权益无法得到维护,势必进一步激化社会矛盾和对立。对已经立案的案件,法院通过风险评估发现案情敏感,往往压制调解,制造司法不公。作为终局性的纠纷解决权力,对已经进入判决阶段的敏感案件,通过评估发现有重大社会风险,则为了迎合民意或强势群体个人的利益,牺牲法律,作出所谓"顾全大局"的判决,必然会使司法蒙羞。对已经进入执行阶段的案件,因有社会稳定风险中止或者终止执行,使判决成为一纸空文,这也是招致民众对司法严重不满的一个重要原因。

(三)法院审判目的指向混乱

在当前复杂的社会情境下,法院肩负着沉重的维稳重任。由于一味强调将问题解决在基层,并辅之以绩效考核、人事提拔等方面的测评机制,使得维稳在司法体制内形成了一种倒逼机制,进而造成法院对社会风险的高度敏感和警觉。法院的职责在于依法独立公正审理案件,不具备维护社会稳定的资源支撑,在制度安排上也没有维护社会稳定的能力,要求法院连带解决复杂的社会稳定问题,无疑是对法院的苛求,是法院不能承受之重。

在审判活动中,我们更多地应强调逻辑推理的方法,而这种适用法律的逻辑推理本身是一种无价值分析的过程,与制度利益无涉。但在案件社会风险评估的过程中,带有明显的稳定和秩序指向。司法权与政治权力不是实行有效的分化,而是进一步媾和,导致稳定和秩序在法官的价值体系中居于首要地位,致使法官不具有独立判断地位。法官在这一过程中所进行的并不是严格意义上的判断,而是以追求更大的灵活性和最佳的管理效果的协调和折中,带有强烈的"稳定"和"秩序"的目的指向。法官在舍弃逻辑推理的情况下,用含混不清、模棱两可的态度去压制调解或判决,无疑不具有正当性。由于缺乏制度上的正当性,经过社会风险评估的"重大敏感案件"的处理,可能会因评估导致判决的调整或改变。这种"迎合"往往是以牺牲法律和程序的规定为代价的,给社会传递了"小闹小解决、大闹大解决、不闹不解决"的错误信息,给当事人以错误的价值导向,在理论评判上备受诟病,在实践中则后患无穷。

（四）容易形成普遍性的法院信任危机

社会稳定风险评估的预警机制就在于预先发现可能的风险，避免舆情突发和热点化冲击法院。与成熟法治国家对待社会舆论的态度不同，我国一审法院对待可能引发舆情危机的敏感案件通常会迎合社会舆论作出判决，而二审法院一般采取再审、发回重审或直接改变判决结果的方式来迎合社会舆论，化解舆情风险。这样一种明哲保身的司法态度，往往是以牺牲法律和法治为代价的，容易使当事人对司法判决和法律适用产生不合理的预期和期待，虽能暂时平息舆论，却招致无穷后患。而且，真正的风险发生后，在国家权力体系中地位式微的法院吸收复杂性的能力是非常有限的，其权威性制度资源和处置突发舆论事件的应变能力严重不足，“除了通过自身工作竭力化解之外，法院本身并无力全面处理体制性层面的社会稳定风险，只能依靠党委、政府统筹协调”。①这也导致法院在个案的裁决中瞻前顾后，不能遵循法治和法律应有的逻辑。长期以来，已经形成了普遍性的法院信任危机，严重地阻碍着法院地位的提升和功能的适度扩张。

如上所述，针对具体案件裁判的风险评估，不论是在理论研究的深度上，还是实践探索的广度上，以及在法治发展的逻辑上，都没有达到应然的理性程度。针对具体案件的社会风险评估更像是在迎合维稳大局的应景之作，各地法院的尝试也是五花八门，甚至连适用的范围都没有统一。全面推行重大案件社会风险评估的脚步仓促，改革的实际效果如何尚需要进一步进行观察和实证分析。

四、法院应对社会风险的发展路径分析

法院制度的改革是司法制度发展完善的重要途径。但司法改革是一项庞大复杂的系统工程，受制的因素多，牵涉面广，不可能一蹴而就。尽管每一次改革的切入点和视角不同，改革措施的着眼点和所作用的司法机制的要素也不尽相同，但法院制度的改革应该在坚持法治思维的基础上，围绕彰显司法权的本质，体现司法的独立性、中立性和公正性的最终目的而展开。法院适用社会风险评估这一改革措施的推行，事关法院司法权力的内部配置和司法职能的行政化调整，需要在厘清法院职权界限的基础上，对司法制度运行的机制进行完善，以达到既回应社会，又树立法院权威的目的，确保公正司法。

（一）社会风险评估要坚持法治思维和法治方式取向

法治方式是指运用法治包括制定和执行法律来解决问题。与此同时，

---

① 参见左卫民、周长军：《变迁与改革——法院制度现代化研究》，法律出版社2000年版，第204页。

法治方式也是指符合法治自身的价值理念、制度逻辑、组织构造、规范结构、思维方式以及建设道路的法治发展方式。因此,用法治方式推进和巩固法治,主要是说"要按照法治的内在要求、发展规律和运行方法,不仅保障已经形成的法律体系得到切实有效的实施,而且进一步推动法治的完善,并逐步巩固法治"。①法治发展与巩固的问题,根本上只能经由法治而不是人治来解决。在这个意义上,遵循法治的规律建设法治,当然是推进和巩固法治最重要的方式。

一项新的改革举措的推行,不可避免面临价值顺位的选择和权衡,到底是法治为基础的公正本位?还是稳定为基础的秩序本位?稳定和秩序是司法追求的基础性价值之一,而法治和公正则是司法的终极性和目的性价值,是司法的应有之义。为此,应审慎对待司法价值重心的转变,不能因盲目追求社会风险的应对而摧毁法治的基础。法院适用社会稳定风险评估,旨在寻求案件实质合理性维度的提升。在法治发达国家,当形式合理性法治已臻于完善,司法需要突破形式主义的藩篱,寻求实质合理性维度的提升。这是西方法治的自我调整,而不是自我颠覆。我国形式合理性法治的建设刚刚起步,在个案的决策中如果为规避社会风险过多地考虑民意和舆情的权重,必将导致形式合理性法治的建设功亏一篑。

按照法治思维和法治方式的要求,司法判决必须依据事实和法律,而不是出于自利的动机,利用不可靠的风险直觉和评估来解决问题。法院进行案件风险评估违背司法权的本质,体现了当下中国司法现代化的进程"内在紧张",表明了法治逻辑和理论的纠结和徘徊。法院社会风险评估要纳入法治轨道,避免因在评估中的价值和立场的预设,而出现控制论中所说的"正反馈"②(positive feedback)现象,即评估方输出的反馈信息进一步强化了决策方的指令信息,决策方和评估方同方向地施力,导致无法提前预知甚至有可能强化司法决策和决定所带来的重大社会稳定风险。一项新的改革的正当性,往往要看其在制度安排上是否具备对司法规律和逻辑的遵循与完成。只有按照法治的逻辑来建构与完善制度和法律,法治才有可能是真实可靠和持续稳固的。为此,新一轮司法改革要体现宪法原则和宪法精神的取向,要体现尊重司法规律和司法属性的取向,要体现法治思维和法治方式的取向。

---

① 参见程燎原:《用法治方式推进和巩固法治》,《法学研究》2013 年第 2 期。

② 正反馈是经典控制论中的术语,指一系统的输出影响到输入,使得输出变动后会影响到输入,造成输出变动持续加大的情形。

（二）法院适用社会稳定风险评估的理性化区域

每个社会进程都可以分为理性化的领域和非理性化的领域。“理性化领域在井然有序地处理再发生的情况中由固定的和程式化的程序所组成，非理性领域是包围理性领域的领域。”①司法机关需要对风险社会的来临有比较清醒而独特的认识，既要看到我国社会风险的严重性与特殊性，也要看到风险评估的必要性与紧迫性。如果司法面对“风险社会”无动于衷、毫无作为，那么这样的司法肯定是不可取的。但是，如果司法为化解社会风险而过于扩张甚至突破罪刑法定主义、责任主义等法治的底线，那么同样也不可取。理性化的社会稳定风险评估应该是通过评估司法改革的顶层设计可能产生的社会风险，包括通过司法政策的调整对于各种社会风险问题进行重点转移，以有针对性地加强控制和预防。

数字化指标体系的检测，首先应用于司法态势、发展趋势与问题的把握，而不应当机械用于评估个案的效果是否具有社会稳定风险。当前，对司法理念的确定、司法政策的提出、司法改革的措施缺少风险评估，缺乏深入论证，也欠缺风险意识，以致司法政策、改革决策不能符合法治理念，引起社会公众对司法的严重不满，这也是社会风险的隐患所在。社会风险评估的适用要考量决策的社会基础和正当性问题，本身带有浓郁的政策导向，司法机关适用社会稳定风险的理性化区域应该只包括对司法理念、宏观政策、重大决策、重大改革的风险预防。风险评估在这一理性化领域的推行，有助于提高司法政策和改革决策的合理化程度。首先，在风险评估基础上形成的司法政策，侧重于决策的合法性、合理性、安全性和程序性评估，以及风险等级指标的设置等，只是要求司法判决的作出必须遵循一定的约束程序，而不是指向特定的实质决定——司法判决，针对个案无原则趋向民意进行调适，能使人们以更少偏见的方式产出信息并对判决作出评价；其次，风险评估能给司法政策和决策制定者提供一种推论工具，以增加信息量并提高信息分析的质量。

如亨廷顿所说，现代化在很大程度上会引起社会上各种社会势力的集聚化和多样化。②因此，在现代化的新的节点上，需要在明确司法理念的基础上，通过司法政策的调整来对多样化的利益和声音进行整合，形成能体现公平正义的价值和整合不同利益的司法政策，以打破社会结构和利益固化的

---

① 参见［德］卡尔·曼海姆：《意识形态与乌托邦》，黎鸣、李书崇译，商务印书馆2000年版，第114—115页。

② 参见［美］塞缪尔·P.亨廷顿：《变化社会中的政治秩序》，三联书店1989年版，第8页。

格局，为司法现代化的实现创造空间。当前，对一些重大司法改革和试点项目的评估正在逐步推行，但主要集中在成本—效益的分析上，缺少针对社会风险分析的指标体系，不能对潜在的社会风险进行定量分析。相关机构和部门应当针对拟采取的有可能造成不良社会反应或者引发不当社会效果的重大司法改革举措、拟制定出台的重要规范性文件，在正式实施之前提交相关机构和部门进行社会稳定风险审查，并重点对改革举措实施后或者规范性文件出台后可能引发的社会反应或者产生的社会效果进行分析判断，以有效规避社会稳定风险。

（三）建立回应社会诉求的风险处置机制

在中国社会转型期的构建型法治推进中，诸多案件的司法决策便是舆情风险的高发地带。如刘涌案、李昌奎案、邓玉娇案、药家鑫案、吴英案等，牵动的法律内部和外部的因素都更加复杂，社会舆论对司法机关和司法决策的影响力日益显著。当前我国司法体制中，公众的参与缺乏制度性空间，特别是缺乏制度化渠道和机制保障多元化的社会参与。由于没能建构起合理的利益诉求表达机制，司法机关只能主动或被动“维稳”，尽可能满足社会诉求，实行“糖果主义”的治理。司法的本位应当是坚守司法中立者的角色，通过诉讼程序的适度开放，形成司法与社会的有效沟通和互动。在推进制度改革的过程中，一方面，制度利益必须与社会利益相协调。另一方面，制度利益又必须有其规则的稳定性和确定性。为此，需要在保障公民参与的基础上，建立回应社会诉求的风险处置机制。

在形式合理性法治中，司法与以社会舆论为载体的民意冲突不可避免。昂格尔有言，“公平越是屈从于规则的逻辑，官方法律与老百姓的正义感之间的差距就愈大”。①民意与司法的冲突是形式合理性法治必然衍生出的副产品，其成因既在于司法的属性和运行规律本身，也源于社会舆论形成的机制。司法专业逻辑与社会公众判断之间的冲突作为法治的内在基本矛盾，在某个个案中得以呈现，甚至可能被传媒放大。②有学者认为，舆情应成为司法决策中的重要权重因素。③但舆情和民意不能随意影响司法。在缺乏事实推理与法律论证环节的情况下，将司法决策直接与舆情和民意相联系，是司法决策中的禁忌。个案中的民意只有在经过案件事实和法律范畴的“筛选”后，才可能成为司法决策依据的裁判理由。因此，有必要厘清司法决策屈从

① 参见[美]昂格尔：《现代社会中的法律》，吴玉章、周汉华译，中国政法大学出版社1994年版，第191页。

② 参见孙笑侠：《两种价值序列下的程序基本矛盾》，《法学研究》2002年第6期。

③ 参见徐阳：《舆情再审：司法决策的困境与出路》，《中国法学》2012年第2期。

民意与合理吸纳民意的分野边界。有学者认为,民意作为裁判理由必须接受三个维度的审查:宪法规范中的法理念、具体规范意图、社会通行的价值取向。①在此基础上,才能使包括社情民意在内的实质合理性因素注入司法裁量之中。

法院不宜也没有必要针对具体案件进行社会风险评估,并将其形成一项制度,但可以将社会风险评估功能嵌入到司法决策过程中来。针对重大敏感案件,法院可采取相应措施,从法官资源、审判设施、时间安排、文书制作、公开措施等各个方面根据案件情况进行组织安排,避免出现过失和疏漏。如在程序上将敏感案件列入普通程序审理,依照法律配置更多法官组成合议庭,针对涉及不熟悉专业领域的复杂疑难案件征询专家意见,使用足够大的向公众开放的法庭开庭,提供便利的阅卷条件,进行必要的录音录像,及时发布案件相关信息,恰当满足媒体的采访要求等。②通过这些措施,在司法公开与民意沟通的动态中完成社情民意调查,针对敏感案件进行有针对性的管理。

(四) 树立法院权威减少社会稳定风险

由于司法权威尚未牢固确立,导致我国司法机关的舆情风险承受能力较弱。化解司法决策中舆情风险的根本出路在于树立司法权威。社会公众对司法权威的心理认同,是一种文化层面的构建,也是一个缓慢的过程,是建立在司法稳定性和公正性的基础之上的。这种构建不是被动地迎合,而是主动地调适,尽可能通过公正合理的判决赢得社会理解,降低司法公信力的损耗。

树立法院权威,不能依靠风险评估,而是应该在判决中提高程序和事实的合理化论证,在诉讼法的基本框架内加强司法应有的严谨性和司法资源配置的合理性,借此来树立司法的权威和公信力。越是具有高度舆情危机和稳定风险的案件,就越需要借助裁判论证技术来消弭舆论的猜忌。过度粗放的书面裁判必将导致司法与社会无法有效沟通。在终极意义上,司法只有坚持司法理性,经过无数个案的积累,才能牢固树立起自身的权威。屈从外来压力,或者无原则地妥协于民意,只能动摇司法权威。以牺牲司法的既判力为代价,从个案上看,似乎在一定程度上缓解了案件的舆情压力,但从长远来看,必将动摇法治的根基,使民众对司法的期许遁于无形。

司法权威的形成,需要长期的法治文化的积累、法律职业共同体的职业

---

① 陈林林:《公众意见在裁判结构中的地位》,《法学研究》2012 年第 1 期。

② 范明志:《敏感案件如何通过诉讼程序“脱敏”》,《人民法院报》2013 年 7 月 9 日。

信念,还要有司法体制的现实保障。法官职业群体的崇高社会声望是司法权威的最显著特征。“法官应当是坚韧之人,在恶劣气候中也得顽强生存。”①他们应该能够承受包括当事人在内的社会舆论的指责、误解,仍然坚守司法独立的底线。即使在个案中饱受非议,法官坚守法律的信念与行动,最终仍会赢得信仰与尊重。这种强大的舆论承受能力,并非法官群体自说自话的盲目自信,在社会文化层面,以司法至上和精英法官观念为基础,社会公众形成对司法权威的高度文化心理认同。这种文化氛围在无形中整合了社会舆论对司法的多元化批判,使主流舆论能够为司法独立审判提供精神支持,增强了法官承受舆论批判的能力。②法官在重大敏感案件法律理据的阐释中,将涉及的社会、政治问题,化解为法律问题,消隐于法律程序的技术性操作中,从而避免风险,降低制度的运作成本,这既是近代法律文明秩序之下司法“减震”功能的体现,也是法律之治的政治智慧所在。

五、结语

在全面深化改革的大背景下,党的十九大报告提出,“深化司法体制综合配套改革、全面落实司法责任制,努力让人民群众在每一个司法案件中感受到公平正义。”③报告赋予司法新的使命,反映了司法改革新的诉求。法院案件社会稳定风险评估制度的推行将使诸多非法律因素进入法律实施的过程,从而可能造成司法者的专断,并加深了权力因素、利益因素对司法过程的渗透,最终受到严重伤害的必将是司法的公平、正义和独立。在司法制度改革创新的过程中,应以法的安定性为基本价值,同时兼顾法的合目的性和正义价值,才能真正增加法的确定性、稳定性、连续性,实现法律适用上的平等性原则,避免司法的专断和权力的滥用。为此,需要我们在推进司法改革的过程中,通过对司法理性化区域的理性评估,不断修正制度运行中存在的问题,回应社会诉求,树立法院权威,才能使“民众中蕴含的集体理性”与“司法决策者的专业理性”形成重叠性共识,汇聚成推动司法制度发展的巨大合力。

第二节 司法公信力评估

近年来,司法公信力问题已经成为学术界和实务界关注的焦点之一。

---

① Donld M.Gilmor & Jerome A.Barron, Mass Communication Law: Cases and Comments, 4th edition, West Publish Company, 1984, p.10.

② 徐阳:《舆情再审:司法决策的困境与出路》,《中国法学》2012年第2期。

③ 《习近平在中国共产党第十九次全国代表大会上的报告》,《人民日报》2017年10月24日。

特别是互联网中对热点案件的讨论，诸如许霆案、邓玉娇案、佘祥林案、赵作海案等，各种极端观点和意见层出不穷，对司法公信力造成了较大影响。学界也针对提升司法公信力开展了诸多研究，但这些研究多是以司法公信力的内涵和构成要素为研究对象，而对于如何针对司法公信力状况开展评估，以及如何运用法社会学、法经济学等方法进行研究还较为薄弱。①

本节主要是在对司法公信力进行概述的基础上，研究司法公信力评估指数的生成和完善路径，进而为法院公信力建设提供有益借鉴。

一、司法公信力概述

司法公信力是既能够引起普遍服从，又能够引起普遍尊重的公共性力量，它表现为司法权所具有的赢得社会公众信任和信赖的能力。一般来讲，包括以下四个方面的要素，即司法权通过它的司法拘束力、司法判断力、司法自制力和司法排除力来赢得公众信任和信赖的能力。②作为一种来自社会公众的集合性判断与评价，应当从民意与司法的关系理论上来对司法公信力进行解释。

由于缺乏科学的评估方法，无法系统性明确评价司法公信力的原则和预期目标，使我们对司法公信力状况的了解一直处于片面而零散的状态。目前，对司法公信力的各种评价活动主要是通过自身感受以及外界影响而得出主观认识，更多地是对司法裁判结果公正性的价值判断，缺乏以信息参数为基础的对司法过程的系统化认知。③

总体而言，国内对司法公信力的研究已经较多，但对司法公信力评估体系的研究尚不多见，主要有最高人民法院蒋惠岭等人对美国加州司法公信力评估体系做了引介。1992 年美国加州开展了第一次司法公信力评估，2005 年开展了第二次评估，该项评估工作已过去多年，但其指标体系和评估框架对我国司法公信力评估机制的建立有一定的借鉴意义，对于我国建立科学的司法考评机制仍有很强的参考价值。④天津二中院课题组也论述了司法公信力评估体系构建的基本框架和内容。⑤有学者从涉诉信访的角度论述了司法公信力评估指标体系的构建。⑥还有学者从司法公信力的结构要素和

---

① 参见郑成良、张英霞：《论司法公信力》，《上海交通大学学报》2005 年第 5 期；季金华：《司法公信力的意义阐释》，《法学论坛》2012 年第 5 期。

② 郑成良、张英霞：《论司法公信力》，《上海交通大学学报》2005 年第 5 期。

③⑤ 天津二中院课题组：《从粗放到系统：论司法公信力评估体系的构建》，《法律适用》2013 年第 1 期。

④ 蒋惠岭、黄斌：《美国加州法院的司法公信力评估机制》，《人民法院报》2013 年 5 月 17 日。

⑥ 薛玉清：《涉诉信访与司法公信力评估指标体系的构建》，《人民法院报》2014 年 6 月 18 日。

影响因子等方面进行了阐述。[①]2016 年 1 月,以上海一中院为对象的司法公信力评估报告发布,这也是全国首次对司法公信力进行整体性、综合性的第三方评估。[②]

二、影响司法公信力的要素分析

如何应对信息时代对司法公信力的冲击和挑战,及时准确把握影响司法公信力的各种因素,是现代司法制度建设的一项重要任务。在司法公信力评估的研究中,要着重关注究竟是哪些要素影响到公众在对司法机关以及案件进行评判时的理性选择。胡铭在《司法公信力的理性解释与建构》一文中,将影响司法公信力的要素分为信任、互动、声誉、风险成本等四个方面。[③]这四个方面对司法公信力的影响需要引起司法机关的高度重视。

第一,信任程度不够。在一些典型影响性案件中,由于信息公开的程度和准确度不够,一些关键性信息在传递的过程中被放大或扭曲,直接影响到社会公众对司法的信任。在自媒体时代,信息传播的速度十分迅捷,更加深了社会公众对司法机关的负面形象,直接导致公信力否定性评价的形成。

第二,信息互动不足。在一些典型案件中,由于缺乏有效良性互动和滞后的信息披露,导致个案演化为公共事件。在公众的心理预期与司法机关披露的信息不符时,这种不满情绪会不断扩大蔓延。基本共识基础上良性互动的缺失,对司法公信力形成了较大的影响。

第三,过往声誉不高。司法机关的过往声誉,往往能使社会公众在评价司法时固化以前的认识。刑讯逼供、徇私舞弊等负面案例,都成为民众对司法认知的经验,使得公众往往会先入为主,对作为弱势群体的当事人予以同情和声援。

第四,风险成本较低。当前,以微信、微博为载体的自媒体时代,对信息的传播十分快捷,且成本十分低廉。每个个体都可以在网络上发表意见,且一般情况下无需承担风险和成本。这也使得民众对司法公信力的判断,往往会被某些碎片化的信息所误导,缺乏应有的理性。

---

① 参见关玫:《司法公信力的结构性要素》,《长春大学学报》2004 年第 5 期;武阳、汪沛:《司法公信力影响因子分析及其化解路径研究》,《求索》2013 年第 8 期。

② 徐文进、姚竞燕:《深化改革视阈下司法公信力第三方评估机制的检视与优化——以全国首份司法公信力第三方评估报告为镜鉴》,《法律适用》2017 年第 5 期。

③ 胡铭:《司法公信力的理性解释与建构》,《中国社会科学》2015 年第 4 期。

三、司法公信力评估的运作机制

最高人民法院的案件质量评估体系中,设定了10个效果二级指标。这10个指标中,公众满意度为总体评价指标,其他9个为个案评价指标。这10个指标基本构建起了人民法院各类案件审执工作的公信与权威情况的评估体系。①其中"公众满意度"指标才是司法公信力评价的最重要的环节。最高人民法院在指标体系修订的过程中增加了指标的权重,以期通过该指标实现法院内部评价与外部评价的有机结合,以保证评估指标体系全面性、完整性。

(一) 评估目的

美国加州司法公信力评估的主要目标是掌握社会民众对司法制度和司法机关的了解情况和熟悉程度,以及对司法机关的信任或信心的程度。相比较而言,我国司法公信力的评估,主要是基于"建设人民满意法院"的考量,考察人民群众对司法工作的信任状况以及司法工作人员在人民群众中的权威状况,在评估目的上基本一致。

(二) 评估方法

司法公信力评价分为两个部分,一是内部评价,主要通过指标体系的评估得出,二是外部评价,主要通过调查问卷的方式进行。更多的时候是通过两种评价的结合得出的。

1. 内部评价。内部评价是一种自我评价,由组织进行评估的法院或法官作出,主要是根据法院审判过程中的一些数据和信息得出。

河南省高级人民法院的薛玉清对司法公信力评估指标体系构建作了阐述,其设计的指标体系以涉诉信访为基础,包括两个大类:一是构建反映司法公信力现状和变化的一级指标,主要包括:上访总量同比指标、案访比同比指标、反映法官违法违纪案件数同比指标。二是构建反映影响司法公信力因素的二级指标体系,主要包括:司法公正指数、司法形象指数、司法权威指数等。具体评估方法是通过对上访原因分析数据进行汇总、对比、分析,然后按照一级指标的计分规则进行打分。②

2. 外部评价。在获取社会满意度的评估中,我们通常采用外部评估和内部评估相结合的方法,注重通过一系列指标计算得出评估结果,但往往忽略了通过社会调查来获取评估结果,这也是今后在司法公信力评估中需要

① 张军主编:《人民法院案件质量评估体系理解与适用》,人民法院出版社2011年版,第192—193页。

② 薛玉清:《涉诉信访与司法公信力评估指标体系的构建》,《人民法院报》2014年6月18日。

注意和加强的。

由于缺乏专业的社会第三方调查机构的介入,法院往往无力进行社会满意度评估。目前的评估方法主要是通过问卷调查来进行。不少法院用当事人的评价来代替公众满意度评价,这种做法很容易造成评估结果走样。因为当事人作为利益关联方,其对司法工作的评价与案件处理结果直接关联,当事人受情绪支配对司法公信力评价带有浓重的主观主义色彩,尤其通过媒体的放大效应,这种对个案的负面描述会激起社会公众更大程度的非理性评价。因此,当事人的评价只能在社会满意度评价中占有相对较低的比重。最高人民法院建议,在相关机制尚不成熟的条件下,可以考虑先使用下级法院的年度法院工作报告人大通过率对社会满意度指标计算依据进行替代适用。①这一做法只能是权宜之计,不能全面推广。以我国目前人大代表的构成状况,很难作出全面客观的判断,容易失去其客观性和权威性基础,无法得到社会公众的认同。

美国加州司法公信力评估主要通过调查问卷进行,分公众和律师两部分,内容大致相同。包括对公共机构的态度、对法院的了解、法院经历、打官司的障碍、对州法院工作绩效的评价和期望、法院分配正义情况等。②鉴于此,我们在设计调查问卷的时候,应该对不同群体和类别进行区分,通过不同层面的评价,客观地反映司法公信力的真实状况。以上海一中院为对象的司法公信力评估报告于2016年正式发布,此份报告的评估机构是上海社会科学院,参与方包括该院法学所、社会学所、政府绩效评估中心。此次评估采用民意调查和工作测评的方式,民意调查是通过问卷方式考察测评对象的意见和态度倾向;工作测评则是对目标法院2015年度工作材料加以收集、分析,形成客观评价数据。此次评估课题费用由上海一中院与上海社科院联合负担。第三方评估机构上海社科院是社会公众认知意见的收集方,这一独立的评估主体有利于数据采集过程的中立性和对评估规则的恪守。

上海一中院司法公信力评估指标体系由1项一级指标、8项二级指标、54项三级指标构成(见表1)。③

① 张军主编:《人民法院案件质量评估体系理解与适用》,人民法院出版社2011年版,第227页。

② 蒋惠岭、黄斌:《美国加州法院的司法公信力评估机制》,《人民法院报》2013年5月17日。

③ 徐文进、姚竞燕:《深化改革视阈下司法公信力第三方评估机制的检视与优化——以全国首份司法公信力第三方评估报告为镜鉴》,《法律适用》2017年第5期。

表 1　司法公信力评估指标体系

一级指标	二级指标	三级指标
司法公信力	司法公正(26.4%)	1. 依法应当受理的案件全部立案
		2. 当事人陈述答辩权利得到平等保障
		3. 审判执行过程法官对当事人没有偏见
		4. 裁判文书有充分的证据基础
		5. 裁判书法律理由合理合法
		6. 裁判结果公正合法
		7. 在法律规定范围内法官自由裁量妥当
		8. 调解自愿合法
		9. 判决结果得到有效执行
		10. 刑事审判中非法证据得到有效排除
	司法效率(15.0%)	1. 法院在法定期限内立案
		2. 采用电子送达比例高
		3. 平均审理天数
		4. 超审限案件数
		5. 平均执行天数
		6. 委托其他调解机构效率高
		7. 采用远程审判比例高
		8. 法院庭审效率高
		9. 庭审后及时评议
		10. 无久调不决现象
	司法透明度(12.7%)	1. 依法公开审理的案件允许旁听
		2. 通过“12368”平台能够快捷找到法官或查询有效信息
		3. 审判组织、审委会委员公开
		4. 庭审直播、录播数量
		5. 案件审判进度可以有效查询
		6. 依法应公开的裁判文书进行公开
		7. 案件执行信息可以有效查询
		8. 社会公众对案件有沟通和反馈渠道
		9. 通过移动终端公开案件信息
		10. 建立判后答疑机制

（续表）

一级指标	二级指标	三级指标
司法公信力	司法便民(8.1%)	1. 法院有专人进行诉讼引导
		2. 当事人有休息场所
		3. 律师、当事人查阅、复制附送材料方便
		4. 律师有执业便利
		5. 律师有专用通道
	司法民主(6.3%)	1. 陪审员在审判中权利得到保障
		2. 执行中有第三方参与监督案件执行
		3. 特邀监督员对法院工作有效监督
		4. 信访窗口对人民群众信访有效回应
	司法形象(5.1%)	1. 法官仪表着装规范得体
		2. 法官对律师、当事人在语言、行为等方面尊重，保持司法礼仪
		3. 法院司法人员日常生活中不从事与身份不符的行为
	司法能力(13.7%)	1. 证据认定能力
		2. 庭审驾驭能力
		3. 法律适用能力
		4. 文书制作能力
		5. 诉讼调解能力
	司法信任度(12.6%)	1. 司法公正信任度
		2. 司法效率信任度
		3. 司法透明信任度
		4. 司法便民信任度
		5. 司法民主信任度
		6. 司法形象信任度
		7. 司法能力信任度

3. 内部评价与外部评价的结合。天津二中院课题组提出的司法公信力评估指标体系由三级指标构成，主要从不同群体对司法公信力的感知和评

价中得出结论：①

表 2　司法公信力评估指标体系

一级指标	二级指标	三级指标	
		基础指标	特别指标
司法公信力综合指数	审判机关评估指数(40%)	司法公信力感知度(20%)	审判公正指数(40%) 审判效率指数(40%)
	社会舆论评估指数(20%)	司法公信力感知度(60%)	媒体报道倾向度(40%)
	国家机关评估指数(15%)	司法公信力感知度(30%)	法院工作报告得票率(30%) 检察院抗诉率(20%) 司法建议采用率(20%)
	审判执行活动参与人评估指数(25%)	司法公信力感知度(60%)	审判效果指数(40%)

不少法院围绕司法公信力的调研和指标体系的设置都具有一定的科学性，但对司法公信力进行自我评查的方式难以避免地容易陷入自我褒扬的逻辑误区，需要在实践中予以改进。有学者建议应参考美国、日本、韩国政府绩效评估过程中设立直属于总统或首相的全国评估委员会的经验，最高人民法院应尽快推动设立外部的全国性司法公信力评估委员会，以增强司法公信力评估的协调性和中立性，并通过资质认证和竞争性投标的方式加强对评估机构的遴选和监督。②

（三）司法公信力评估的程序

从司法实践和统计理论出发，构建司法公信力评估体系可遵循“五步法”：第一步，明确司法公信力评估的目标和原则；第二步，选取司法公信力评估指标；第三步，确定司法公信力评估的方法；第四步，分配各项评估指标的权数；第五步，检验并修正司法公信力评估指标体系。③

（四）司法公信力调查问卷的设计

在司法公信力的调查问卷的设计中，首先应体现公众对司法公信力的总体评价，这一评价应基于过去和现在的评价。如问卷中的问题可以设计为：你认为法院的公信力是否较以前有所提升？通过对这一满意度的统计，

①③　天津二中院课题组：《从粗放到系统：论司法公信力评估体系的构建》，《法律适用》2013年第1期。

②　徐文进、姚竞燕：《深化改革视阈下司法公信力第三方评估机制的检视与优化——以全国首份司法公信力第三方评估报告为镜鉴》，《法律适用》2017年第5期。

可以得出司法公信力总体提升的程度。

在问卷问题的调查中,应主要从以下几个方面来设计问题:

1. 民众对法院的信心。这种信心的感知,更多的是一种主观上的评价,是一种综合性的评价。

2. 司法信息公开的程度,也即民众对法院的熟悉程度。民众是通过电视、报纸和广播的方式获取关于法院的信息,还是通过网络、微信、微博等新媒体来获得法院的信息。①

3. 参与法院审理活动的经历。这一群体对法院的公信力的评价,因其曾经有参与法院审理活动的经历,往往会更加客观和真实。

4. 司法的便利性程度。民众在打官司时是否感受到法院提供的便利,这是司法公信力的一个重要部分。比如立案是否便利、诉讼费是否高昂、审理时间是否及时、使用法院设施是否方便等,都构成了当事人对司法公信力评价的重要因素。

5. 程序公正。程序公正与否是公众对法院信任与否的最重要的衡量指标。法院在案件审理程序中体现出来的公正、独立,以及对当事人人格及其诉讼权利的尊重,能够对当事人对法院的认知造成直接的影响,能够最大程度地改变公众对法院以及当事人对法院判决的评价。

6. 结果公正。对社会公众而言,诉讼程序的公正最为重要。但对于律师和当事人来说,判决结果的公正是首要的。在审判实践中,法官也往往更侧重于结果的公正而非程序公正。结果的公正与否,是司法公信力程度的重要指标。

7. 对法院工作的评价与展望。在调查问卷的结尾,一般都要由被调查人对法院工作进行评价,并提出建议和展望。与公正评价联系最密切的是法官廉洁公正、与社区保持联系、确保法官遵循规则、保护当事人权利,同时尽力做到高效运转、裁判公正。

第三节 司法透明指数评估

一、司法透明概述

司法透明(judicial transparency)问题,是一个是否允许人们知晓或者接近法院和相关的司法活动的问题,以及如何通过接受社会公众与当事人监

① 蒋惠岭、黄斌:《美国加州法院的司法公信力评估机制》,《人民法院报》2013年5月17日。

督,以促进和保证司法公正的制度设计问题。①司法透明指数也被称为司法公开指数、阳光司法指数等。司法透明的重点是审判公开,落实审判公开的机构是法院,考察我国司法透明制度的实践,实际上是考察法院落实审判公开的规范性措施和法官贯彻审判公开法律规范和政策措施的实际行动。这一指标是法治社会的重要标志,也是当前我国深化司法体制改革的重要内容。

在我国,司法透明的法律依据散见于宪法、诉讼法和一些法律解释当中。我国《宪法》第130条明确规定:“人民法院审理案件,除法律规定的特别情况外,一律公开进行”。1999年3月,最高人民法院制定了《关于严格执行公开审判制度的若干规定》,2009年12月,最高人民法院出台《关于司法公开的六项规定》,2010年10月,最高人民法院制定了《司法公开示范法院标准》。2011年3月,最高人民法院提出了推行司法公开的四项基本任务,其中包括制定司法公开改革文件、不断完善文书公开和庭审直播制度、运用科技手段搭建方便快捷的公开平台、确定司法公开示范法院并建立长效机制等方面的内容。

这一系列的措施,有力地推动了我国司法公开的进程,提升了司法的透明度。但现阶段我国司法透明制度明显具有下列缺陷与不足:

第一,司法透明的环节仅限于审判公开。现阶段我国的法院本位导致当事人对司法工作的主体性需求满足程度不够,尚未以确认和保障当事人和民众的知情权、参与权、表达权、监督权为根本出发点和主导目标。一些法院的互联网站成为应景的摆设,当事人与社会公众登陆法院网站后,了解不到自己想要了解的,参与不了自己想参与的,表达不了自己想表达的,监督不了自己想监督的,司法难以有效公开,公开难以取得实效。虽然一些地方一再强调法院互联网站的开通率,但如果在实现司法公开上不能卸下这一理念上的“桎梏”,法院对自身通过网络方式实现司法公开的评价与民众的评价还是会存在明显差距。

司法公开理念的“法院本位”,在刑事司法中尤其明显。刑事司法程序涉及公安、检察和法院三个部门,涉及侦查、起诉、审判、执行等环节,但现行司法透明制度仅涉及审判而不涉及其他环节或部门。

第二,司法透明的内容仅限于判决书的有限公开。社会公众查阅法院卷档受到诸多限制,在内容上,按照法律规定,涉及国家秘密、个人隐私和未成年人犯罪的资料不公开,其他案卷则除判决书、调解书等结论性材料外,

---

① 谢金梅等:《我国司法透明制度检视》,《四川理工学院学报》2007年第3期。

不得公开。在对象上，只有有关国家机关和律师才能查阅诉讼档案，社会公众一般不能随意调取或者查阅。

最高人民法院《关于加强人民法院审判公开工作的若干意见》提出 18 项公开的具体要求；《关于司法公开的六项规定》更是从立案、庭审等六个方面入手，将司法公开的半径进一步延伸。但目前大部分法院利用网络方式实现司法公开仅限于“法院概况”、“法院新闻”、“精选案例”、“举报信箱”、“法官风采”等栏目，实现的只是当事人与社会公众的部分知情权与监督权，参与权和表达权少有涉及。即便是知情权，也实现得有限，一般社会公众比较关注的一些事关当事人诉讼权利的法院内部规定、法院工作报告、法官职业背景等公开得很少，当事人查询案件立案、审理流程信息也较为困难。知情权得不到保障，使得监督权也大打折扣，即便设有院长信箱、举报信箱，可监督的事项也“遥不可及”。

第三，司法透明的被动公开。法院往往在一些社会关注的敏感案件中，尤其是已经形成了舆论热点的时候，才会向社会公开案件审理的有关信息。而如果没有来自各个层面的压力的情况下，法院往往采取非透明手段进行处理，而不是主动向社会公布信息。

利用互联网进行司法公开，及时性很重要。但是，登陆一些法院的网站，会发现原本就不多的几个栏目中，一些栏目内容都是空的，即便有，也是在某年某月某日集中输入的几条。“及时公开”原则在以网络方式实现司法公开上并未得到有效贯彻。如果这样的状况仅仅是显示了一些法院在利用网络方式实现司法公开上的“缺乏耐心和恒心”，那么被修改过的法律法规没有得到及时更新，则体现了一些法院“缺乏责任心”。如果法院在互联网上公开的内容是过时的、错误的，不仅起不到提高司法权威的作用，还会严重损害司法公信力，得不偿失。

传统的司法公开方式，是在长期司法实践活动中积累摸索而成，基于现代网络信息平台所提供的司法公开模式，并不是对以往传统模式的否定或替代，而是一个“加速器”、“倍增器”，以现代科技手段使老百姓对“司法公正”更加看得见、摸得着、感受得到。在司法透明的指标中，应体现以下几个方面的内容：

（1）立案公开

传统的立案公开主要是通过一站式窗口立案、公开排期制度，立案人员直接接待当事人，对符合条件的当场立案，并迅速排期开庭，从而实现立案过程的有序化和透明化。而网上立案，则能跨越时空地域，更好地满足非工作时间、非本市人员的立案需求。因此，立案公开应当是以传统服务方式为主体,而以互联网服务为重要补充。网上立案的推行,除加强宣传力度外,还应制定详尽的操作规程和提供必要的技术支持,如立案申请经审查属于基层法院立案范围,则应有必要的网络支持将该立案申请发送基层法院,而不是告知申请人再去基层法院网站重新申请。

(2) 庭审公开

传统的庭审公开主要是通过向公民发放旁听证允许其旁听案件,定期邀请人大代表、特邀监督员等旁听案件以及发挥人民陪审员的作用来实现。而互联网不受法庭旁听席位和地域限制,将庭审旁听的范围和公开程度加以扩散;远程审判的技术服务支持,也将本市范围内的跨区域审判变为可能,从长远来讲,远程异地审判并不是一件遥不可及的事情。

(3) 执行公开

执行公开主要是指执行听证调查、评估拍卖等事宜的"阳光操作"。平台开辟了执行在线专栏,通过执行公告、悬赏执行、执行指南、执行案件查询等多个模块,进一步公开执行信息;对于评估拍卖,建立起法院、中介机构沟通的渠道,中介机构通过这个渠道与执行法官的沟通,均得到及时有效的答复。但是平台提供的执行公开的服务,目前主要集中在本地,如遇到跨地域的执行问题,还不能操作,这就需要制度层面和技术层面的双重支撑,在有条件的基础上,应通过网络对异地执行、网上拍卖等进行有益的探索。

(4) 听证公开

在庭审公开的同时,谈话听证类司法活动的公开也具有现实意义。合理利用现有法庭设备和互联网,完全可以实现听证的跨区域化,如可以尝试涉及仲裁类案件的听证在网上进行,当事人可以在就近的仲裁机构或原仲裁机构,通过预先设置好的网络系统参与法院组织的听证活动,既使当事人免于路途奔波,又缓解法院法庭、调解室紧张的现实困境。具体的操作方式,可以借鉴已经比较成熟的网络庭审直播。

(5) 文书公开

传统的裁判文书公开,一般是通过优秀裁判文书汇编出版来实现,这种方式具有一定的典型性,但是在普遍性、及时性上有所欠缺。互联网文书公开,是通过生效裁判文书上网,接受社会公众的公开查询,起到推动裁判文书质量提升的作用。除涉及国家秘密、商业秘密、个人隐私及可能上网后会产生负面影响的裁判文书外,其余文书平台均予以公开。在搜索方式上设置为组合查询,对案号、当事人甚至可以模糊查询。随着网络技术的发展,今后可以尝试通过法院自己的技术力量开发出有法院特色的裁判文书搜索引擎,增加诸如字段、内容、案由、结果等多种形式的搜索方式。

(6) 审务公开

除上述五个方面之外的其余与审判有关的司法活动内容皆可归类于"审判事务",平台在审务公开方面已做了不少工作,如判后答疑、阅档预约、网上信访、院长在线、在线咨询等,但在实际使用中,这些模块分别属于各个庭室或立案庭的各个组负责,缺乏一个全院层面的督促、指导机构。鉴于现已单独成立审判管理办公室,建议可由该部门或类似部门来统一协调管理。从上海来看,应对相关审务公开模块完成全市法院系统的对接,达到跨院查询、就近查询的功能,尽最大可能向公众提供公开便利的服务。

二、司法透明指数评估的实践

司法透明指数的评估则是对司法透明程度的衡量。近年来,我国也逐渐开始了对司法透明度进行评估的实践。

(一) 浙江湖州"司法透明指数"

2012 年 11 月 1 日,首个司法透明指数在浙江省湖州市吴兴区人民法院诞生。①2 个维度、6 项一级指标、47 项二级指标共同构成了司法透明指数的动态监测部分。其指标围绕行政管理和司法过程两个维度设定。在行政管理维度下设立人事管理、财务运行、公众交流 3 个一级指标,并分解为法院工作人员任命情况公开、法官申报个人财产公开、法院诉讼费收支情况公开等 19 项二级指标。司法过程维度包括立案公开、审判公开和执行公开 3 个一级指标,分解为 28 项二级指标,基本覆盖了司法工作的全过程。在这些指标中,首次把"审判委员会讨论案件的时间、地点、人员应提前 3 天公开,当事人有权申请回避"列入测评范围,这在一定程度上支持了"回避制度"的落实,有助于保护当事人的诉讼权利,更好地实现审务工作的公平与效率。

司法透明指数评价的方法一是采用问卷调查法,测量公众对司法公开程度的感受程度;二是采用统计分析的方法,通过设定硬性的数字指标来测量司法公开是否达到了指标规定的要求,如判决书上网的数量和比例等。在湖州司法透明指数评价的实践中,课题组向以当事人、律师为重点的民调对象发放调查问卷,获得了群众对于法院司法透明建设、司法公开现状等 10 项内容的感受、认知、判断与评价。经过加权计算,吴兴区人民法院 2012 年度司法透明指数为 0.616,处于司法公开的初级阶段。②

在完成司法透明指标体系建立的基础上,由谁来测定,关系到测定结果的客观公正。为了确保测定工作的客观、中立、科学,浙江省高级人民法院

①② 彭波:《浙江出台首个司法透明指数,用看得见的方式实现公正》,《人民日报》2012 年 11 月 21 日。

在测定主体之中引入了第三方评估机构,由中国法治研究院、浙江大学光华法学院联合开展调研工作。同时,选取在浙江法院系统中处于中等水平的湖州市吴兴区人民法院作为试点,由课题组对吴兴区人民法院的司法公开工作进行全面调研评估,而吴兴区人民法院并不参加具体测定过程。

(二) 中国司法透明指数报告

自 2011 年起,中国社会科学院法学研究所、社会科学文献出版社联合发布《中国法治发展报告——法治蓝皮书》,向社会公布中国司法透明指数情况,迄今已发布六次。蓝皮书课题组重磅推出《中国司法透明指数报告》,对最高人民法院、各高级人民法院及较大的市的中级人民法院共 81 家法院的司法公开状况进行了评估。2017 年 3 月发布的《中国司法透明度指数报告(2016)》中,透明度排名前五位的法院是:广州中院、宁波中院、吉林高院、南京中院和长春中院。最高人民法院排名第 20 位。[①]自从 2013 年最高人民法院提出建设三大公开平台以来,尤其是 2016 年第四大公开平台——中国庭审公开网开通以来,中国司法透明度的格局也不断变化,司法公开的程度不断提高,但还存在着公开不均衡、公开互动性不强、公开平台重复建设、公开滞后且信息碎片化等问题。

(三) 上海法院司法透明指数评价的实践

笔者作为课题组成员参与了上海高院常务副院长盛勇强主持的中国法学会一般课题《司法公开实施状况评估与建议——基于上海法院工作实践的实证分析》,对上海法院司法公开实施状况进行了深入调研和分析,该课题已顺利结项。[②]课题研究报告还重点介绍了美国、英国及我国香港、台湾地区司法公开的具体做法,并提炼了上述国家及地区司法公开对于我国推进司法公开工作的借鉴价值。

上海法院司法公开工作起步较早,自 2003 年 12 月起,就在地方法院中率先将裁判文书集中上网。经过 10 多年的努力,上海法院在司法公开方面取得了社会公认的成效。全市 23 家法院已有 6 家法院被最高人民法院确定为"司法公开示范法院",上海市高级人民法院于 2012 年、2013 年连续两年在中国法院司法透明度测评中综合评价位列第一,2014 年荣获"中国政务网站领先奖",测评分值名列全国法院之首。

上海法院始终将司法公开作为确保司法公正、提升司法公信、树立司法

---

① 参见《中国法治发展报告——法治蓝皮书》系列,社会科学文献出版社。

② 参见上海高院盛勇强副院长主持的中国法学会 2015 年度一般课题研究报告:《司法公开实施状况评估与建议——基于上海法院工作实践的实证分析》,课题组成员:叶青、高志刚、唐震、苏敏华。

权威的重要途径，坚持制度保障，逐步实现了庭审同步录音录像全程化、庭审网络直播常态化、生效裁判文书上网常规化、公众查阅诉讼档案网络化、审判白皮书发布系列化和新闻发布的经常化。依托“上海高级人民法院政务网”，上海法院构建了全方位、多层次、互动式的司法公开服务体系，打造了审判流程公开平台、裁判文书公开平台、执行信息公开平台、12368 诉讼服务平台、律师服务平台、当事人服务平台、公众服务平台、知识产权保护平台、新闻发布平台、联络沟通信息服务平台十大司法公开服务平台，根据不同的对象提供个性化的信息服务。

表 3　上海法院司法公开十大平台及栏目

序号	平台	栏目	序号	平台	栏目
1	审判流程公开平台	大事记	5	新闻信息公开平台	图片新闻
		制度规定			法院动态
		诉讼引导			新闻发布
		对外场所虚拟漫游			论案说法
		收费标准			媒体聚焦
		法官介绍			视频新闻
		法院公告			记者通道
		庭审直播	6	律师服务平台	提交代理词
		诉讼指南			材料递交
		举报监督			法律适用不统一反映
2	裁判文书公开平台	文书检索			网上立案
3	执行信息公开平台	执行指南			延期开庭
		执行威慑			诉讼保全
		执行动态			调查令
4	12368 诉讼服务平台	案件查询			网上阅卷
		联系法官			联系法官
		诉讼咨询			我要投诉
		信访投诉			我要表扬
		意见建议			我有建议
					案件查询
					调取法律法规

（续表）

序号	平台	栏目
7	知识产权公开平台	信息快递
		典型案例
		学术研究
		媒体聚焦
		历史资料
		图片新闻
		审判机构
		上海法院知识产权司法保护状况
8	当事人服务平台	网上立案
		材料递交
		文书送达
		网上信访
9	联络沟通平台	图片新闻
		法院工作通报
9	联络沟通平台	联络工作动态
		建议献策反馈
		法院活动信息
		人大代表书面意见办理进展查询
		人大代表、政协委员、高院特邀监督员转交来信办理情况
		政协提案办理进展查询
		特邀咨询员咨询意见办理情况
10	公众服务平台	袁月全信箱
		诉讼实用百问
		信访条例
		模拟法庭

在司法公开评估方面，上海法院一方面建立了完善司法公开的考核评价机制。在审判质量效率评估体系中设置了一审案件陪审率、裁判文书附录法律条文率、裁判文书上网率、二审开庭审理率、申诉听证率等反映司法公开的数据，每季度公布审判质效数据，提升各法院对司法公开工作的重视程度。同时，制定《上海法院司法公开评估指数设定办法》，每半年发布全市各法院司法公开评估指数并出具评估报告，重点醒示薄弱环节，着力推进审判流程公开、裁判文书公开、执行信息公开等领域的司法公开工作。

在深化司法改革的实践中，上海法院以人民法院审判质量效率评估体系为依托，根据最高人民法院发布的《关于推进司法公开三大平台建设的若干意见》和《司法公开示范法院标准》，并参照中国社会科学院法学所设定的“中国司法透明度指数测评指标体系”（包括 4 个一级指标和 19 个二级指标），①通

① 参见李林、田禾主编：《中国法治发展报告（2015）》，社会科学文献出版社 2015 年版，第 199 页。

过设定的网站设计、版面布局、色彩搭配、网站访问、网民体验、搜索引擎、信息传播、社会舆情等具体项目，对辖区内各级法院司法公开达标工作进一步细化标准，并优化调整司法公开在审判质量效率评估中的比重，切实发挥考核体系对司法公开的引导和评价作用，实现对司法公开达标工作的动态跟踪和推进。

三、司法透明度指数评估机制的完善

（一）明确司法透明指数评价的目标

在法律效果和社会效果的统一这一理念指导下，司法透明追求的是法律目的和社会目的的双重实现。法律目的是指法律得到了实施或适用，即所谓实现了法律正义。社会目的是指被破坏的社会秩序得到了矫正或权利得到了救济，即所谓实现了社会正义。理论上，法律效果与社会效果应该统一，但在实践中，法律效果与社会效果往往背离，其实现途径和评价指标经常是不一致的。为此，司法透明指数评价的目标应当首先是建立在实现法律效果的基础上的，通过司法公开实现公众对法律效果的认同，从而达到公众对司法机关依法独立审判的认同，而不是用民意去不当影响司法，社会效果也将在这一层面上体现出来。

（二）加快司法透明立法的进程

推动司法透明，必须加快相关立法的进程。当前主要依靠最高人民法院以司法解释、内部文件的形式进行推动，随意性强，系统性和操作性差。司法透明、司法公开，更多的是被动公开，缺乏主动公开的意识。系统的司法公开需要细化有关司法公开的法律规定，通过立法或者司法解释，进一步明确社会公众要求司法公开的权利范围，以及法院在主动实施司法公开方面的义务以及应当履行的责任，以切实推动司法改革，维护司法公正，提升司法权威。①有明确的立法作为依据，司法透明指数的评估也会更易于操作和执行，从而可以通过评估倒逼法院推进司法公开的进程。

（三）完善司法透明指数评价的指标体系

司法透明指数的指标设计要立足推进实现司法公正和社会公正的高度，带有前瞻性和指导性，从而指引或者倒逼法院改进工作和管理，建设开放、透明的现代司法制度和司法体系。在指标设计、权重分配等方面要注意做到以下几点：

---

① 彭波：《浙江出台首个司法透明指数，用看得见的方式实现公正》，《人民日报》2012 年 11 月 21 日。

1. 司法透明指标要明确司法公开的内容和范围

司法透明涉及司法活动公开的范围、对象和职责,也涉及审判秩序的维护、公众知情权以及当事人诉讼权利、商业秘密、个人隐私等合法权益的保障,承载公平司法、高效司法、便捷司法的重要使命,在现代社会更应当体现出其高效率、高科技的特点。作为司法公开的重点,司法过程透明度指标的设计还需要完善。司法公开不仅仅要推动立案、审判、执行的依法规范,同时也要促使法官不断提高司法素质,避免司法过程中出现腐败、违法违纪的行为,避免人情案、关系案的出现。一般来说,涉及当事人的隐私信息和机密信息都构成了司法透明的无可置疑的例外。对于裁判者的评议过程是否可以公开,实践中有法院曾经将合议庭不同意见在判决书中进行表述,但理论界存在较大争议,尚未形成统一共识。司法具有自治性特征,"一个完全开放的决策过程非常容易为事实上存在的力量对比关系所左右",因此,司法并非越透明越好,碍于物质、技术及其他相关社会制度等条件的限制,有时透明的成本会过高。为此,对这一指标的设置和衡量应当慎重。

2. 要对司法公开的对象、项目、重点等进行重点研究

司法透明强调全过程的公开,既强调司法过程的公开,也强调司法结果的公开,不仅仅要求司法审判活动本身公开,还要求与司法活动相关的各类信息也应当公开。除了审判的有关信息,还要公开法院的有关工作信息,对诉讼常识、诉讼风险、法律文书范本、立案信息、诉讼费用标准、诉讼流程、司法鉴定以及审判指导意见,都要对社会民众公开。这些信息的公开,一是可以方便当事人参与诉讼程序,二是对公众普及法律知识,提升法治意识。最高人民法院《关于确定司法公开示范法院的决定》中,对这些内容都做了明确的要求。在指标设计中都应当赋予适当的权重。在诉讼过程中,则要注重从开庭公告、旁听事项、听证事项、庭审直播、案件审理进度查询、送达文书、裁判文书、典型案例方面设定指标,并进行测评。在执行过程中,要注重从执行立案、收费标准、执行风险、执行规范、执行程序等进行测量司法公开的程度。此外,还要从司法统计数据中对司法公开的程度进行重点考察。

3. 指标体系应该在实践中不断完善和细化

从有关国家和地区的实践看,司法透明所涉及的司法信息的范围是十分宽泛且明确的。比如法院的财政信息、统计数据,根据法院工作人员的性质和级别,在网站上进行不同程度的公开,这些都是司法透明度指标体系应当衡量的内容。另外,信息发布的实效性也应当是考量的因素,迟到

的信息是无用的信息，非但不能保障公众的知情权、当事人的诉权，更不利于树立司法权威。再如，法院年度工作报告的内容，至少应包括大事记、案件数据、法官及司法人员名单、培训、经费、投诉等相关信息。法院网站的内容栏目和板块能够全面反映法院工作，信息摆放清晰明了，查询简捷，法律文书齐全等。①在从一级指标向二级指标分解的过程中要注意把握其司法公开的规律性，进一步细化司法公开的有关制度规定，更好地指导司法公开的实践。

① 美国联邦最高法院的网站首页分为8个板块，分别为文书栏目、法院信息栏目、图片栏目、日程栏目、最新发布栏目、导航栏、近期判决栏、搜索引擎等，以文书栏目为例，其包括审判记录、庭审辩论、案情摘要、律师协会、法庭规则、诉讼指南、审判意见、法庭命令与公报8个部分。我国法院网站在这一公开的内容上还远远不够。

第十章 价值评价：司法群众路线实践合理性反思

随着改革开放的不断深入，社会结构的急剧分化，社会转型期各种矛盾凸显，纠纷频仍。在社会管理创新的背景下，为提升社会治理能力，近年来从中央到地方都在倡导司法要坚持群众路线。①法院重新践行“马锡五审判方式”，巡回审理，送法下乡，在不少领域推行改革，努力适应社会转型带来的挑战，取得成效的同时，也引发不少质疑。党的十八届三中全会以来接连出台的一系列关于司法体制改革的文件，②提出了进一步深化改革的目标和原则，明确了各项改革任务的路线图和时间表，任务繁重而紧迫，需要对当下司法的群众工作路线进行全面反思和检讨。司法工作路线问题关系到社会治理的理性问题，关系到当下“断裂”的社会结构如何通过司法实现有效整合的问题。司法机关如何自觉运用“法治思维”和“法治方式”，提高“深化改革、推动发展、化解矛盾、维护稳定”的能力？作为传统司法方法和政治策略的群众路线，是否有悖法治思维和法治方式，妨碍司法公正的实现，在现代司法的土壤中能否得到普遍适用以及如何来进行适用？这些前提性问题都需要在司法改革与发展的过程中予以厘清并及时作出回答。③

第一节 司法群众路线引发的分化和对立

在这样一个新旧并存，社会机制相互碰撞又各自发挥效用的激荡时期，

① 参见最高人民法院党组：《全面贯彻党的群众路线 让人民群众在每一个司法案件中都感受到公平正义》，《人民法院报》2014 年 3 月 3 日。

② 主要有党的十八届三中全会通过的《中共中央关于全面深化改革若干重大问题的决定》，中央全面深化改革领导小组第二次会议审议通过的《关于深化司法体制和社会体制改革的意见及贯彻实施分工方案》，中央全面深化改革领导小组第三次会议审议通过的《关于司法体制改革试点若干问题的框架意见》和《上海市司法改革试点工作方案》，以及十八届四中全会通过的《中共中央关于全面推进依法治国若干重大问题的决定》。

③ 本章参见高志刚：《传统司法群众路线的实践合理性反思》，《江西社会科学》2015 年第 12 期。

司法如何进行应对是对这个国家所具有的社会治理能力的考验。但时至今日,在司法的工作路线和发展路径上,仍存在着根本性的分歧。是坚持群众路线的司法大众化道路,还是坚持司法中立为基础的职业化、专业化发展道路,两者之间是否可以折中调和,理论界和实务界都存在着一些严重的分化和尖锐的对立。

有论者认为,当前中国现代司法环境的具体元素包含政治、经济、社会和文化等多个方面,在这些具体元素中所包含的传统因子是现代司法传统土壤的坚实基础,这也决定了群众路线在当代司法中的现实价值和普遍意义。①在民众的视野里,法律标准既不是唯一标准,甚至也不是主要标准。人民群众对法院工作的评价标准更多的是从情理、道德的因素来进行评判。因此,法院工作业绩如果要想获得人民群众的满意,走群众路线也就成为题中之义。群众路线要求法官要深入群众开展审判活动,认真倾听群众意见,用群众愿意接受和能够理解的方式来定分止争,追求法律效果与社会效果的统一。为此,在特定历史时期,法院群众工作路线强调实事求是和主动调查研究,契合了群众的期待,深得群众的信任。

但也有论者列举了群众路线的诸多弊端,指出倘若还将"巡回审理,就地办案"作为"基本原则",那么民事审判工作的正规化建设必将很难推进。毋庸置疑,巡回审理在办案过程中体现出高度的灵活性,但同时也带来一定弊端,比如对法官职业性和独立性的冲击,为追求社会效果而无视由此给法官"高速跑路"办案带来的压力,为追求"案结事了"而不顾案件审理的质量和效率等。司法的逻辑,并不能完全混同于人民的逻辑。司法的本质是其独立性和专业化,虽然我们强调司法为民众服务、受群众监督,但以群众路线之名去冲击司法的基本逻辑,将对司法的权威和公信力造成极大损害。"我们可以提供种种便利为民服务,但那只不过是司法的外在,甚至是所有机关都应该有的基本态度,那些都不是司法,都不是司法问题。"②

是什么原因,使得论者对现行司法的工作路线作出大相径庭的评价?在笔者看来,很大程度上是因为论者对于我国司法制度构成的认知或想象不同。持批判观点的一方,其实是在以西方司法消极主义的制度运行模式作为参照来分析我国司法制度。持赞同观点的一方,则持司法能动主义的立场,从社会现实出发,将视线更多投向了我国转型时期特有的,尤其是对

---

① 荣学磊:《司法群众路线的传统土壤》,《人民法院报》2011年8月3日。

② 参见殷增华、殷文明:《揭开"司法群众路线"的迷雾——以司法改革为分析视角》,《法制与社会》2009年第12期。

法院司法权威和司法能力形成直接挑战的那些纠纷,以此来论证和说明群众路线和人民满意对司法的重要性和必要性。这种对立,可以解释为是研究方法和价值预设的不同所导致,甚至也可以解释为,他们只是关注了同一问题的不同侧面,而这两种预设都不能准确全面地反映中国司法制度发展的实际。从西方司法有关理论上的应然标准出发来评价我国司法的群众工作路线固然有其不妥之处,但如果我们仅仅因为群众路线的历史传统和维护稳定的"大局观"而对法院继续践行"马锡五审判方式"表示"同情的理解",显然也是不够的。既然我们要讨论法院的工作路线,那么,对"群众路线"的现实演进进行考察,对存在的问题进行理性反思是一个合适的出发点。作为转型中国司法策略的群众路线具有什么样的特征,基于这些特征,是不是适合以西方司法的概念和理论来对其进行阐释和分析?只有对这些问题做出初步的回答,关于我国法院工作路线和发展路径的讨论才能获得一个相对坚实的基础。

第二节　司法群众路线的现实演进与理性反思

按照一般的理解,司法的群众路线就是延安时期诞生的"马锡五审判方式",在其后的法治发展进程中,群众路线的内涵外延以及所扮演的角色也在不断演变。

一、嬗变:司法群众路线的现实演进

"马锡五审判方式"的特点之一就是"一切从实际出发,实事求是,客观、全面、深入地进行调查研究,反对主观主义的审判作风"。[①]由于这一审判方式强调通过倾听群众的意见建议,寻找最佳解决方法,注重调解,手续简便,深得边区人民的支持和欢迎。新中国成立后,在对"马锡五审判方式"深入总结的基础上,确立了我国民事审判工作的十六字方针:依靠群众、调查研究、就地解决、调解为主。这种审判方式强调法院积极主动为群众定分止争,而不是消极等案上门,"马背上的法庭"、"送法下乡"、"巡回开庭"成为中国司法特有的一道景观。但这种超职权主义的审判方式在诉讼效率以及对当事人诉讼权利的保护等方面都存在较大的弊端。为解决这一弊端,20世纪90年代以来的民事审判方式改革,加强了司法的正规化和规范化建设,以司法的职业化、专业化为目标,旨在通过保障司法的中立性和独立性来实

---

① 田成有:《群众路线是人民司法的特色和亮点》,《人民法院报》2011年5月7日。

现司法公正。

在司法正规化、规范化建设的过程中，审判方式逐步从职权主义向当事人主义过渡，群众路线在司法实践中逐渐淡化。法官坐堂问案、两造对峙法庭成为主流，人民陪审员形同虚设，并未实现弘扬司法民主、增强司法权威的初衷，“调解优先、调判结合”的司法政策日渐式微。法官秉持法教义学的立场，将适用法律进行裁判的视角放在优先的位置，而缺乏对整个社会系统的视角的关注，导致法院运作形式上的神秘主义，成为“让人民群众听不懂、看不明、想不通的怪物，成为冷漠、高傲、无人认同和接受的怪胎”。①田成有的评价虽有偏颇，但司法与社会的契合不够紧密、民众的满意度不高，也是近年来从上到下都在倡导“坚持群众路线”的重要原因。2008年始，中国司法改革开始转向，“从根本上解决理念的问题”。在“司法为民”、“人民满意”等口号的指引下，司法工作路线随着司法理念的变化不断调整，司法群众路线的“回流”也成为题中之义。现阶段法院工作所推行的便民诉讼、加强诉讼调解、枫桥经验、②学习实践陈燕萍工作法，③都是群众路线的发展和延续。但新时期一些法院在强调群众路线的同时忽略了法治主义的大前提，越位送法下乡、法制宣传、法律援助、信访上访，程序保障的理念和制度受到冲击和软化，出现“矫枉过正”现象，存在的诸多问题亟需引起我们的重视和反思。④

二、异化：新时期司法群众路线实践中存在的突出问题

司法群众路线的全面贯彻，导致不同司法理念在杂糅中相互博弈，在实践中产生的问题，需要引起我们的重视和反思。

1. 对司法“群众路线”的过度政治化阐释。当前法院面临的一个难题是，在相对政治化的法律及其运作机制的体制惯性下，如何更好地推进纠纷和问题的解决。司法实践中的一个突出问题是，把任何司法问题的解决都以群众路线形式包装，把群众路线异化为司法完成政治任务和服从大局的捷径，往往会犯庸俗化、工具论的错误。在具体的司法实践中，我们的法官所扮演的角色，并不能体现作为司法裁判者应当具备的中立性和消极性，而是根据现实需要采取了更积极、也更具有“管理性”的方式方法。在践行群

---

① 田成有：《司法要坚持走群众路线》，《法制资讯》2009年第5期。

② 参见袁定波：《最高法召开党组会议强调：在法院工作中坚持“枫桥经验”》，《法制日报》2013年10月24日。

③ 周泽民：《司法人民性的生动实践：陈燕萍工作法研究与探讨》，法律出版社2010年版。

④ 陈冬春：《“马锡五审判方式”的当代效度和限度——以“张院长新政”为考察对象》，《西南政法大学学报》2009年第4期。

众路线的过程中,只重一时热热闹闹,盲目跟风,一拥而上,不真正立足于司法裁判本身,不深入论证司法工作的规律和特征,必然会导致群众路线的实践步入误区。我们的各种法学和司法理论对群众路线这一话语也多从政治意义上进行界定,并未对"群众路线"中所蕴含的价值理性和法理意义进行阐释,对凸显的现实矛盾提供具备实践合理性的解决手段。

2. 以"程序公正"为核心的司法制度化建设的匮乏。现代司法制度建构应在追求"程序公正"的过程中,坚守"形式法治"的内核。司法群众路线应立足于通过司法的制度化规范化建设,通过程序设置的合理化改造,使其在具备合法性的基础上,体现司法的人民性和大众化。实践中,为了获得群众的满意度,法院往往突破现行法律规定,法官过度能动,不恰当的"巡回审理"、"上门服务",压制调解或无原则的"和稀泥",影响司法公信力的提升和维持,对司法权威也会造成较大的损害。迄今为止,我国的司法群众路线践行相关探讨还停留在各地方的经验层面,各地做法不一,令出多门,没有统一的标准和制度加以衡量,这无益于司法的健康发展。以巡回审判为例,当前没有建立统一的巡回审判制度,对巡回审判的制度规定多为原则性要求,政策性强,规范性弱,对于巡回区域、受案类型、巡回周期、法官结构、法庭职责等内容都缺少明确规定。"各地基层法院在巡回审判的规范制定和具体实践中存在很大差异,这也严重影响了审判的严肃性和规范性。"①

3. 司法权威的弱化。在群众路线的指引下,各地人民法院积极推进司法便民、为民司法,很多法院出台了便民措施,推行"立案绿色通道"、"审案提速工程"、"民心工程"等举措。但在这一进程中所做的各种改革和努力,大多不能落到实处,也没有上升到司法理性的高度,使得这些制度成了纸面化的摆设。基层法庭案件数量剧增,基层法官背负沉重压力,假日法庭、巡回审理并不能充分发挥法官的主观能动性,法官对此也颇有怨言。巡回审判路线、周期长,时间相对不确定,运行成本高昂、效率低下,违背了减轻讼累、提高法院办案效率的初衷。基层法院的工作压力剧增,一线法官疲于奔命,对有限的司法资源造成了极大的浪费。诉讼不应是第一选择,而应是最后的救济手段。司法在纠纷解决流程中的过度能动,也违背了司法的最后救济性的原则。

三、失衡:司法理念偏离法治发展路径

我国司法理念的变化,是在没有完成现代司法制度建构的基础上进行

---

① 邓达奇:《司法便民化之惑——以我国民事诉讼司法实践为视角的考察》,《太原理工大学学报(社会科学版)》2010 年第 5 期。

的，尚未在司法独立行使职权的基础上，形成尊重形式法治的传统，便又回到以群众路线为主导的追求司法积极主义的工作路线，无疑存在着较大的问题。在群众路线推进的过程中，司法积极主义和司法消极主义也在不断博弈和相互消解中前行，一些重大司法理念的变革和变化并不是从司法发展规律的角度上生成的，往往是因为外界行政力量的干预和社会政治环境的影响。在特定时期国家推行的政法策略，如严打、建设人民满意法院、平安建设等以社会稳定为目的，与社会治安综合治理密切相关的政策，也经常会出现失衡的现象。因此司法机关在践行群众路线的工作中，没有明确的方向和指引，往往在摇摆中难以抉择。在诉讼案件外，司法还长时间担负着社会控制的重要使命，包括社会治安综合治理、进行法制宣传和教育，甚至走街串巷嘘寒问暖也成为司法的工作职责。法官不谨守消极地位，积极参与非司法的社会工作，这种过于能动的行为，已经严重影响到司法的本位角色。

群众路线要求法院依循的不仅仅是法治的逻辑，更重要的是治理的逻辑。法院要采取一切手段，对国家各种方针、政策、法律规范以及外部事实进行综合权衡和考量，“调动并整合一切有利于审判的社会资源，以期在多重制度夹缝中顺利穿行，进而理顺并协调处理好转型期各群体的复杂利益关系”。①司法群众路线背后的这种治理逻辑，是当前我国社会制度的体现，也是在发挥综合治理、社会稳定等社会治理功能的指引下，为了适应现实社会形势需要而作出的调适。

第三节　建构现代司法过程中坚持群众路线的基本原则

群众路线在司法领域的“反复”与“回流”，改革措施的前后矛盾，体现了我国司法现代化的进程中法治逻辑和理论并不成熟，司法改革理念和路径尚未确定。为此，需要我们对司法机关坚持群众路线的适用原则进行审慎反思，以期裨益于司法制度的改革和建设。

一、要坚持遵循司法属性和规律的原则

司法活动的基本性质是严谨规范、被动中立、事后终局，这体现了司法的特殊魅力。司法行为的底线是基本的法律原则和法律规范，群众路线应遵守司法制度基本准则，不能因为坚持群众路线而损害法治的根基。在司

① 方乐：《转型中国的司法策略》，《法制与社会发展》2007 年第 2 期。

法制度的基本构架和操作上的共通性，对公理性准则的尊重已成为普遍的趋势。司法践行群众路线应以依法独立行使职权为核心，充分体现对司法权中立性、判断性、独立性的尊重。群众路线同样要求尊重司法的属性和规律，恪守对法治的追求。在遵循审判工作的基本规律的前提下，坚持"法治思维"与"法治方式"，探求民意与司法的内在联系，方能体现司法机关践行群众路线的题中之义。当下阶段，群众路线的实践价值在于最大限度地去张扬司法本质属性及基本功能，而决不能背离司法的本质和功能。司法若在恪守职能、坚守底线的同时坚持群众路线，定会在民意与司法融合的基础上进一步促进法治的建设和完善。

在深化改革的过程中，我们必须认识到，在实践中继承群众路线的历史传统和学习西方现代司法理念两者并不矛盾，其根本目的仍然是要实现现代化司法制度的建构。当然，这种现代化是试图依托后发优势寻求捷径的中国特色的司法现代化。在践行群众路线的过程中，人民法院必须坚守法治理性，适度发挥司法的能动性而不能大包大揽，做到到位而不缺位，有为而不越位，在遵循司法规律的基础上规范司法行为和推进改革举措，使司法活动在法定权限和职责范围内进行。

二、要坚持尊重司法群众路线现实合理性的原则

受我国传统法律文化及社会主体的法律意识的影响，现代司法理念与群众路线的凿枘不合逐渐凸显，程序正义与社会现实之间的矛盾已经开始显露。在这种情况下，不应盲目追求"一步到位"，而必须兼顾当事人能力及国情。应当看到，具备深刻实践哲学思想基础的群众路线，既指引司法哲学的生成及发展，又丰富了司法过程新的价值理性。在民事审判方式变迁的过程中，无论"马锡五审判方式"是扎根发展还是逐渐淡出，其在特定历史环境和现实司法实践运作中的合理性都不能否定。"即使总体的民事诉讼模式变革在制度上已成为必然趋势，通过简易程序和人民法庭的实际运作，这种传统的模式仍可能保持其特定的位置和意义。"①如果操之过急，全面摈弃传统，反而会失去社会和民众的支持，使法律权威受到损害，甚至导致法治的信任危机。②

现阶段倡导和践行群众路线的背后，深刻地反映出在社会管理创新的背景下，我国司法的治理化和"政法合一"的制度传统。我们应立足解决社

① 范愉：《简论马锡五审判方式》，载《清华法律评论》第二辑，清华大学出版社 1999 年版，第 221—231 页。

② 范愉：《现代司法理念的建构》，《检察日报》2001 年 7 月 17 日。

会客观需求,充分探讨群众路线在现实司法实践中的可行性及成本等实际问题,在此基础上形成司法和社会的良性协调与互动机制。为此,我们通过群众路线的有效实践,着眼于建立司法与各国家权力要素之间以及司法与民众之间的对话、评价以及监督机制,从而不断积累司法参与社会管理创新的制度性经验,以期达到提升司法理性和权威的目的,这也是社会发展所向、司法完善所趋。为此,现阶段要正视当下我国司法制度的历史和现实,尊重国情和本土资源,尊重群众路线的现实合理性。

三、要坚持寻求司法积极主义和司法消极主义最大平衡的原则

司法实践中有两种倾向,一种观点坚持司法积极主义,认为在政策变化剧烈、利益纠葛多元化的社会转型期,法律和法院无所不能,可以深入社会生活的方方面面,应在更广阔的空间和领域内拓展法院行使职权的范围,扩大法院的社会调控职能,更加注重实现司法的社会效果。一种观点坚持司法消极论,认为法院裁判属于纯粹法律专业领域工作,只需要严格依据法律对法律关系进行分析和裁判即可,法院在调整诸多社会关系方面应无所作为。这两种倾向都容易走向极端,司法积极主义过于强调司法审判和法律适用的能动性,没有考虑法院作用的有限性和法律调整方法的局限性,容易走入法律虚无主义的误区;而司法消极主义则容易走向机械司法的极端,其往往无视纠纷与社会生活千丝万缕的紧密联系,忽视或片面缩小了司法裁决的规范作用对社会关系和社会生活可能造成的深刻影响。

我国群众路线的实践中,由于司法积极主义与消极主义之间的关系处理不佳、在吸收人民司法群众路线传统的过程中"扬弃"不够、在向西方学习借鉴的过程中没有充分考虑现阶段我国司法发展的特色和国情等,造成了司法存在的种种乱象和困境。当前在现代化司法制度的建构过程中,法院践行群众路线要坚持寻求司法积极主义和司法消极主义最大平衡,努力克服前面两种倾向。

第四节　新时期司法践行群众路线的路径探析

群众路线的与时俱进并不简单要求司法采取"马锡五审判方式","就地审判"、"送法下乡",而是要求司法具备有别于传统司法的运行模式、程序体系和反馈机制,增强对于社会稳定、有效、可持续发展的回应性与回应能力。如何在司法制度的设计中体现对社会和民众诉求的适度回应?如何在司法实践中调和社会资源整合与新旧理念冲突之间的矛盾?如何建立司法正当

性与社会回应能力间的有效转化机制?这些问题的提出,迫切需要我们对司法群众路线的理论体系、程序规范、实现路径进行深入的论证和探析。

一、通过对社会诉求的积极回应树立司法权威

法院践行群众路线不能仅仅停留在理念或者实践层次,而应是通过一种制度化的程序和结构来回应社会的需求和民众的诉求。这种回应既包括司法对社会的回应和公开,也包括社会对司法的评价和反馈。只有在双向回应的基础上,司法服务社会的功能才能得到有效发挥。首先,司法机关坚持群众路线,是在尊重法律价值的基础上适度回应社会诉求,并不意味着对法律形式主义的摈弃。其次,群众路线是要通过建立完善相应的制度机制来回应社会诉求,而不是简单地为了趋附民意而进行回应。

在法院践行群众路线回应社会诉求的制度实践中,应采取更为积极、灵活和务实的态度,在多方协商、沟通与合作的基础上作出司法决定。一方面,法官对司法权和立法权的性质区别应保持清醒,始终尊重立法机构作为政策决定者的首要地位,维护立法的权威。另一方面,法院可以在法律允许的范围内充分发挥能动性,通过司法解释、指导性案例、司法文件、司法审查等方式来影响公共政策的制定和形成。具体而言,法院可以在群众路线的指引下,拓展司法的功能内涵和功能行使方式,从单纯解决纠纷扩及于政策的形成,促进和保护以社会公共利益实现为目的的政治性决定。[①]在回应群众诉求的过程中,人民法院要注重引导群众不断加强程序意识,在严格遵守诉讼程序和规则的基础上做到诉讼过程和诉讼结果的公正。“这些程序和规则在一种意义上,是对国家司法权力的制约,即防止权力滥用和出现错误,这是现代法治的意蕴,在另一种意义上,也是对法院权力运作的引导和支持,是司法权力正当化和合理化的一个机制和过程。”[②]通过程序意识的加强,将司法解决纠纷的权威根植于社会的主流意识中。

二、通过程序改革推进司法便民举措的科学化

在西方国家的司法改革中,“接近正义运动”影响尤为深远。20 世纪 70 年代以来,在意大利著名法学家卡佩莱蒂的倡导下,提出了各国政府有义务保障当事人的接受裁判权的理论,并在此理论的指导下,掀起了一场遍及世界许多国家的接近正义运动。[③]在卡佩莱蒂的论述中主要有四个部分,一是为贫困者提供的法律援助,二是对扩散利益如公共利益的保护,三是纠纷处

---

① 高志刚:《回应型司法制度的现实演进与理性构建》,《法律科学》2013 年第 4 期。

② 左卫民:《变迁与改革——法院制度现代化研究》,法律出版社 2000 年版,第 233 页。

③ 参见[意]莫诺·卡佩莱蒂:《福利国家与接近正义》,中文序,刘俊祥等译,法律出版社 2000 年版,第 4 页。

理与诉讼外的替代政策，四是关于法治化与现代福利国家的建构。接近正义的三波运动提出了面向21世纪的四种模式，其主旨在于通过对诉讼费用、起诉条件等的相关改革，确立多元化的纠纷解决机构和机制，通过便民举措的科学化，从而最大限度地保障民众的裁判请求权，这也是对公民基本人权保护的重要内容。

司法面向大众对司法审判程序的效率性提出了很高的要求，而民众对效率性的需求又促使程序向高效快捷的方向发展。只要符合实际并能使当事者对结果满意，对纠纷的处理不必过于拘泥于法律的严格适用，这样一种态度已经影响到审判的制度理念。①在这一理念的指导下，近年来，我国法院逐步建立起了多元化的纠纷化解机制，以简易、快捷、低成本为导向，避免高额的诉讼费用与漫长的诉讼过程对当事人权利救济的影响，在坚持传统的调解制度、简易程序、替代性纠纷解决机制的同时，通过小额程序对案件的分流有效提高审判效率、提高纠纷化解的能力和效率，降低纠纷解决成本，推动法院内部管理水平的稳步提升。在诉讼的过程中，通过完善司法救助制度来保持诉讼当事人的平等地位，如在审判中通过加强法官的释明义务来提示诉讼风险，指导诉讼进行，以此保证当事人正当行使诉讼权利。同时，要加大对法律援助、公益诉讼等的支持力度，以确保民众更有实效地接近正义。

三、通过扩大群众参与推进司法民主

司法民主的一个基本要求就是要建立对公民司法参与权力的保障机制。司法机关践行群众路线的一个重要路径是要让人民群众通过一定方式参与司法工作，使民众于潜移默化之中受到法律思维、方法以及语言的熏染和影响。当前，我们正倡导"让公民有秩序地参与国家公共事务的管理"，"公民参与"的观念在政治、经济、社会等多个领域不断拓展，其作为法治精神向社会渗透的重要管道的作用和意义也逐渐被各界所认同和首肯，但是在司法过程中要真正实现这个理念，仍然任重而道远。司法参与可以通过多种方式实现。首先，公众对司法改革的议题设定、改革理念、改革计划、效果评估等，有权提出咨询意见和批评建议；其次，在司法的程序参与上，要创造条件使民众能有机会和渠道充分表达自己的利益诉求；再次，在司法过程中，要注重通过陪审制度的改革、审判信息的反馈机制、判决理由充分论证等多种途径，有效推进司法向社会开放；最后，要加强司法过程中利益协商

① ［日］棚濑孝雄：《纠纷的解决与审判制度》，王亚新译，中国政法大学出版社1994年版，第248—250页。

机制、监督机制的建构，通过对司法权力的有效监督，实现司法的公开透明。

各地法院也广泛开展了扩大司法民主的探索。2009 年始，河南高院在全省探索推行陪审团制，引起了理论界和实务界的较大争议。①这一制度的设计是否成熟另当别论，但毋庸置疑加快陪审制度的改革对于推进我国司法民主化进程具有重要作用，其对民众公共精神的锻造，对公众激情民愤的理性引导意义重大。丹宁对陪审制给予了高度的评价，他指出："参加这种司法活动对于培养英国人的守法习惯所起的作用要超过其他任何活动。一位伟大的历史学家曾把它说成是有利于国家和平发展和进步的一种最强大的力量。"②为此，应当探索通过立法扩大人民陪审员参与审理案件的范围，对人民陪审员的权利义务亦应进一步合理地细化。通过这种方式来引导公众有序参与司法，让普通人能够参与审判，而不是让情绪激动的"主流民意"来进行人民公审。

四、通过推进司法公开保障公众知情权

当前，司法践行群众路线的一条重要路径是提升司法公开的程度。一方面，司法机关要切实保障民众对司法的知情权，民众可以通过畅通的渠道获得司法机关发布的司法裁判、司法改革等相关信息；另一方面，司法机关也要有渠道获取民众对于司法行为评价的信息，以利改进和提升审判管理的能力和水平。

司法公开应当是全方位的公开。首先，司法改革的公开，如司法改革的纲要、文件、改革进程、咨询报告、评估报告等相关信息要通过媒体网络平台等方式进行公开；其次，司法过程的公开，包括案件审判过程的公开、司法裁判文书公开、执行过程公开等；最后，司法公开的形式，目前一般是通过开放庭审现场以及网络平台公开庭审进程、裁判文书等。许多法院通过"审判白皮书"聚焦社会热点，对部分敏感性、关注度高的类型案件如征地拆迁、物业纠纷、金融犯罪等进行梳理、归纳、总结，对审判数据、典型案例、司法现象、司法规律高度提炼浓缩，并向社会公布，取得了较好的社会反响和效果。③此外，建立法院发言人制度，通过司法公报、公告制度等来提升司法的公开性程度，也有利于建立司法与社会的理性互动。

同时，司法公开要注意把握尺度，避免误区，还要注意公开的效果，避免

---

① 参见汪建成：《非驴非马的"河南陪审团"改革当慎行》，《法学》2009 年第 5 期。

② ［英］丹宁：《法律的正当程序》，李克强、杨百揆、刘庸安译，法律出版社 1999 年版，第 65 页。

③ 参见张国香：《上海二中院向社会公开发布系列审判白皮书》，《人民法院报》2010 年 4 月 9 日。

走形式和作秀的倾向。①我国《民事诉讼法》第134条对涉及国家秘密、个人隐私的案件,离婚案件以及涉及商业秘密的案件规定了不公开审理的情形。除此之外,司法审判的内容也并非需要不加任何限制地一律"公开曝光"。合议庭成员个人意见是否都要在判决书中公开,实践中存在较大争议。合议制度的原理要求,在法官之间意见不一致时,要按照法律事先设定的"少数服从多数"的原则进行表决,但合议庭评议案件的过程就不能公开。这有利于法官仅仅依据事实、法律和自己所掌握的专业和实践经验作出裁判,避免外界不当干扰造成的影响。此外,新闻媒体对司法案件过程的不当介入往往会影响案件的判决。媒体对司法活动的监督无可厚非,但不能依凭媒体话语权成为某一方的代言人,向法院施加压力,影响法庭审判,损害司法公正。

在社会转型的过程中,当下我国司法面临着严峻的挑战和危机,民众权利救济的意识不断觉醒,对司法的效率性、实效性的要求日益迫切,直接影响到法院功能发挥的方式和司法改革的方向。从深化司法制度改革、建立现代司法理念的理解出发,在司法各个领域推行群众路线虽具有其现实合理性,但由此而产生的各类解释并不能令人满意。在当前依法治国的大背景下,作为指引我国法治建设进程的重要政治策略,司法机关践行群众路线还将对我国的审判方式和审判行为产生深远的影响。党的十八届四中全会公报提出要"推进严格司法,坚持以事实为根据、以法律为准绳,推进以审判为中心的诉讼制度改革"。②应当看到,当前,我们在落实"以审判为中心"、"严格司法"以及实现司法独立、司法公开、完善诉讼程序和司法人员的身份保障制度上,还有相当漫长的路要走。为此,需要我们针对我国建设法治国家的目标和法制现代化尚未完成的事实,着眼于司法基本制度的建设和完善,在践行群众路线的过程中秉持现代化或法制化的视角,积极寻求与现代法治国家之间的共同点和可借鉴的制度,在坚持形式法治的同时,最大限度地实现法律与社会的契合。

---

① 2013年3月,南京市委办公厅转发《南京市中级人民法院关于开展"邀请十万群众进法院"活动的实施意见》的通知。意见明确规定,2013年南京市两级法院将邀请10万名以上的群众走进法院旁听庭审,且全年旁听案件不少于1万件。这一人为设置不具操作性指标且具有运动性质的事件,宣传意义远大于对于司法公开的促进意义,往往很难持续,也难以收到良好的效果。

② 《中共中央关于全面推进依法治国若干重大问题的决定》,《人民日报》2014年10月29日。

余论　司法评价发展路径的理性展望

制度的发展和进步源自不断的反思。近年来我国司法制度评价理论研究在不断创新,评价实践也在深入推进。在依法治国的时代背景下,需要我们从学科发展的视角和问题意识的角度,全面系统地总结司法制度评价的知识语境、历史沿革和发展趋势,对司法制度评价的理论背景与研究方法进行深刻反思和追问,不断实现我国司法制度评价研究和实践的创新与发展。

一、重视司法评价的元设计理论

司法制度评价体系设计是一项系统工程,从元设计的视角来考察,它包括设计的哲学和理论依据,设计的主体及其相互关系,设计的方法、手段以及设计规则等。制度评价的元设计侧重对司法评估体系自身规律和特征的分析,从规范和实证两个角度来对司法评价体系的应然和实然状态进行考察,是整个司法制度评价活动的基础。因而,需要一种关于司法价值的哲学来提供基础性、关键性的指导。这些根本性的原则和方法,决定了司法制度评价是否能够有效开展。

在司法制度的元设计中,由于理性的局限和经验的不足,经常忽略对司法功能的通盘考虑。如在司法制度评价体系的设计中,是公正优先,还是效率优先?以不同的标准进行设计,必然会导致截然不同的评价结果。若以经济学家为主体来设计司法功效评价体系,则结果通常会出现以“效率”、“经济效益”等为主的评估指标,不可避免具有片面性。在设计者形而上学的思维倾向的引导下,加上评价主体的短视和狭隘、情绪化等,往往会使评价走入误区。在目前的司法制度评估元设计中,其问题主要表现在:1.缺乏统一的价值观的指引。评价体系的设计哲学不足以指导司法制度评价的理论与实践。2.设计程序的缺陷。如因为设计方法的先天不足,导致不同主体在执行评价程序上容易各执一端;3.设计系统内各要素、各环节之间的矛盾与冲突不能有效调和,如理论研究者与实务部门、法院与社会公众之间的隔阂。

在司法制度评价体系的元设计过程中,要追寻工具理性与价值理性的整合。人类理性区分为工具理性与价值理性。①工具理性关注效率、效益,是一种典型的“自我利益的理性”。价值理性则崇尚道德理想,强调终极关怀,是一种“非自我利益”的理性。这两种理性的整合,是对司法评价体系进行元设计的哲学基础。司法评价的工具理性是指司法机关为开展评估而综合运用各种评估方式、方法和手段的经验和能力。这一理性追求效率和效益,具有浓厚的功利色彩,对于司法的组织、协调、控制和管理意义重大。而司法评估的价值理性体现了司法公正与社会公正的结合,是国家司法机关对自身评价活动价值与意义的自觉把握。通过对公平、正义的价值理性的追求,回答司法评价“应当是什么”、“如何才能更好”的问题。追求工具理性与价值理性的整合,既是现代司法制度发展的内在要求,也是司法制度评价体系发展的基本方向。

二、简便、效率、导向的评估理念

(一)简便:评估便于操作

当前司法评价体系主要表现在对评估宗旨理解和使用的偏差,往往以唯指标论来评价司法活动,导致评估工作偏离司法公正为标准的宗旨。司法评价活动应回归以评估结果引导司法活动遵循公正原则的初衷,通过评估客观评价司法制度现状,发现司法制度运行中存在的问题,并进行有效反馈,为司法改革和决策提供依据,不断修正完善司法制度的建设。同时,评估要简便易行,不可过于繁琐晦涩,导致评估脱离司法实际,自说自话,沦为自娱自乐的评估游戏。应当看到,司法评估体系只能在有限的范围内对司法的运行进行测量和评估,并不能涵括审判工作的方方面面,因此,不能把司法评估体系看作衡量审判工作的唯一标准,依此简单地肯定或者否定法院工作。也不能仅仅以指标体系为指挥棒作为法院内部的考核依据,从而导致法院为追求政绩患得患失,虚报数据,这就与司法评价体系的初衷背道而驰了。

(二)效率:评估高效及时

评估开展的目的是通过指标体系的衡量,完整、全面地展现一段时间内司法制度整体运行的有关情况。在对司法信息进行收集梳理的基础上,采用数据分析、座谈访谈、实地调查多种方法对审判运行态势作出评价,务求评价过程和结果理性、准确全面、客观可靠,避免模糊、偏见的判断。评估的过程和结论的得出都要高效及时,在掌握了评估结果后,反馈给法院和审判人员,及时对审判管理和行政管理作出调整和修正,为司法改革和决策积累

---

① [德]马克斯·韦伯:《经济与社会(上卷)》,商务印书馆1998年版,第56页。

经验，推进现代司法制度的建设。①

（三）导向：从技术层面提升到制度安排和治理对策层面

司法制度评价体系的建构不是为了法院工作的考核，而是从更宏观的层面对制度安排和治理对策提供决策参考和改革依据。由于没有在评估的制度安排中予以规范，当前由法院内部推动的司法评估注重评估的工具理性，研究的重点集中于评估指标体系、评估模型的构建等技术、方法问题，对于司法评估的制度安排问题没有予以应有的重视。在不同评估主体的主导下，司法评估具有很强的主观随意性，强制性、规范性、有效性不强，为此，现阶段推动司法评估在我国的发展，就应该整合工具理性与价值理性，将评估从单纯的技术层面提升到综合性的制度安排和治理对策层面，实现评估基础理论的创新，在科学的评估技术和评估方法的指引下，将其与制度安排和法治建设紧密结合。

三、合理化的指标体系

构建一套科学、完备的指标体系是进行司法评估的前提。首先，司法评估的指标体系应内化司法的本质属性，体现司法公正的根本性要求。通过指标体系的设置和权重的合理分配，评测司法运作是否公正、规范、高效。其次，微观的具体的评估指标应能够精细准确地反映司法制度运作的真实情况，而且各个指标数据之间要逻辑清晰，形成一个兼容的有机网络，能够全面完整地反映客观事实。

（一）指标的构成

司法制度评价的指标系统是十分复杂的，在实践中，基于不同的价值理念，对不少指标的选择存在较大的争议。在当前的司法体制和环境下，公众获得信息的渠道尚未畅通，指标数据获取的可行性较小。在这种情形下，如果不能掌握准确的统计信息，指标体系也就成为摆设，无法及时有效地对司法运行状态作出测量。在指标体系的构成中，应充分考量现实因素，在实际和可能中作出选择。为此，指标体系的设计应注重以下几个方面：

1. 保持评估体系动态化。社会转型期，依法治国、建设法治国家对司法体制改革提出了诸多要求。这种急剧变革的时期，无论是法院自身抑或外部环境都在发生着变化，司法评估体系也需要随之进行变化。在设置评估指标体系时，要根据情势变化，对一些指标进行变更和调整，使之始终为公正司法的导向。

---

① 郑肖肖：《案件质量评估的实证检视与功能回归——以发回重审率、改判率等指标为切入点探讨》，《法律适用》2014年第1期。

2. 引入社会公众的评价。当前社会公众参与司法评价的渠道并未畅通,法院评估多为内部评估。法院以一种开放、积极的姿态吸纳社会公众对司法评估的广泛参与,是扩大司法民主的重要措施,也有利于提升司法的公信力。为此,在指标体系的设计中,要通过合理的指标和权重,对当事人、律师、社会民众对司法的满意度进行衡量,监督或督促法院改进管理,提升审判工作的质量和水平。

(二) 指标设计的合理性

1. 指标体系应该分类指导。期望通过一个完整的指标体系对司法制度运行的各个方面作出全面、完整的评价是不现实的。应针对不同的评估内容,以及不同层级、不同地区的法院,分别制定不同的评估指标体系。从地域来说,各地法院的司法水平、案件类型、案件数量等都不相同,评估结果反映出来的审判活动在全国范围内并不一定具有代表性,从层级来讲,不同级别的法院,其需要衡量和测度的内容也因为审判权限的区别而大相径庭。为此,不能在指标体系的建构上贪大求洋,而应该实事求是,对症下药。

2. 数据收集方式多样化。建构司法制度评价体系,是一个复杂的综合性的体系,其涵括法院审判管理和行政管理的方方面面,需要收集的数据信息也是十分庞杂的。为此,在数据收集时,不局限于对案件质量相关数据的采集、整理和分析,应结合评估内容和指标体系,有针对性地进行收集。在满意度评估时,还要采取问卷调查、访谈座谈等多种方式,结合数据统计情况综合进行分析。

3. 适当扩大评估时间区间。评估要遵循或尊重司法规律,不能无视司法活动的周期,对审判活动频繁进行评估。司法运行的效果或存在的问题要经过一定的时期才能显现,而且有些案件审判周期较长,单纯靠一审或二审的一些数据不足以说明案件质量的真实状况。笔者认为,对司法的评估,应根据评估的内容划分评估的周期,如对某项司法改革措施或试点的评估,其时段区间一般可考虑定为两年以上为宜。而对司法功效的评估,则可以选取每个五年纲要的实施区间作为一个评估时段,确保司法改革的完整过程被纳入评估,避免评估的片面化。

四、建立司法评价的综合体系

司法评价体系设计和建构的任务是一个系统性工程,需要各个领域不同群体的广泛参与,并非法院、法学家或者社会公众独立能够完成。为此,在司法评估体系建构的过程中,应注重建立一种新型的理论与实务的整合机制,更好地服务于司法制度的改革和完善,服务于法治社会的建设。

一是要进一步沟通理论与实践。传统的社会分工和人们一定程度上的狭隘意识，造成了不同领域之间、理论界与实务界之间往往缺乏沟通与合作，也导致了司法评估体系缺乏开放性，不能广泛吸收各个领域的研究成果和实践经验。为此，需要在法院、法学院以及各个领域的不同群体之间建立网络式的互动关系，促进他们的相互信任与合作。通过在司法评估设计中合理界定和安排各自的角色，建立司法评估的综合体系，引导司法体制和具体制度规范作出合理变革。

二是拓展各种制度化和非制度化的渠道。司法评价的制度设计是否可行、是否具有可操作性，还需要进行科学的论证与实践检验。只有被证明是具有可行性、具有可操作性的制度才能将其固化下来，并逐渐发展成为一种规范化的司法评估制度。最终的目标是要通过立法的形式将司法评价制度确立下来，使之成为我国立法过程中不可缺少的一个环节，保证我国司法评价的制度化、规范化、常规化以及长期化。

参考文献

一、中文著作

1. 徐爱国:《法学的圣殿——西方法律思想与法学流派》,中国法制出版社 2016 年版。

2. 秦策、张镭:《司法方法与法学流派》,人民出版社 2011 年版。

3. 方乐:《转型中国司法知识的理论与诠释》,人民出版社 2013 年版。

4. 张文显:《二十世纪西方法哲学思潮研究》,法律出版社 1996 年版。

5. 高志刚:《司法实践理性论》,上海人民出版社 2012 年版。

6. 周雪光:《组织社会学十讲》,社会科学文献出版社 2003 年版。

7. 陶德麟:《当代哲学前沿问题专题研究》,武汉大学出版社 1998 年版。

8. 欧阳康:《社会认识方法论》,武汉大学出版社 1998 年版。

9. 景汉朝主编:《司法成本与司法效率实证研究》,中国政法大学出版社 2010 年版。

10. 张军主编:《人民法院案件质量评估体系理解与适用》,人民法院出版社 2012 年版。

11. 邓国明等:《群众评议政府绩效——理论、方法与实践》,北京大学出版社 2006 年版。

12. 中国社科院法学所:《中国法治发展报告 No.12 法治蓝皮书(2014)》,社会科学文献出版社 2014 年版。

13. 孙万胜:《司法权的法理之维》,法律出版社 2002 年版。

14. 左卫民、周长军:《变迁与改革——法院制度现代化研究》,法律出版社 2000 年版。

15. 杨润时:《司法改革方法论的理论与实践》,法律出版社 2011 年版。

16. 郑成良:《法律之内的正义》,法律出版社 2002 年版。

17. 孙谦、郑成良主编:《司法改革报告》,法律出版社 2002 年版。

18. 季卫东:《法治秩序的建构》,中国政法大学出版社 1999 年版。

19. 季卫东:《秩序与混沌的临界》,法律出版社 2008 年版。

20. 季卫东:《正义思考的轨迹》,法律出版社 2007 年版。

21. 苏力:《法律和社会科学》,法律出版社 2007 年版。

22. 苏力主编:《学术与社会》,山东人民出版社 2001 年版。

23. 苏力:《送法下乡》,中国政法大学出版社 2000 年版。

24. 苏力:《法治及其本土资源》,中国政法大学出版社 1996 年版。

25. 苏力:《制度是如何形成的》,北京大学出版社 2007 年版。

26. 孙万胜:《司法制度的理性之径》,人民法院出版社 2004 年版。

27. 孙万胜:《司法权的法理之维》,法律出版社 2002 年版。

28. 左卫民、周长军:《变迁与改革——法院制度现代化研究》,法律出版社 2000 年版。

29. 左卫民:《在权力话语与权利技术之间——中国司法的新思考》,法律出版社 2002 年版。

30. 陈向明、朱晓阳、赵旭东:《社会科学研究:方法评论》,重庆大学出版社 2006 年版。

31. 于长江:《从理想到实证——芝加哥学派的心路历程》,天津古籍出版社 2006 年版。

32. 章武生:《民事司法现代化的探索》,中国人民公安大学出版社 2005 年版。

33. 王亚新等:《法律程序运作的实证分析》,法律出版社 2005 年版。

34. 吴宏耀:《诉讼认识论纲——以司法裁判中的事实认定为中心》,北京大学出版社 2008 年版。

35. 傅郁林:《民事司法制度的功能与结构》,北京大学出版社 2006 年版。

36. 苗金春:《语境与工具:解读实用主义法学的进路》,山东人民出版社 2004 年版。

37. 廖奕:《司法均衡论——法理本体与中国实践的双重建构》,武汉大学出版社 2008 年版。

38. 强世功:《调解、法制与现代性:中国调解制度研究》,中国法制出版社 2001 年版。

39. 冯文生:《推理与诠释——民事司法技术范式研究》,法律出版社 2005 年版。

40. 黄平:《乡土中国与文化自觉》,生活·读书·新知三联书店 2007 年版。

41. 费孝通:《乡土中国 生育制度》,北京大学出版社 1998 年版。

42. 宋冰主编:《程序的正义与现代化》,中国政法大学出版社 1998 年版。

43. 范愉:《非诉讼纠纷解决机制研究》,中国人民大学出版社 2000 年版。

44. 朱景文:《比较法社会学的框架和方法》,中国人民大学出版社 2001 年版。

45. 王健:《西法东渐——外国人与中国法的近代变革》,中国政法大学出版社 2001 年版。

46. 郑永流主编:《法哲学与法社会学论丛》,中国政法大学出版社 2000 年版。

47. 陆学艺主编:《当代中国社会阶层研究报告》,社会科学文献出版社 2002 年版。

48. 沈宗灵:《现代西方法理学》,北京大学出版社 1992 年版。

49. 张根大:《法律效力论》,法律出版社 1999 年版。

50. 吴世宦:《法治系统工程学》,湖南人民出版社 1988 年版。

51. 黄建武:《法的实现——法的一种社会学分析》,中国人民大学出版社 1997 年版。

52. 张理海:《社会评价论》,武汉大学出版社 1999 年版。

53. 谢晖:《法律信仰的理念与基础》,山东人民出版社 1998 年版。

54. 张文显:《当代西方法哲学》,吉林大学出版社 1987 年版。

55. 李沛良:《社会研究的统计应用》,社会科学文献出版社 2002 年版。

56. 胡夏冰、冯仁强编:《司法公正与司法改革研究综述》,清华大学出版社 2001 年版。

57. 胡玉鸿:《法学方法论导论》,山东人民出版社 2002 年版。

58. 刘立宪、谢鹏程主编:《海外司法改革的走向》,中国方正出版社 2000 年版。

59. 朱景文主编:《当代西方后现代法学》,法律出版社 2002 年版。

60. 朱景文:《当代西方法社会学》,法律出版社 1994 年版。

61. 武建敏:《传统司法行为及其合理性》,中国传媒大学出版社 2006 年版。

62. 武建敏:《司法理论与司法模式》,华夏出版社 2006 年版。

63. 冉井富:《当代中国民事诉讼率变迁研究——一个比较法社会学的视角》,中国人民大学出版社 2005 年版。

64. 任强:《法度与理念》,法律出版社 2006 年版。

65. 周雪光:《组织社会学十讲》,社会科学文献出版社 2003 年版。

66. 辛鸣:《制度论——关于制度哲学的理论建构》,人民出版社 2005

年版。

67. 黄宗智:《经验与理论——中国社会、经济与法律的历史研究》,中国人民大学出版社 2007 年版。

68. 黄光国:《社会科学的理路》,中国人民大学出版社 2006 年版。

69. 徐昕主编:《司法程序的实证研究》,载《司法》第二辑,中国法制出版社 2007 年版。

70. 王元明:《行动与效果:美国实用主义研究》,中国社会科学出版社 1998 年版。

71. 朱晓阳:《面向"法律的语言混乱"》,中央民族大学出版社 2008 年版。

72. 高兆明:《制度公正论》,上海文艺出版社 2001 年版。

73. 冯象:《政法笔记》,江苏人民出版社 2004 年版。

74. 陈瑞华:《刑事诉讼的中国模式》,法律出版社 2008 年版。

75. 田禾编著:《司法透明国际比较》,社会科学文献出版社 2013 年版。

76. 刘辉:《刑事司法改革试点研究》,中国检察出版社 2013 年版。

77. 郭志媛:《中国经验:以刑事司法改革试点项目为蓝本的考察》,北京大学出版社 2011 年版。

78. 贠杰、杨诚虎:《公共政策评估:政府与方法》,中国社会科学出版社 2006 年版。

79. 史建三主编:《地方立法后评估的理论与实践》,法律出版社 2012 年版。

二、中文论文

1. 王亚新:《实践中的民事诉讼——四个中级法院民事一审程序的运作》,《现代法学》2003 年第 5、6 期。

2. 王亚新:《民事诉讼法修改中的程序分化》,《中国法学》2011 年第 4 期。

3. 王福华:《民事诉讼协同主义:在理想和现实之间》,《现代法学》2006 年第 6 期。

4. 孙笑侠:《判决与民意》,《政法论坛》2005 年第 5 期。

5. 李声炜:《法官判决的制度表达与实践——从制度经济学角度看法官判决时的非正式制度倾向》,《法制与社会发展》2006 年第 4 期。

6. 季卫东:《司法改革第三波》,《经济观察报》2009 年 11 月 13 日。

7. 信春鹰:《后现代法学:为法治探索未来》,《中国社会科学》2000 年第 5 期。

8. 苏力:《语境论——一种法律制度研究的进路和方法》,《中外法学》2000 年第 1 期。

9. 季卫东:《法律程序的形式性与实质性——以对程序理论的批判和批判理论的程序化为线索》,《北京大学学报》2006 年第 1 期。

10. 季卫东:《论法律试行的反思机制》,《社会学研究》1989 年第 5 期。

11. 顾培东:《中国法治进程中的法律资源分享问题》,《中国法学》2008 年第 3 期。

12. 宋英辉、向燕:《关于司法改革实验项目中开展有效比较的思考》,《国家检察官学院学报》2011 年第 1 期。

13. 陈桂明、刘田玉:《民事诉讼法学的发展维度》,《中国法学》2008 年第 1 期。

14. 王亚新:《程序·制度·组织》,《中国社会科学》2004 年第 3 期。

15. 龙宗智:《论司法改革中的相对合理主义》,《中国社会科学》1999 年第 2 期。

16. 姚莉:《司法效率:理论分析与制度构建》,《法商研究》2006 年第 3 期。

三、外文著作

1. Otto Gierke, Natural Law and The Theory of Society, Boston: Beacon Press, 1957.

2. Aulis Aarnio, Reason and Authority: A Trestise on the Dynamic Paradigm of Legal Dogmatics, 1997.

3. Cass R.Sunstein, Legal Reasoning and Political Conflict, New York Oxford, 1978.

4. Law and Economics-A Comparative Approach to Theory and Practice Robin Paul Malloy, West Publishing CO.ST.PAUL.Mine, 1990.

5. Nell Maccormick, Legal Reasoning and legal Theory, Clarendon Press. Oxford, 1978.

6. Mark, Granovetter: Economic action and Social Structure: The Problem of Embeddedness, American Journal of Sociology, Volume 91, Issue 3 (Nov, 1985).

7. Mark, Granovetter and Richard Swedberg: The Sociology of Economic Life, Westview Press. 2001.

8. Pierre Boudieu, The Outline of a Theory of Practice. Cambridge: Cam-

bridge University Press, 1977.

9. Pierre Boudieur: Language and Symbolic Power. Translated by Gino Raymond and Matthew Adamson, Polity Press. 1991.

10. A · Giddens, Caoitalism and Modem Social Theory, London, 1971.

11. A · Gouldner, Alvin W.The Coming Crisis of Western Sociology. New York: Basic Books, Inc.1970.

12. Richard A. Posner, Overcoming Law Harvard University Press, Sambrides, Massachusetts London England. 1995.

四、中文译著

1. [美]吉姆·帕森斯、梅根·戈尔登、郭志媛等:《试点与改革:完善司法制度的实证研究方法》,郭志媛译,北京大学出版社 2006 年版。

2. [英]安东尼·吉登斯:《现代性的后果》,田禾译,译林出版社 2000 年版。

3. [意]莫诺·卡佩莱蒂:《福利国家与接近正义》,刘俊祥等译,法律出版社 2000 年版。

4. [美]诺内特、塞尔兹尼克:《转变中的法律与社会:迈向回应型法》,张志铭译,中国政法大学出版社 2004 年版。

5. [美]R.M.昂格尔:《现代社会中的法律》,吴玉章、周汉华译,译林出版社 2001 年版。

6. [德]茨威格特·克茨:《比较法总论》,潘汉典、米健、高鸿钧等译,法律出版社 2003 年版。

7. [美]罗尔斯:《正义论(修订版)》,何怀宏等译,中国社会科学出版社 2009 年版。

8. [美]路德·宾克莱:《二十世纪伦理学》,孙彤、孙南桦译,河南人民出版社 1998 年版。

9. [日]棚濑孝雄:《纠纷的解决与审判制度》,王亚新译,中国政法大学出版社 2004 年版。

10. [美]塞缪尔.P.亨廷顿:《变化社会中的政治秩序》,三联书店 1989 年版。

11. [美]迈克尔.D.贝勒斯:《法律的原则——一个规范的分析》,张文显等译,中国大百科全书出版社 1996 年版。

12. [美]弗里德曼:《法律制度》,李琼英、林欣译,中国政法大学出版社 1994 年版。

13. [美]道格拉斯.C.诺斯、张五常等:《制度变革的经验研究》,罗仲伟译,经济科学出版社2003年版。

14. [美]道格拉斯.C.诺斯:《经济史中的结构与变迁》,陈郁、罗华平译,上海三联书店1997年版。

15. [美]道格拉斯.C.诺斯:《制度、制度变迁与经济绩效》,刘守英译,上海三联书店1994年版。

16. [美]奈克·奈特:《制度与社会冲突》,周伟林译,上海人民出版社2009年版。

17. [美]艾尔·巴比:《社会研究方法(第十版)》,邱泽奇译,华夏出版社2005年版。

18. [美]劳伦斯.M.弗里德曼:《法律制度——从社会科学角度观察》,李琼英、林欣译,中国政法大学出版社2004年版。

19. [美]凯斯.R.孙斯坦:《风险与理性——安全、法律及环境》,师帅译,中国政法大学出版社2005年版。

20. [美]安·塞德曼、罗伯特·塞德曼:《发展进程中的国家与法律:第三世界问题的解决和制度变革》,冯玉军译,法律出版社2006年版。

21. [美]艾德加多·帕斯卡尔哥利亚、威廉·赖特利夫:《发展中国家的法与经济学》,赵世勇、罗德明译,法律出版社2006年版。

22. [美]约翰·莫纳什、劳伦斯·沃克:《法律中的社会科学》,何美欢、樊志斌、黄博译,法律出版社2007年版。

23. [美]理查德·波斯纳:《法律的经济分析》,蒋兆康译,中国大百科全书出版社1997年版。

24. [美]理查德·波斯纳:《超越法律》,苏力译,中国政法大学出版社2001年版。

25. [美]理查德·波斯纳:《法理学问题》,苏力译,中国政法大学出版社2002年版。

26. [美]理查德·波斯纳:《道德和法律理论的疑问》,苏力译,中国政法大学出版社2001年版。

27. [美]唐纳德.J.布莱克:《法律的运作行为》,唐越、苏力译,中国政法大学出版社2004年版。

28. [美]本杰明·卡多佐:《司法过程的性质》,苏力译,商务印书馆1998年版。

29. [美]唐·布莱克:《社会学视野中的司法》,郭星华译,法律出版社2002年版。

30. [美]康芒斯:《制度经济学》,于树生译,商务印书馆 1962 年版。

31. [美]布坎南等:《同意的计算》,陈光金译,中国社会科学出版社 2000 年版。

32. [美]达玛什卡:《司法和国家权力的多种面孔》,郑戈译,中国政法大学出版社 2004 年版。

33. [美]克里斯托弗·沃尔夫:《司法能动主义》,黄金荣译,中国政法大学出版社 2004 年版。

34. [美]布莱克:《社会学视野中的司法》,郭星华译,法律出版社 2002 年版。

35. [美]波斯纳:《正义/司法的经济学》,苏力译,中国政法大学出版社 2002 年版。

36. [英]尼尔·麦考密克、奥塔·维因贝格尔:《制度法论》,周叶谦译,中国政法大学出版社 2004 年版。

37. [法]E.迪尔凯姆:《社会学方法的准则》,狄玉明译,商务印书馆 1995 年版。

38. [美]吉姆·帕森斯、梅登·戈尔登等:《试点与改革——完善司法制度的实证研究方法》,郭志媛译,北京大学出版社 2006 年版。

39. [美]麦克尔.D.贝勒斯:《程序正义——向个人的分配》,邓海平译,高等教育出版社 2005 年版。

40. [美]本杰明·卡多佐:《法律的成长——法律科学的悖论》,董炯、彭冰译,中国法制出版社 2002 年版。

41. [德]马克斯·韦伯:《经济与社会》(上、下卷),林荣远译,商务印书馆 2004 年版。

42. [印]阿马蒂亚·森:《后果评价与实践理性》,应奇译,东方出版社 2006 年版。

43. [德]图依布纳:《法律:一个自创生系统》,张骐译,北京大学出版社 2004 年版。

44. [意]莫诺·卡佩莱蒂:《比较法视野中的司法程序》,徐昕、王奕译,清华大学出版社 2005 年版。

45. [日]棚濑孝雄:《现代日本的法和秩序》,易平译,中国政法大学出版社 2002 年版。

46. [日]山本佑司:《最高裁物语——日本司法 50 年》,孙占坤、祁玫译,北京大学出版社 2005 年版。

47. [日]高桥宏志:《民事诉讼法制度与理论的深层分析》,林剑锋译,法律出版社 2003 年版。

48. [日]棚濑孝雄:《纠纷的解决与审判制度》,王亚新译,中国政法大学出版社 1994 年版。

49. [日]谷口安平:《程序的正义与诉讼》,王亚新、刘荣军译,中国政法大学出版社 2002 年版。

50. [日]小岛武司:《诉讼制度改革的法理与实证》,郭美松等译,法律出版社 2001 年版。

51. [美]托马斯.R.戴伊:《理解公共政策(第十版)》,彭勃等译,华夏出版社 2005 年版。

后　记

在社会转型期法治发展和司法改革的进程中，司法制度评价的系统研究在学界尚未引起重视，仍面临着大量基础性的理论构建工作。这一研究领域是司法制度改革发展的一个新的理论增长点，蕴含着学术转向和学术爆发的内在张力。在现代司法制度的建构过程中，通过对司法制度的实践合理性进行测度，来回应我国法治建设进程中存在诸多亟须解答的现实问题，具有重要的理论价值和现实意义。本书的研究是对司法制度评价的一个系统分析，力图在此基础上探索一系列与中国司法未来发展紧密相关的理论问题，以期为司法改革和法治建设的进程作出一点理论上的贡献。

本书即将付梓之际，首先要感谢多年来一以贯之的“课题合伙人”上海高院民三庭副庭长唐震博士、上海市政府王波博士、浙江师范大学龚振军副教授、上海高院彭建波博士为本书资料收集和论证写作作出的贡献；其次，感谢恩师郑成良教授再次欣然为拙著作序，感谢严励教授、王福华教授、范进学教授、李建勇教授、宾凯教授、林彦教授、解锟博士、张进德副教授、冯涛副教授等诸位师友对本书提出的建设性意见和建议；再次，感谢上海市法学会将本书评审列入上海法学文库，并资助出版，感谢上海人民出版社秦堃、夏红梅两位编辑为编辑本书付出了辛苦的努力；最后，感谢家人及诸多师友的支持和鼓励，使我能在杂事丛集纷乱颓唐之余，不忘初衷，不辍写作，几经延宕终于将书稿提交出版。

近年来，虽专注于这一领域的系统研究，并试图将这些努力在本书中不同程度地体现，但学识所限，舛误错漏之处难免，请各位方家批评指正。

高志刚

2018 年 5 月 16 日于野马浜

图书在版编目(CIP)数据

司法制度评价体系研究/高志刚著.—上海:上海人民出版社,2018
(上海法学文库)
ISBN 978-7-208-15299-1

Ⅰ.①司… Ⅱ.①高… Ⅲ.①司法制度-评价-研究-中国 Ⅳ.①D926

中国版本图书馆 CIP 数据核字(2018)第 150649 号

责任编辑 秦 堃 夏红梅
封面设计 王斯佳

上海法学文库
司法制度评价体系研究
高志刚 著

出 版 上海人民出版社
(200001 上海福建中路 193 号)
发 行 上海人民出版社发行中心
印 刷 上海商务联西印刷有限公司
开 本 720×1000 1/16
印 张 16.75
插 页 2
字 数 269,000
版 次 2018 年 9 月第 1 版
印 次 2018 年 9 月第 1 次印刷
ISBN 978-7-208-15299-1/D·3245
定 价 60.00 元